汽车维修快速入门丛书

汽车维修工实战 28 天

夏雪松 编

電子工業出版社

Publishing House of Electronics Industry

北京·BEIJING

内 容 简 介

本书是汽车维修工的入门读物,以一天一个项目的表现形式向汽车维修工讲述汽车维修基础知识和基本技能,具体项目采用"任务目标→知识准备→实际操作"的叙述形式,并配有相关内容实际操作的视频资料供读者观看。本书内容直观、形象,有很强的实用性和针对性,力求为读者提供全面解决方案,使他们快速实现从新手到高手的转变。

本书适合初级汽车维修工阅读,也可作为职业院校汽车维修相关专业及汽车培训机构的教材。

图书在版编目(CIP)数据

汽车维修工实战 28 天 / 夏雪松编. —北京:电子工业出版社,2020.8
(汽车维修快速入门丛书)
ISBN 978-7-121-39316-7

Ⅰ. ①汽… Ⅱ. ①夏… Ⅲ. ①汽车-车辆修理 Ⅳ.①U472.4

中国版本图书馆 CIP 数据核字(2020)第 137495 号

责任编辑:夏平飞
印   刷:三河市华成印务有限公司
装   订:三河市华成印务有限公司
出版发行:电子工业出版社
　　　　　北京市海淀区万寿路 173 信箱　邮编　100036
开   本:787×1 092　1/16　印张:13　字数:324 千字
版   次:2020 年 8 月第 1 版
印   次:2020 年 8 月第 1 次印刷
定   价:46.00 元

目　录

第一天　机加工工具

任务目标

1. 了解汽车维修工常用机加工工具。
2. 了解机加工工具的用途和使用方法。

工具介绍及使用方法

一、钳工工作台

　　钳工工作台也称为钳台或钳桌，一般由铸铁或坚实的木材制成，牢固而平稳，台面高度一般为 800～900mm，台上装有防护网，台面可放置台虎钳、量具等钳工工作常用的工具，如图1-1所示。钳工的一些基本操作主要在工作台和台虎钳上完成。

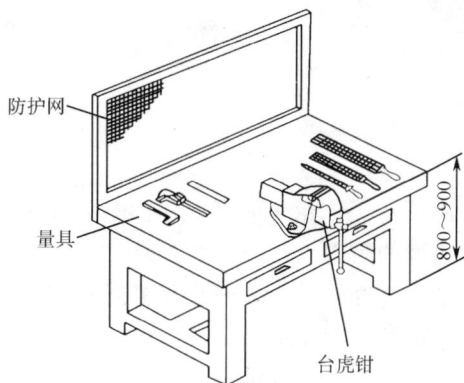

防护网

量具

台虎钳

800～900

图1-1　钳工工作台

二、台虎钳

　　台虎钳又称老虎钳，是一种用来夹持工件的通用夹具。一般安装在工作台上，用来夹稳需要加工的工件，是钳工必备的工具。台虎钳的尺寸用钳口的宽度表示，一般常用的钳口宽度为100～150mm。台虎钳按照形状可以分为旋转式台虎钳（见图1-2）、管子台虎钳（见图1-3）、机床用台虎钳（见图1-4）等。旋转式台虎钳的钳体可以旋转，使工件转动到合适的工作位置；其可动钳口能平行开闭，在汽车维修工作中使用最为广泛。管子台虎钳主要用于夹紧比较长的管材。机床用台虎钳备有 180°刻度台，可以在所有角度工作，主要用于在机械加工时固定工件。

　　台虎钳的主体由铸铁制成，其构造如图1-5所示，分为固定部分和活动部分。台虎钳的张开或合拢，是靠活动部分的丝杠与固定部分的螺母发生螺旋作用实现的。台虎钳的钳座一般用螺栓固定在钳工工作台上。

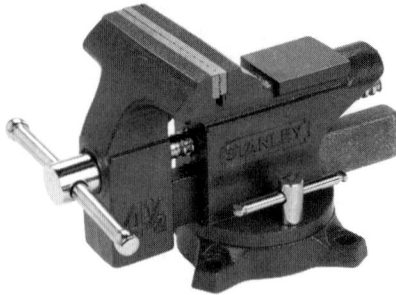

图 1-2　旋转式台虎钳

图 1-3　管子台虎钳

图 1-4　机床用台虎钳

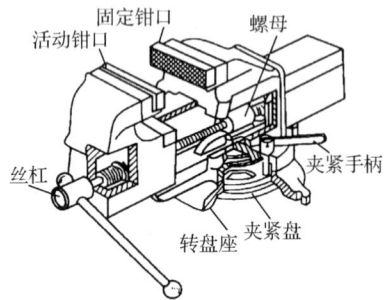

图 1-5　台虎钳构造

台虎钳使用时应注意以下几点：

（1）台虎钳在安装时，必须使固定钳身的钳口一部分处在钳台边缘外，以保证在夹持长条形工件时，工件不受钳台边缘的阻碍。

（2）台虎钳一定要牢固地固定在钳台上，三个压紧螺栓必须拧紧，使虎钳钳身在加工时没有松动现象，否则会损坏虎钳和影响加工。

（3）在夹紧工件时只许用手的力量扳动手柄，绝不允许用锤子或其他套筒扳动手柄，以免丝杠、螺母或钳身损坏。

（4）不能在钳口上敲击工件，否则会损坏钳口。

（5）丝杠、螺母和其他滑动表面要求经常保持清洁，并加油润滑。

三、錾子

錾子是錾削操作中使用的主要工具，一般和手锤配合使用。錾子一般由工具钢制成，其刃部经刃磨和热处理而成，如图 1-6 所示。錾子的种类有錾削平面、去除毛刺的扁錾，用于开槽的狭錾，用于錾削润滑油槽的油槽錾，以及用于打通两个钻孔之间间隔的扁冲錾等，如图 1-7 所示。

錾子在和手锤配合使用时，要根据不同的作业需要采用不同的握法，如图 1-8 所示。当需要执行錾削平面操作时，要采用正握法；当需要执行錾削侧面时，应采用反握法；当需要执行垂直錾削时，要采用立握法。

图 1-6　錾子

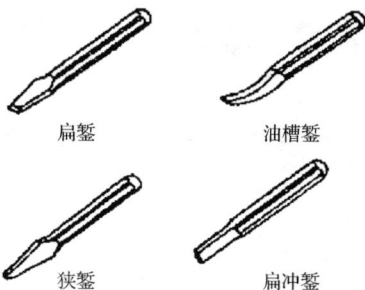

图 1-7　錾子的种类

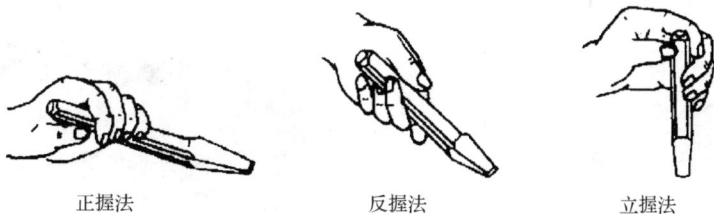

正握法　　　　　　反握法　　　　　　立握法

图 1-8　錾子的握法

在汽车维修作业中，常用手锤锤击錾子，对金属进行切削加工。比如，剔下不能拆卸的旧螺栓，或者切断锁紧螺母上的锁紧凸舌（见图 1-9）。

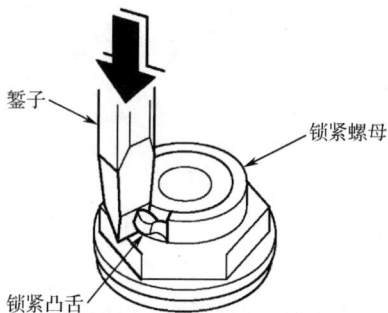

图 1-9　用錾子切断变速器端盖锁紧螺母上的锁紧凸舌（本田锋范轿车）

四、冲子

冲子又叫冲头，是用来冲出铆钉和销子的工具，也可以用来标示钻孔位置。常见的冲子种类有尖头冲、平头冲、空心冲等，如图 1-10 所示。

尖头冲又叫中心冲，一端用软材料制成，另一端比较尖锐，是用高碳钢制成的，主要用于标示钻孔的位置，如图 1-11 所示。

平头冲也称销冲，其头部为圆柱体，柄部为六角形或圆形。这种冲子有各种不同的直径，操作时应选择尺寸合适的平头冲，可用来冲出铆钉或销钉，如图 1-12 所示。

空心冲在汽车维修中用来在薄钢板、塑料板、皮革及垫圈上冲孔，比如用来制作密封垫等，如图 1-13 所示。

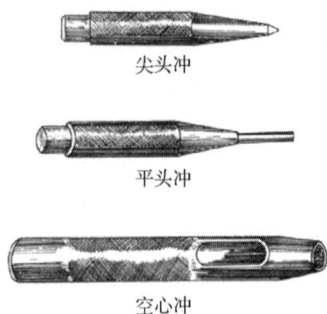

图 1-10　冲子的种类

图 1-11　用手锤敲击尖头冲标示打孔位置

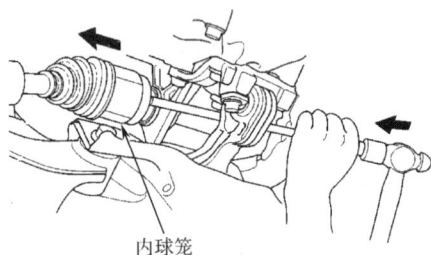

图 1-12　用手锤敲击平头冲使内球笼脱离中间轴
（本田锋范轿车）

内球笼

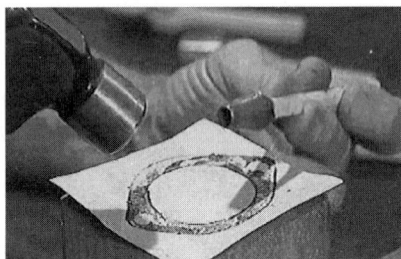

图 1-13　用空心冲冲孔

五、手锯

1. 概述

手锯也称为机械锯，属于切割类工具，主要用来在工件上锯出沟槽，锯断各种形状原材料或半成品，以及锯掉加工工件多余部分等。使用手锯是汽车维修工需要熟练掌握的基本技能之一。手锯主要由锯弓和锯条两部分组成，如图 1-14 所示。

锯弓是用来安装锯条的，它有可调式和固定式两种，如图 1-15 所示。固定式锯弓只能安装一种长度的锯条；可调式锯弓通过调整可以安装不同长度的锯条，并且可调式锯弓的锯柄形状便于用力，所以被广泛使用。

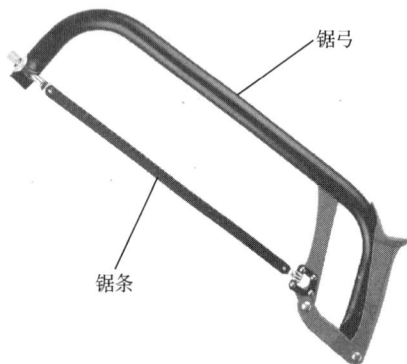

锯弓

锯条

图 1-14　手锯

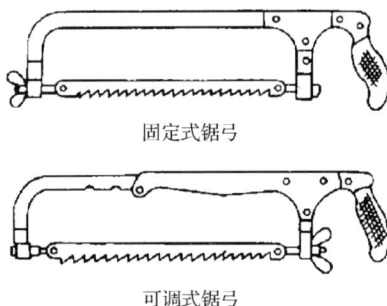

固定式锯弓

可调式锯弓

图 1-15　固定式和可调式锯弓

2．锯条的正确选用

锯条一般用碳素工具钢和合金工具钢制作，然后经过热处理淬硬，其两端开有安装孔，便于安装到锯弓上，如图 1-16 所示。锯条的规格就是以两个安装孔之间的中心距来表示的。常见钢锯条的长度为 300mm。锯条根据锯齿牙距的大小，有细齿（齿距 1.1mm）、中齿（齿距 1.4mm）、粗齿（齿距 1.8mm）之分，使用时应根据所锯材料的软硬、厚薄来选用。锯割软材料（如紫铜、青铜、铝、铸铁、中碳钢、低碳钢等）且较厚的材料时应选用粗齿锯条；锯割硬材料或薄的材料（如工具钢、合金钢、各种管子、角铁等）时应选用细齿锯条。一般来说，在锯割薄材料时，锯割截面上至少应有三个锯齿能同时参加锯割，这样才能避免锯齿被钩住和崩裂。

3．锯条的正确安装

在安装锯条时，应注意使锯齿朝前，如图 1-17 所示；这样安装会使操作时用力方便且工作平稳，因为在实际锯割操作中起锯割作用的是推锯。安装时锯条不能安装得过松或过紧，过紧则锯条受力过大而容易在操作中折断，过松则锯条容易发生扭曲从而导致锯缝偏斜。

图 1-16　锯条

图 1-17　锯齿向前

4．手锯的使用

（1）工件的夹持

需要锯割的工件应尽可能夹持在台虎钳的左面，便于操作；锯割线应与钳口垂直，以防锯斜；工件夹持应稳当而牢固，以防操作中因工件移动而导致锯条折断。

（2）起锯方法

起锯时一般可采用远边起锯和近边起锯两种方式，如图 1-18 所示。为保证起锯的位置准确和平稳，维修工在操作时可以用左手大拇指挡住锯条的方法来定位，也可在锯割位置先用三角锉刀锉出一条槽来定位。起锯的角度要恰当，一般为 15° 左右，如图 1-19 所示。起锯角过大，锯条的锯齿容易被工件的棱边卡住；起锯角过小，则不容易切入工件并容易打滑。

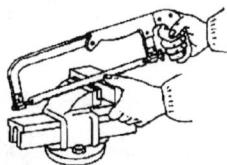
远边起锯

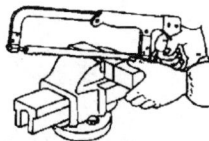
近边起锯

图 1-18　远边起锯和近边起锯

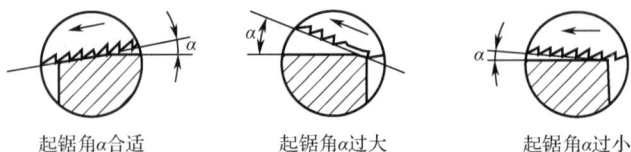

图 1-19　起锯角度

（3）锯割的压力、速度和行程

在做锯割运动时，推力和压力由右手控制，左手主要配合右手扶正锯弓，压力不要过大。手锯推出时为切削行程，应施加压力；返回行程不切削，不施加压力，从加工面上轻轻滑过。锯割的速度不宜太快，控制在 40 次/min 左右即可。锯割比较硬的材料时速度应放慢一些，锯割软材料时速度应快一些。锯割行程一般不小于锯条全长的 2/3，这样可以减少锯条在锯割中锯齿的磨损，延长锯条的使用寿命。

（4）各种材料的锯割方法

圆管　锯割圆管时应把圆管夹在两块木质的 V 形槽垫之间，用台虎钳夹正，这样由于有 V 形槽垫的保护，就不会夹扁圆管，如图 1-20 所示。锯割时不要在一个方向上一次锯断，因为锯齿锯穿管子内壁后，锯齿即在薄壁上切削，受力过于集中，锯条很容易被管壁勾住而折断；而应每次只锯透管壁后就把管子转过一个角度，逐次进行锯切，直至锯断为止，如图 1-21 所示。

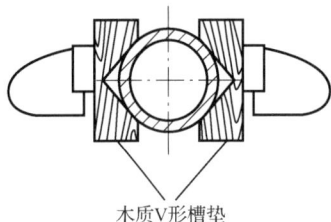

图 1-20　把圆管夹在木质 V 形槽垫之间　　　图 1-21　转动管子进行锯割

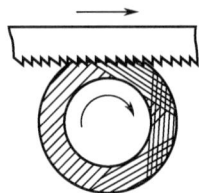

薄板料　锯割薄板料时很容易发生弯曲和抖动，因此锯割时应尽可能从宽面上锯下去，如图 1-22 所示。当只能在薄板的窄面上锯下去时，可使用两块木板把薄板料夹在中间，连同木板一起锯开，这样可以增加薄板料刚度，锯割时就不会发生抖动，如图 1-23 所示。

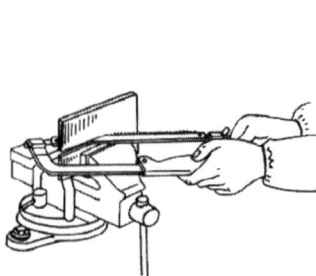

图 1-22　从薄板宽面锯割　　　图 1-23　用木板夹持薄板料进行锯割

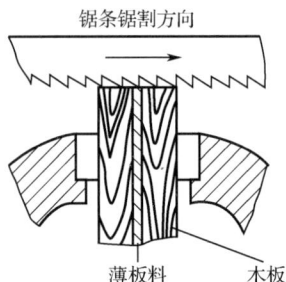

深缝　当锯缝的深度超过锯弓的高度时，应将锯条转过 90° 重新安装，把锯弓转到工具旁边进行锯割；锯弓横下来后，如果高度仍然不够，可将锯条安装成锯齿在锯弓内进行锯割作业，如图 1-24 所示。

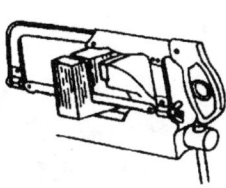 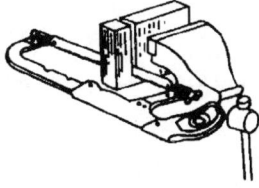 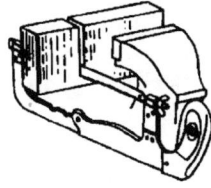

锯缝深度超出锯弓高度　　　将锯条转过90°安装后锯割　　将锯条安装成锯齿在锯弓内进行锯割

图 1-24　深缝的锯割方法

（5）手锯使用中的安全注意事项

● 起锯角度要正确，操作姿势要自然。

● 锯割钢件时，可以加些机油，这样可以减少锯条的摩擦并冷却锯条，从而延长锯条的使用寿命。

● 工件将锯断时，压力要小，避免压力过大使工件突然断开，手向前冲造成事故。一般工件将锯断时，要用左手扶住工件断开部分，避免掉下砸伤脚。

● 在进行锯割操作时，思想要集中，防止锯条折断从锯弓弹出而造成伤人事故。

六、刮刀

　　刮刀是用来进行刮削作业的工具，一般用碳素工具钢或轴承钢锻成，分为平面刮刀（见图 1-25）和曲面刮刀（见图 1-26）两类。曲面刮刀主要用来刮削内弧面（比如滑动轴承的轴瓦），其种类很多，最常见的是三角刮刀。平面刮刀主要用于刮削平面，比如在汽车维修中用平面刮刀清除零件接合面上的密封垫或密封胶等，如图 1-27 所示。

三角刮刀　　　　　　　　　蛇头刮刀

匙形刮刀　　　　　　　　　圆头刮刀

图 1-25　平面刮刀　　　　　　　　　　图 1-26　各种曲面刮刀

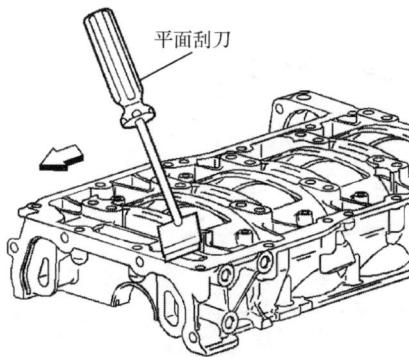

平面刮刀

图 1-27　用平面刮刀清除密封胶残留（上海通用君威轿车）

七、锉刀

锉刀是用碳素工具钢 T12 或 T13 经热处理后，再将工作部分淬火制成的，其表面上有许多细密齿，是用于锉光工件的手工工具，如图 1-28 所示。在汽车维修操作中，主要使用锉刀来执行锉削操作，即对工件表面进行锉削加工，使其形状、尺寸、位置和表面粗糙度均达到要求。

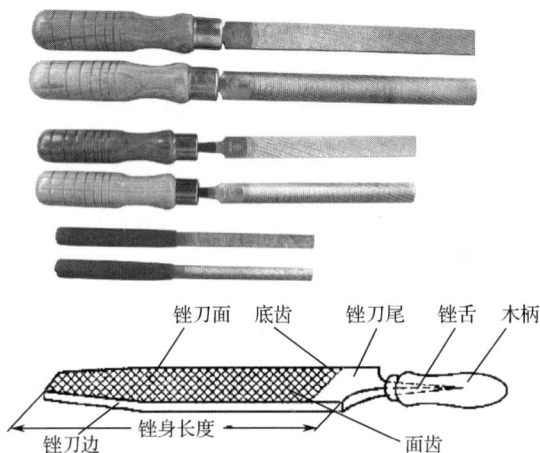

图 1-28 锉刀

1. 锉刀的种类

锉刀按用途划分可分为普通锉（也称钳工锉）、特种锉和整形锉（也称什锦锉），其中普通锉使用最为广泛。普通锉按照截面形状不同，可分为平锉、方锉、圆锉、半圆锉、三角锉等，如图 1-29 所示；特种锉是用来加工特殊表面时使用的锉刀，分为菱形锉、单面三角锉、刀形锉、圆肚锉等，如图 1-30 所示；整形锉是用来修整工件上的细小部分的。整形锉及其截面形状如图 1-31 所示。按照 10mm 长度范围内锉刀齿纹的条数多少，可分为粗锉、细锉和油光锉等；齿纹条数越多，则齿纹越细。

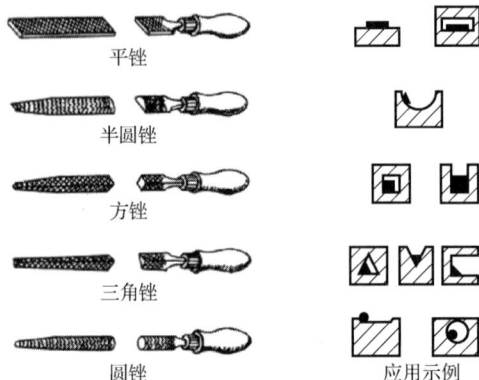

图 1-29 普通锉及其截面形状

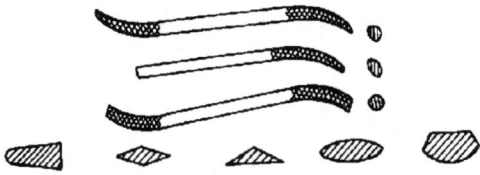

图 1-30　特种锉及其截面形状

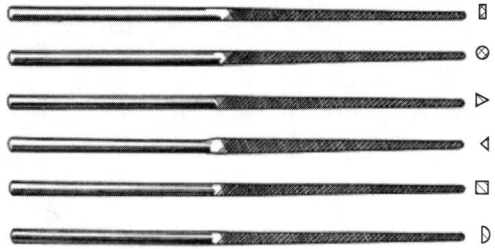

图 1-31　整形锉及其截面形状

2．锉刀选用原则

（1）锉刀截面形状的选用

锉刀的截面形状应根据被锉削零件的形状来选择，使两者的形状相适应。锉削内圆弧面时，要选择半圆锉或圆锉（小直径的工件）；锉削内角表面时，要选择三角锉；锉削内直角表面时，可以选用扁锉或方锉等。当选用扁锉锉削内直角表面时，要注意使锉刀没有齿的窄面（光边）靠近内直角的一个面，以免碰伤该直角表面。

（2）锉刀齿粗细的选择

锉刀齿的粗细要根据加工工件的余量大小、加工精度、材料性质来选择。粗齿锉刀适用于加工大余量、尺寸精度低、形位公差大、表面粗糙度数值大、材料软的工件，反之应选择细齿锉刀。

（3）锉刀尺寸规格的选用

锉刀尺寸规格应根据被加工工件的尺寸和加工余量来选用。当加工尺寸大、余量大时，要选用大尺寸规格的锉刀；反之，要选用小尺寸规格的锉刀。

（4）锉刀齿纹的选用

锉刀齿纹要根据被锉削工件材料的性质来选用。锉削铝、铜、软钢等软材料工件时，最好选用单齿纹（铣齿）锉刀。单齿纹锉刀前角大，楔角小，容屑槽大，切屑不易堵塞，切削刃锋利。

3．锉刀握法

大锉刀应用右手抵着锉刀柄的端头，大拇指放在锉刀木柄上面，其余四指弯在下面，配合大拇指捏住锉刀木柄，左手则根据锉刀大小、轻重，可选择多种姿势，如图 1-32 所示。

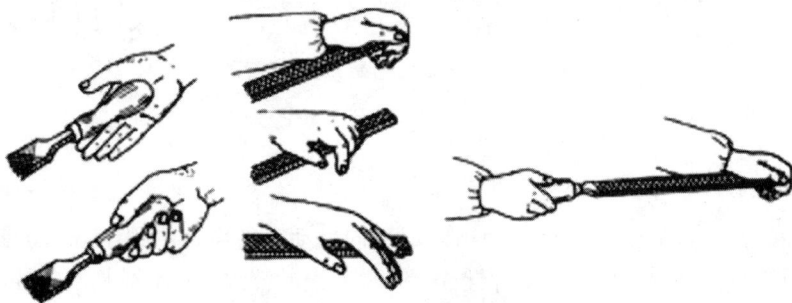

图 1-32　大锉刀的握法

9

中锉刀右手握法与大锉刀相同，左手则需要用大拇指和食指捏住锉刀前端，如图 1-33（左）所示。

小锉刀可按照图 1-33（右）所示，右手食指伸直，拇指放置在锉刀木柄上面，食指靠在刀边，左手几个手指压在锉刀中部。

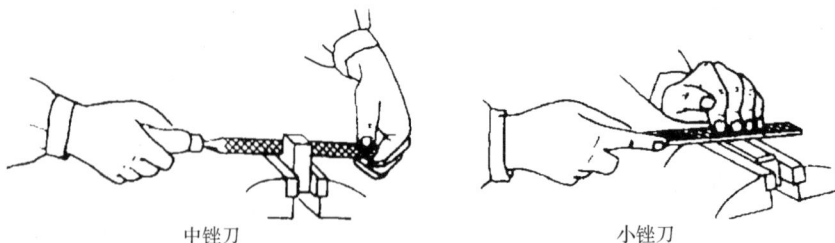

中锉刀　　　　　　　小锉刀

图 1-33　中、小锉刀握法

整形锉刀可按照图 1-34 所示，右手拿锉刀，食指放置在锉刀上面，拇指放在锉刀左侧。

图 1-34　整形锉刀握法

4．锉削姿势与速度

操作时采用正确的锉削姿势，不但可以减轻身体疲劳，还能提高锉削的操作质量和劳动效率。锉削工件时应用台虎钳将工件牢牢固定，然后操作者手持锉刀，左腿弯曲，右腿伸直，身体向前倾斜，身体重心落在左腿上，锉削时随着锉刀推出的行程不断变换身体的前倾角度，如图 1-35 所示。锉削操作时，一般保持 30～60 次/min 为宜。太快了容易使操作者产生疲劳，也容易导致锉刀锉齿磨损；太慢则会导致锉削效率低。

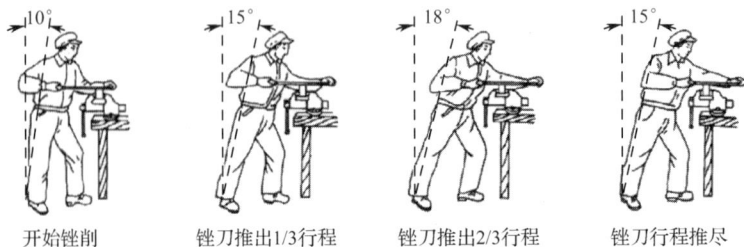

开始锉削　　锉刀推出1/3行程　　锉刀推出2/3行程　　锉刀行程推尽

图 1-35　锉削操作动作

5．平面锉削方法

（1）顺向锉法。锉刀沿着工件表面横向或纵向移动，使用这种锉削方法，锉削平面可得到比较美观而正直的锉痕，适用于工件锉光、锉平或锉顺锉纹，属于最基本的锉法，如图 1-36 所示。

（2）交叉锉法。这种锉法以交叉的两个方向顺向对工件进行锉削，由于锉痕是交叉的，因此非常容易判断锉削表面的不平程度，容易把表面锉平。这种锉削方法去屑较快，适用于平面的粗锉，如图 1-37 所示。

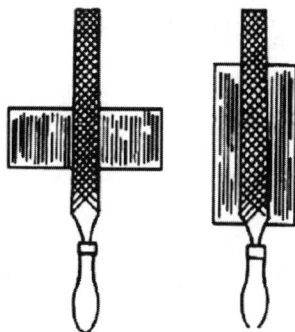

图 1-36 顺向锉法

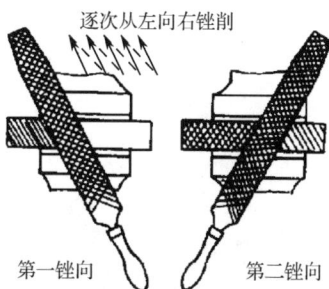

图 1-37 交叉锉法

（3）推锉法。两手对称地握着锉刀，用两个大拇指推着锉刀进行锉削，如图 1-38 所示。这种方法适合锉削表面比较窄且已锉平、加工余量较小的情况，比如修正和减少表面粗糙度的锉削。

6. 曲面锉削方法

（1）外圆弧面锉法。外圆弧面一般采用滚锉法和横锉法两种方法，如图 1-39 所示。滚锉法就是使锉刀沿着圆弧面锉削，用于精锉外圆弧面；横锉法是使锉刀横着圆弧面锉削，用于粗锉外圆弧面。

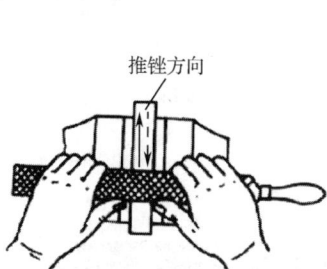

图 1-38 推锉法

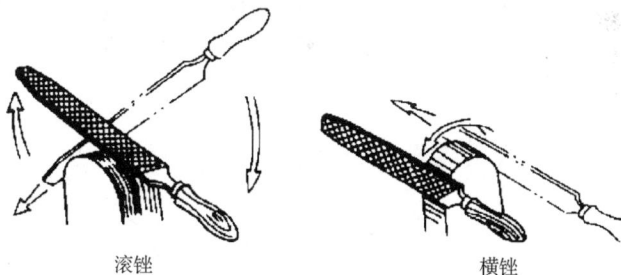

图 1-39 外圆弧面锉法

（2）内圆弧面锉法。内圆弧面锉削方法如图 1-40 所示，使用锉刀锉削时要同时完成前推、左右移动和自身转动三个动作。

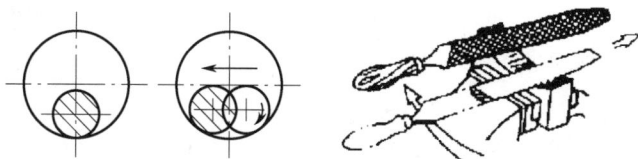

图 1-40 内圆弧面锉削方法

（3）通孔锉法。锉削通孔时，要根据通孔的形状、工件材料、加工余量、加工精度和表面粗糙度的要求选择合适的锉刀执行通孔锉削，如图 1-41 所示。

扁锉　　　　三角锉　　　　　圆锉

扁孔　　　　三角孔　　　　　圆孔

图 1-41　锉削通孔

八、丝锥

丝锥是专门用来加工小直径内螺纹的成型刀具，一般用合金工具钢或高速钢制造，并经淬火淬硬。汽车维修工作中最常用的是普通的三角螺纹丝锥，如图 1-42 所示。丝锥由切削部分和标准部分组成：切削部分端头成锥形，具有非常锋利的切削刃，用来完成切削螺纹的工作；标准部分具有完整的齿形，用于校准和修光切削出来的螺纹，并引导丝锥沿轴向运动。丝锥上还带有 3～4 条容屑槽，用于切削时容屑和排屑。丝锥在使用时一般为 2 支或 3 支组成一套，分头锥、二锥或三锥，它们的圆锥斜角各不相同，修光部分的外径也不一样，所担负的切削工作量分配：头锥为 60%，二锥为 30%，三锥为 10%。切削螺纹时，要将丝锥和攻丝扳手一起配合使用。攻丝扳手又称铰杠（见图 1-43），是用来夹持丝锥的工具。汽车维修中使用的攻丝扳手一般是可调式的，通过转动右边的手柄，即可调节方孔的大小，以便夹持不同规格尺寸的丝锥。攻螺纹时，先用头锥攻螺纹，首先旋入 1～2 圈，检查丝锥是否与孔端面垂直，确认无误后，继续使攻丝扳手旋入，当丝锥的切削部分已经切入工件后，每转一周应倒转 1/4 圈（见图 1-44），这样可以使切屑断落；攻完头锥再继续攻二锥、三锥；每更换一锥，仍要先旋入 1～2 圈，扶正定位，再用攻丝扳手，这样可以有效防止乱扣。

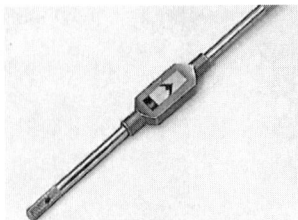

图 1-42　丝锥　　　　　　　图 1-43　攻丝扳手　　　　　　　图 1-44　攻丝操作

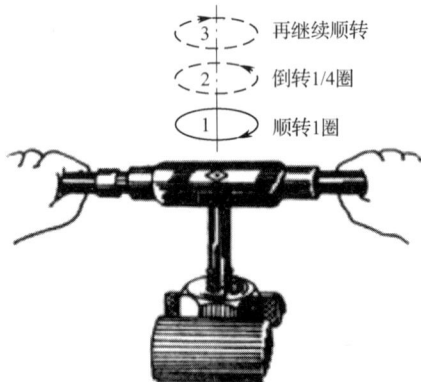

九、板牙

板牙是加工外螺纹的工具，由碳素工具钢或高速钢制成，并经淬火淬硬。汽车维修中常用的板牙有六角板牙和圆板牙，如图 1-45 所示。六角板牙在维修中主要用来修复损坏的螺纹，可直接用扳手加装在六角板牙头部执行螺纹修复操作。圆板牙主要由切削部分、中间部分、排屑孔部分组成。板牙两端50°的锥角起切削作用，中间部分起到校准、导向、修光作用。圆板牙的外圆上有锥坑和V形槽，其中锥坑主要用于将板牙夹持在板牙架内，以传递扭矩，如图1-46所示。

图1-45　六角板牙和圆板牙

图1-46　圆板牙和板牙架

十、划线工具

所谓划线，就是根据图纸和实物的要求，在零件表面准确划出加工界限的操作，是汽车维修过程中一个重要工序。通过划线，可以确定零件表面的加工余量、确定孔的位置，使机械加工有明确的标志；还可以检查加工件是否存在偏差，以避免浪费机械加工工时。划线操作时使用的专用工具就是划线工具，一般有以下几种。

1. 划针

划针是用于在被划线的工件表面沿着钢尺、直尺或样板进行划线的工具。常用的划针是用工具钢或弹簧钢锻制成细长的针状，经淬火磨尖后制作的，一般有弯头划针和直划针两种，如图1-47所示。在工件上操作时，如果某些部位用直划针划不到，就要使用弯头划针进行划线。

划线时，划针要按照图1-48所示那样，沿着直尺、角尺或划线样板等导向工具移动，同时向外倾斜15°～20°，向移动方向倾斜45°～75°。

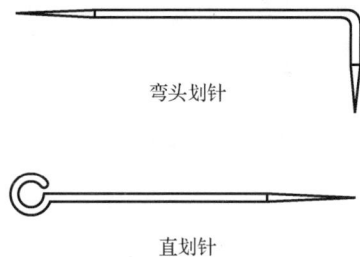

图1-47　弯头划针和直划针

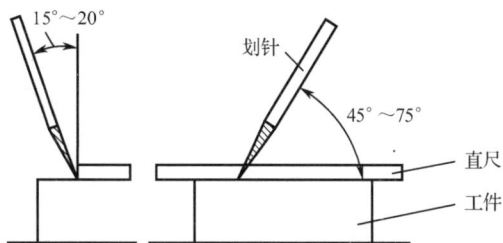

图1-48　使用划针

2．划线盘

划线盘是在工件上划水平线和校正工件位置的常用工具，分为普通划线盘和可微调划线盘两种，如图1-49所示。划针的一端焊上硬质合金，另一端弯头是校正工件用的。划线时，在量高尺上（见图1-50）量取尺寸，将划针调节到一定的高度并移动划线盘底座，划针的尖端即可对工件划出水平线，如图1-51所示。

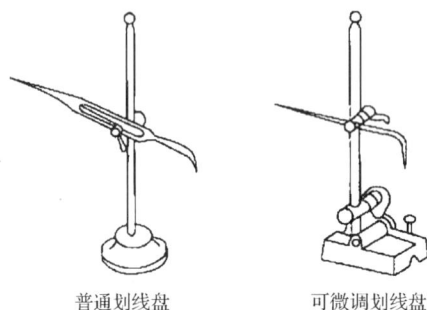

普通划线盘　　　　可微调划线盘

图1-49　划线盘

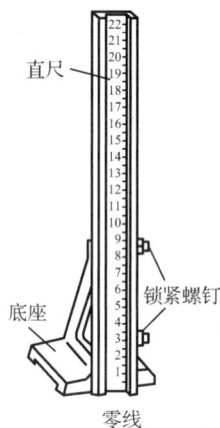

图1-50　量高尺

3．划规

划规俗称圆规，划线操作中使用的划规主要用于划圆或划弧、等分线段或角度，以及把直尺上的尺寸移到工件上，如图1-52所示。

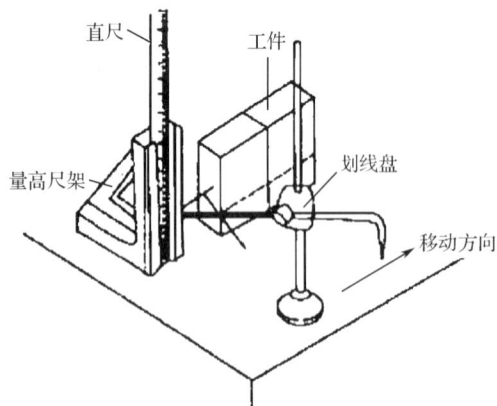

图1-51　用划线盘进行划线操作

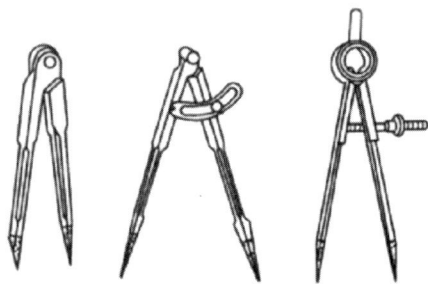

图1-52　各种划规

4．样冲

样冲是用来在划好的线上冲眼时使用的工具。它可以在工件上所划线条的交叉点上打出小而均匀的样冲眼，以便在所划的线模糊后，仍能找到原线及交叉点位置，从而起到强化显示用划针划出的加工界线的作用。此外，样冲也可以在划圆弧时作为定心脚点使用。样冲的使用如图 1-53 所示。

十一、钻孔工具

钻孔就是指用钻头在实心工件上加工孔。在汽车维修作业中，常用的钻孔工具有钻床和手电钻两种。

1．钻床

常见的钻床有台式钻床（台钻）、立式（钻床）和摇臂钻床三种。汽车维修中最常用的是台钻，它是一种放置在工作台上使用的小型钻床，重量较轻、移动方便、转速高，非常适合在零件上钻出直径较小的钻孔，如图 1-54 所示。

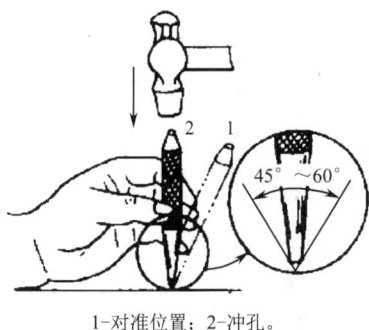

1-对准位置；2-冲孔。

图 1-53　样冲的使用

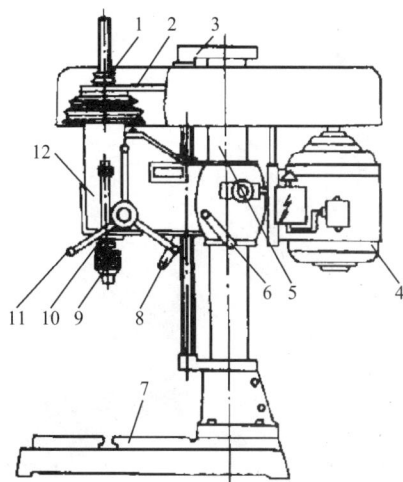

1-塔轮；2-V 带；3-丝杠架；4-电动机；5-立柱；6-锁紧手柄；

7-工作台；8-升降手柄；9-钻夹头；10-主轴；11-进给手柄；12-头架。

图 1-54　典型的台钻

2．手电钻

手电钻主要用于钻直径为 12mm 以下的孔，常用于不便使用钻床钻孔的场合。手电钻的电源有 220V 和 380V 两种。手电钻如图 1-55 所示，它体型小巧，携带方便，操作简单灵活，在汽车维修中应用非常广泛。

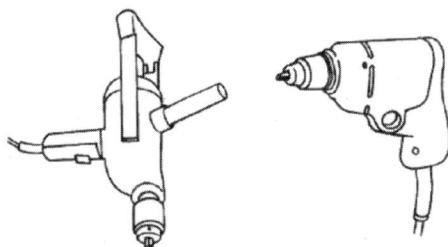

图 1-55　手电钻

3．钻头

钻头是钻孔的主要刀具，一般用高速钢或超硬合金制作，常用的钻头由柄部、颈部和工作部分组成。钻头柄部是钻头的夹持部分，有直柄和锥柄两种，如图 1-56 所示。直柄传递的力矩较小，一般用于直径小于 12mm 的钻头；锥柄则可以传递较大的力矩，用于直径大于 12mm 的钻头。

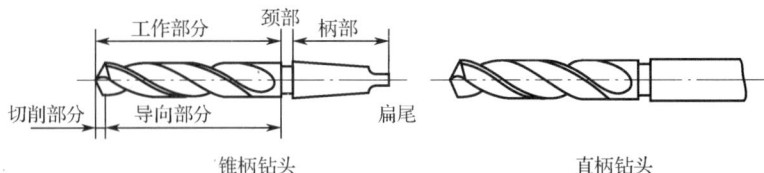

图 1-56　钻头的种类与结构

十二、砂轮机

砂轮机主要用于对金属的磨削加工，是利用砂轮的旋转对工件的表面进行磨削或切断的机器。砂轮机一般以电力或压缩空气为动力，分为台式和立式两种，如图 1-57 所示。在汽车维修中最为常用的是台式电动砂轮机，常用于对工件的端部或表面进行磨削。

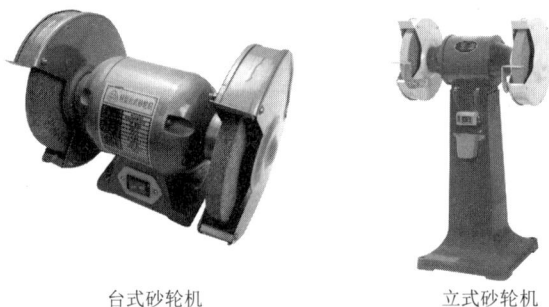

图 1-57　台式和立式砂轮机

十三、压力机

压力机是在汽车零件拆装过程中，用来压入或压出衬套、滚珠轴承、齿轮、皮带轮及校正零件弯曲等所必需的设备。按照工作原理，压力机可分为机械式压力机和液压式压力机，如图 1-58 所示。

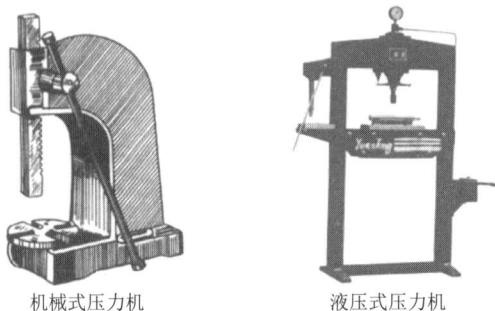

图 1-58　压力机

十四、钢丝刷

在汽车维修工作中，钢丝刷是一种用来清理顽固污渍的工具，比如清理蓄电池电缆桩头上的污垢等，如图1-59所示。

十五、滑脂枪

滑脂枪是用来对汽车需要润滑的部件添加润滑脂的工具，配有软管，可用于对位于车辆隐蔽处或狭窄处的部件实施润滑脂加注，如图1-60所示。

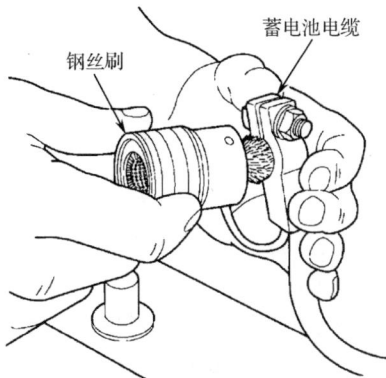

图 1-59　钢丝刷

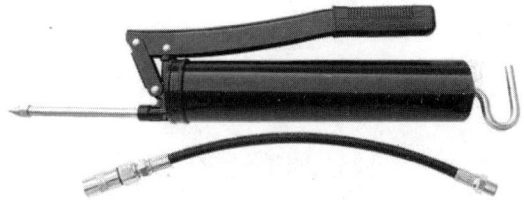

图 1-60　滑脂枪

第二天　汽车维修安全知识

任务目标

1. 了解汽车维修安全知识。
2. 了解汽车维修工作中的安全操作规程。

知识准备

一、维修车间的安全常识

1．思想上要重视

汽车维修是一项高度复杂的技术工种，涉及机械、电子、化工等多个技术领域。在实际工作中，由于人为因素（安全意识不高、责任心不到位、违规操作）或自然因素（维修设备和工具发生故障、工作环境不良）会引发事故风险，因此作为汽车维修从业人员，首先要在思想上高度重视，要认识到人身安全和身体健康是幸福生活的基石，严格遵守车间制定的各项安全规定，这不但是对自己的人身安全和健康负责，更是对自己的亲人和家庭尽责。

2．维修车间必须整洁有序

很多工伤事故都是因为车间管理不佳、安全纪律不严导致的。在一个管理混乱、物品或工具放置凌乱、地面油污没有及时清洁干净的工作场所，经常会发生绊倒、摔倒或滑倒而导致受伤，如图 2-1 所示。

车间的整洁有序能有效提高工作的安全水平，一个整洁的车间应该做到：

● 地面清洁不湿滑。
● 火警应急出口畅通。
● 器具存取通道无障碍。
● 工具存放安全方便。
● 电气和压缩空气等动力输出源标记清楚明显并定期检查。
● 加长电缆或软管在用后收好或悬吊在天花板上。
● 工作场所灯光明亮。
● 空气新鲜，工作环境舒适。

图 2-1　凌乱的工作场所会导致滑倒或摔伤

● 固定设备或装置得到定期维护并处于安全状态。
● 工作场所的所有人员均受过使用常用设备的培训，并知道安全操作规程。

3．个人注意事项

工作时是否安全往往在你到达工作场所之前就已决定了。当你离家去上班时，是否做了充分的准备，考虑一下哪种衣着适合要进行的工作。记住，安全也是你的责任。

应避免的事情：

- 宽松的袖口。
- 佩戴项链。
- 佩戴手镯。
- 裤腿过于肥大，如喇叭裤。
- 时装鞋。
- 紧身裙。
- 解开的领带。
- 长发。
- 手表。
- 戒指。
- 鞋带没有系紧。
- 手帕垂挂在衣袋外面。

忠告：

- 摘下珠宝首饰。
- 戴"夹式"领带。
- 穿用经过批准的工作服、工装裤等，如图2-2所示。
- 穿用带有防砸钢包头的劳保靴，如图2-3所示。
- 束紧长发，将头发盘入工作帽中或掖入工作服领口内，如图2-4所示。

图2-2　德国大众汽车公司
4S店工作服

图2-3　劳保靴（鞋头带有防砸钢包头）

图2-4　将头发盘入工作帽中

- 需要时，使用正确的眼/手/耳/头防护装置，如图2-5～2-8所示。

图2-5　防护面罩和防护眼镜

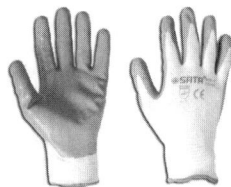

图2-6　典型的防护手套

图 2-7 典型的防噪声耳罩

图 2-8 典型的防护安全帽

4．工具安全使用

许多割伤和擦伤都是由使用损坏的手用工具或误用手用工具造成的。保持工具清洁完好，切勿使用已知损坏的工具。

多数手用工具都需要操作者用些力气。不管是在拉、推还是转身时，一定要站稳。确保万一工具打滑或失去控制时不会伤到你的手。工具使用的注意事项如图 2-9 所示。

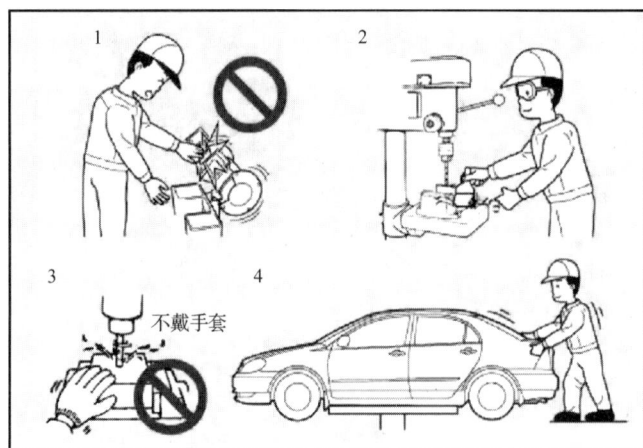

图 2-9 工具使用的注意事项

使用工具工作时，遵守如下的预防措施来防止发生伤害：

1. 如果不正确使用电气、液压和气动设备，可能导致严重的伤害。
2. 使用产生碎片的工具前，应戴好护目镜。使用过钻孔机一类的工具后，要清除其上的粉尘和碎片。
3. 操作旋转的工具或者工作在一个有旋转运动的地方时，不要戴手套。手套可能被旋转的物体卷入，伤到你的手。
4. 用升降机升起车辆时，初步提升到轮胎稍微离开地面为止。然后，在完全升起之前，确认车辆牢固地支撑在升降机上。升起后，千万不要试图摇晃起车辆，因为这样可能导致车辆滑落，造成严重伤害。

- 一定要使用正确规格的工具进行作业。
- 锋利的工具不用时，应护好刃口。
- 不要使用手柄松动的工具。
- 不要用工具干不相应的工作。
- 不要使用带"蘑菇头"的冲子或錾子。
- 在使用切具（手据、金属切割剪等）时，一定要用台钳固定工件。
- 切勿使用开裂的套筒。
- 切勿加长工具手柄以增大杠杆作用。
- 切勿使用电动工具来驱动"手用"套筒。
- 不得将工具遗留在发动机罩下。
- 要有工具清单，工作完成后可根据清单清点工具，可有效避免工具遗忘在车内。

5．压缩空气

许多车间都有由压缩空气作为便利的动力来源驱动的工具。压缩空气，如果正确使用很安全，但如果使用不当则非常危险，可致人严重受伤或死亡。不得使用压缩空气进行下列操作：

- 吹掉工作台上的锉屑或铁屑。
- 吹去衣着上的粉尘。
- 和同事开玩笑，用压缩空气喷工友。
- 清理部分密封的物体，如灯光设备等。
- 清除制动装置上的粉尘。

6．防火和用电安全

（1）防火

必须采取如下的预防措施来防止火灾：

- 如果火灾警报响起，所有人员应当配合扑灭火焰。员工应清楚灭火器的放置位置及使用方法。
- 除非在吸烟区，否则不要吸烟，并且要确认将香烟熄灭在烟灰缸里。
- 为了防止火灾和事故，在易燃品附近应遵照图2-10中的预防措施。

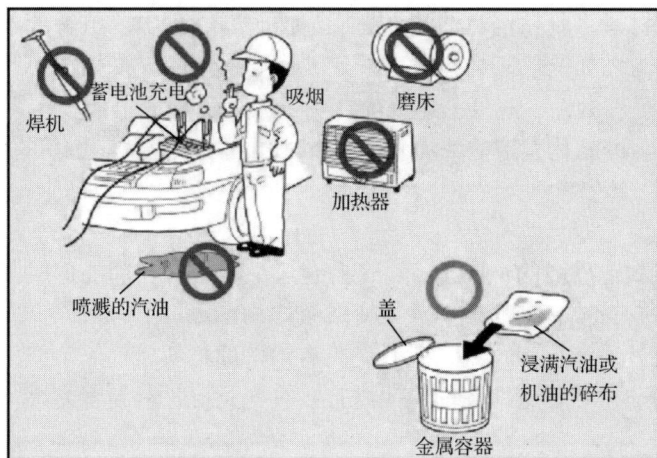

为了防止火灾和事故，在易燃品附近应遵照如下预防措施：
- 吸满汽油或机油的碎布有时有可能自燃，所以它们应当被放置到带盖的金属容器内。
- 在机油存储地或可燃的零件清洗剂附近，不要使用明火。
- 千万不要在处于充电状态的电池附近使用明火或产生火花，因为它们产生了可以点燃的爆炸性气体。
- 仅在必要时才将燃油或清洗溶剂携带到车间，携带时还要使用能够密封的特制容器。
- 不要将可燃性废机油和汽油丢弃到阴沟里，因为它们可能导致污水管系统产生火灾。始终将这些材料倒入一个储物罐或者一个合适的容器内。
- 在燃油泄漏的车辆没有修好之前，不要起动发动机。修理燃油供给系统时，应当从蓄电池上断开负极电缆以防止发动机被意外起动。

图2-10　防火预防措施

（2）电气设备安全措施

不正确地使用电气设备可能导致短路和火灾。因此，要学会正确使用电气设备并认真遵守以下防护措施：

- 如果发现电气设备有任何异常，立即关掉开关，并联系管理员或车间主管。
- 如果电路中发生短路或意外火灾，在进行灭火步骤之前首先关掉开关。向管理员或车间主管报告不正确的布线和电气设备安装。
- 有任何熔断器熔断都要向上级汇报，因为熔断器熔断说明有某种电气故障。

● 杜绝图 2-11 中所示的行为。

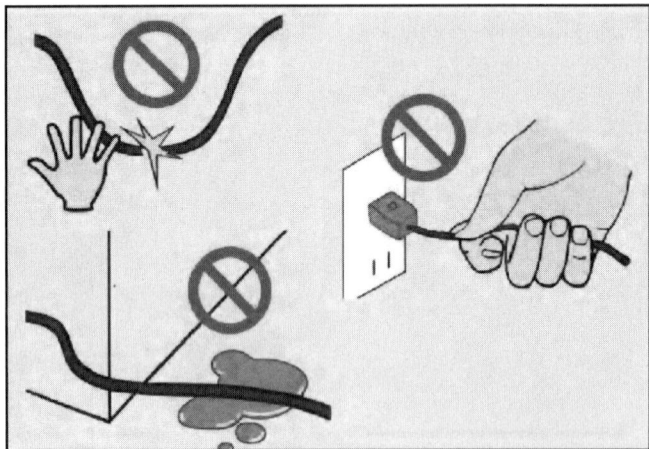

千万不要尝试以下行为，因为它们非常危险：
● 不要靠近断裂或摇晃的电线。
● 为防止电击，千万不要用湿手接触任何电气设备。
● 千万不要触摸标有"发生故障"的开关。
● 拔下插头时，不要拉电线，而应当拉插头本身。
● 不要让电缆通过潮湿或浸有油的地方，不要通过炽热的表面或者尖角附近。
● 在开关、配电盘或电动机等附近不要使用易燃物，因为它们容易产生火花。

图 2-11　电气操作中应杜绝的行为

7．接触化工材料时的安全注意事项

汽车的生产和保养中有可能使用某些带有危险性的材料。下面简要介绍一些在汽车维修工作时可能遇到的这类材料。

使用、存储和搬运如溶剂、密封材料、胶粘剂、油漆、树脂泡沫塑料、蓄电池电解液、防冻剂、制动液、燃油、机油和润滑脂之类的化工材料时，一定要小心谨慎，轻拿轻放。这些材料可能有毒、有害、有腐蚀性、有刺激性、高度易燃或能产生危险烟雾和粉尘。

过度暴露于化学品对人产生的影响可能是直接的或缓发的、暂时性或永久性的、累积的，有可能危及生命或折减寿命。

化学材料使用的禁忌：
● 不要混合化工材料，除非按照制造厂商的说明进行；某些化学品混合在一起能形成其他有毒或有害的化合物，释放有毒或有害的烟雾，或变成爆炸物。
● 不要在封闭的空间（如在车内）喷洒化工材料，尤其是带有溶剂的材料。
● 不要加热或火烧化工材料，除非按照制造厂商的说明进行。有些化工材料高度易燃，有些可能释放有毒或有害烟雾。
● 切勿敞开容器。释放出的烟雾能积聚至有毒、有害或易爆的浓度。有些烟雾比空气重，会在封闭、低洼部位积聚。
● 切勿将化工材料换盛在未做标记的容器内。
● 切勿用化学品洗手或洗衣服。化学品，特别是溶剂和燃油，会使皮肤变干并可能产生刺激导致皮炎，或使皮肤吸收大量有毒或有害物质。
● 切勿用空容器盛装其他化工材料，除非它们在监控条件下已被清洗干净。
● 切勿嗅闻化工材料。短暂暴露于高浓度的烟雾都可能是有毒或有害的。

化工材料使用中的切记事项：
● 一定要仔细阅读并遵守材料容器（标签）及任何附带活页、告示或其他说明上的危险

和预防警告。从厂商处可获得化工材料的有关健康和安全数据表。

● 皮肤和衣服沾染化工材料后一定要马上清除。更换严重污染的衣服并清洗干净。
● 一定要制订工作规程和准备防护衣具，避免：皮肤和眼睛受到污染，吸入蒸气、悬浮微粒、粉尘或烟雾，容器标签标示不清，引发火灾和爆炸事故。
● 搬运化工材料后，一定要在吃饭、抽烟、喝水或上厕所之前洗手。
● 要保持工作区域干净、整洁，无溢洒。
● 一定要按照国家和当地法规的要求存储化工材料。
● 一定要将化工材料保存在儿童接触不到的地方。

二、维修工安全操作规程

（1）工作前应检查所使用的工具是否完整无损，施工中工具必须摆放整齐，不得随地乱放，工作完毕应清点、检查并擦净工具，按要求把工具放入工具车或工具箱内。

（2）车辆解体前应进行外部清洗，拆装总成应使用拆装架或起吊举升设备。拆装零部件时，必须使用合适工具或专用工具，切忌蛮干，不得用硬物、手锤直接敲击零件。零件拆卸完毕应按一定顺序整齐安放在零件盘或台架上，不得随地堆放。

（3）换下废件、废油、废包装盒，应收入废料桶内，要每日清理，不许随地乱丢、乱放。分解零配件、工具、油水三不落地，随时保持工作场地的清洁、整齐、道路畅通。

（4）维修过程实行交叉作业时，车辆内外、上下各部位，各工种要相互协调、招呼、避让。应高度重视安全系（转向、制动等）的维修工艺与零配件质量，严格按技术标准施工，确保其运行可靠。

（5）在车上进行修理作业及用汽油清洗零件时不得吸烟，不许在正在修理的汽油车旁烧烘火花塞或点燃喷灯等。

（6）在用千斤顶进行底盘作业时，必须选择平坦、坚实场地并用三角木将前后轮塞稳，然后用马凳按车型规定支撑点将车辆支撑稳固，严禁单纯用千斤顶顶起车辆在车底作业。

（7）修配过程中应认真检查原件或更换件是否合乎技术要求，并严格按修理技术规范精心施工和检查调试。

（8）修竣发动机起动前应先检查各部装配是否正确，是否按规定加足润滑油、冷却液，置变速器于空挡，轻点起动机试运转，拉起手制动。当车底有人时，严禁起动车辆。

（9）当发动机过热时，不得立即打开水箱盖，谨防被沸水烫伤。

（10）使用工作灯时应采取低压（36V以下）安全灯，工作灯不得冒雨或拖过水地使用，要经常检查导线、插座是否良好。手湿时不得扳动电源开关或插电源插座，电源线路易熔线应按规定安装，不得用铜线、铁线代替。

（11）在地面指挥车辆行驶、移位时，不得站在车辆正前方或后方并注意周围障碍物。

（12）作业结束后要及时清除生产车间的油污杂物，并将设备机具整齐安放在指定位置，以保持施工场地整齐清洁。

（13）车间内驾驶机动车不要超过10km/h，注意驾驶安全。

（14）严格按照操作规程使用各种保修机具设备，使之处于完好的状态。

（15）在用汽油等清洗零部件或接触易燃易爆等物品时，严禁烟火，车间严禁吸烟。

第三天　举升机的使用

任务目标

1. 了解汽车举升机的种类和性能特点。
2. 了解汽车举升机的使用方法和安全操作规程。

知识准备

一、汽车举升机的用途和分类

1. 用途

汽车举升机是将汽车举升起来，以便维修人员进行检修操作和维护保养的设备。

2. 分类

（1）单柱式举升机

单柱举升机如图 3-1 所示，这种举升机占地面积小，结构紧凑，安装灵活方便，价格低廉，特别适用于维修车间面积狭小、承接简单维修和保养项目的快修店使用。

（2）双柱式举升机

双柱式举升机如图 3-2 所示，它采用 2 个举升柱，双柱式举升机将汽车举升在空中的同时可以节省大量的地面空间，方便地面作业。双柱式举升机安装时对地基的要求较高，因为举升机 2 个立柱的扭力需要靠地面来抵消。

图 3-1　单柱式举升机

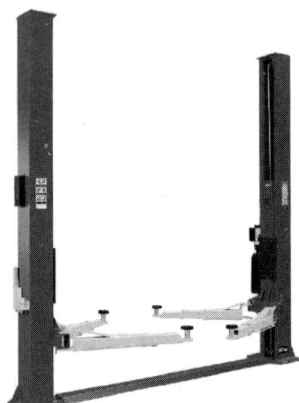

图 3-2　双柱式举升机

（3）四柱式举升机

四柱式举升机占地较大，造价较高，配备有车辆驶上坡板，可以方便地将车辆开上举升机停稳后进行举升，适合维修车间比较宽敞的维修厂使用，如图 3-3 所示。这种举升机安装时对地面的要求较高，要求地面必须坚实牢固。

（4）剪式举升机

剪式举升机如图 3-4 所示，这种举升机特别适合不能在楼板上安装两柱和四柱举升机的场地使用，可以安装在任何可以开车的楼板上，解决维修场地限制问题。剪式举升机结构紧凑，占地面积小，广泛适用于汽车快修店。

图 3-3 四柱式举升机

图 3-4 剪式举升机

二、汽车举升机安全操作流程

（1）使用举升机举升前，首先要把举升机周围妨碍作业的工具和杂物清理干净。

（2）检查汽车举升机操作机构是否灵敏有效，确认举升机没有液压油泄漏迹象。

（3）检查待举升车辆，如果发现车辆内有较重的行李或其他容易产生晃动、滚动的物品，要先将其取出放置好，以免在举升时车内物品发生碰撞滚动。

（4）如图 3-5 所示，将车辆驶入举升机中间位置，将举升机举升臂伸展开，使举升臂抵在车身底部举升位置。

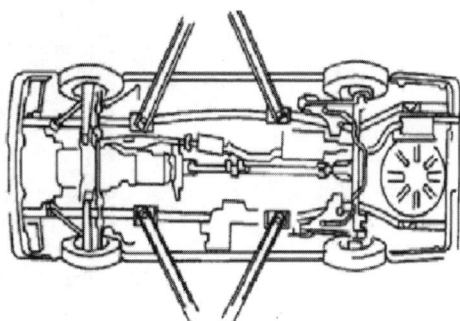

双柱式举升机支撑位置

图 3-5 车身底部举升位置识别

（5）将车辆的变速器挡位设置到 P 挡或 N 挡，并拉起手制动。

（6）查看并确认举升臂上的橡胶垫块准确地抵在车身底部的支撑位置（该位置一般都采用钢板加固，能承受较大的力量），如图 3-6 所示。

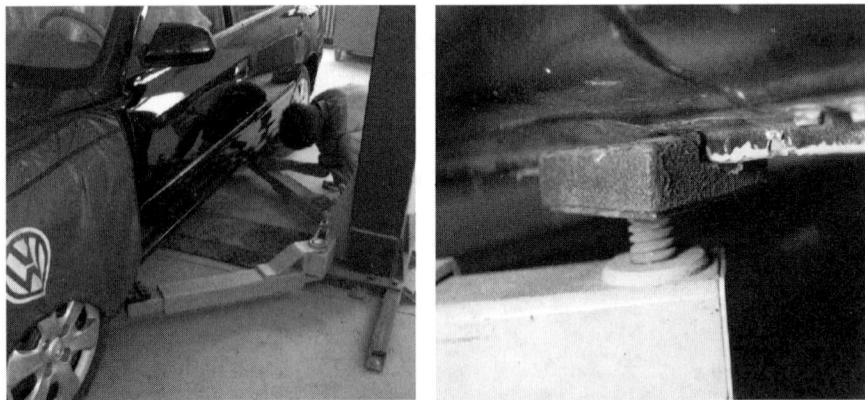

图 3-6　举升臂垫块抵在支撑位置

（7）开动举升机举升车辆，操作时不要一次就把车辆举升到预定高度，而要先将车辆举升 300mm 左右，执行支点复检，即维修人员站立在车辆侧面，用手推车辆，确认举升臂已经牢固地支撑住车辆后，再继续操作举升机，将车辆举升到预定的维修高度。

（8）确认举升机的制动器（防下落）处于锁紧状态，然后方可进行车辆底部维修作业。

（9）维修作业完成后，应及时将车辆从举升机上降下，不要让举升机长期处于承载受力状态。

三、汽车举升机的保养规范

1．清洁

按照图 3-7 所示，定期对举升机进行清洁，将附着在举升机上的油污、脏污清理干净。

图 3-7　清洁举升机

2．紧固

定期检查举升机固定螺栓和举升机铰链，及时加以紧固，如图 3-8 所示。

紧固举升机固定螺栓　　　　　　　　　紧固举升机铰链

图 3-8　紧固

3．润滑

如图 3-9 所示，定期对举升机的钢缆和传动链条进行润滑，确保钢缆和传动链条不发生锈蚀损坏。

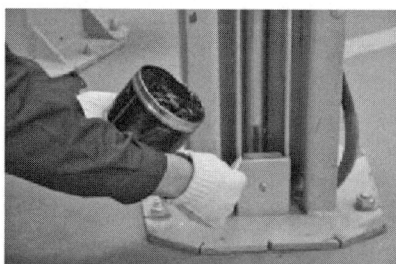

润滑举升机钢缆　　　　　　　　　润滑举升机传动链条

图 3-9　润滑

4．更换

如图 3-10 所示，根据举升机的使用说明，定期更换举升机的液压油，确保设备能正常运行。

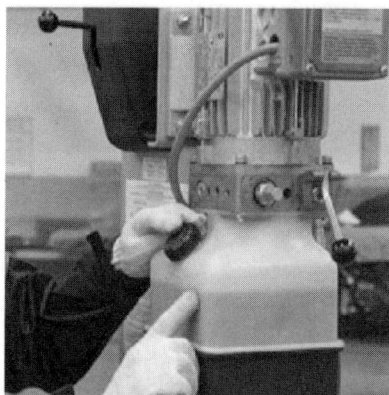

图 3-10　更换举升机液压油

第四天　汽车维修工作的基本流程

任务目标

1. 了解汽车维修的基本流程。
2. 了解各个流程的工作内容。

知识准备

一、汽车维修工作的基本流程

一般来讲，汽车维修工作的基本流程分为 7 个步骤，如图 4-1 所示。

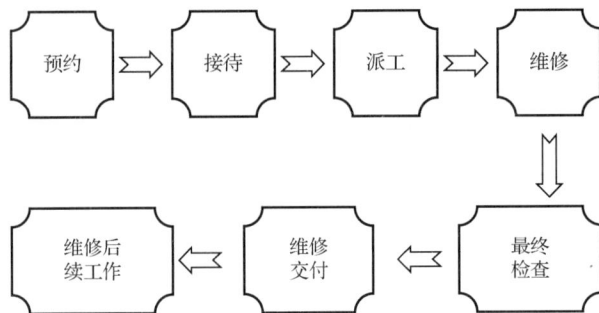

图 4-1　汽车维修工作的基本流程

二、各个流程的工作内容

1．预约

预约可以是维修厂根据已有的维修记录档案，查询到曾经在维修厂送修的车主，主动联系车主安排时间来执行定期保养维护；也可以是车主电话预约维修厂送修自己的车辆。预约工作主要包括以下内容：

- 询问用户及车辆的基础信息（核对老用户数据或登记新用户数据）。
- 询问并确认车辆的行驶里程。
- 初步记录车主的维修需求和车辆故障现象。
- 介绍维修厂特有的服务项目并确认用户是否需要这些维修项目。
- 确定用户上门送修的具体时间。
- 暂定交车时间。
- 向车主初步提供大致的维修服务价格信息。
- 叮嘱车主需要携带的相关资料（车辆的使用说明书、保修手册、防盗器密码、车辆以前的维修记录等）。

- 填写预约登记表。
- 通知维修车间主管，根据车主提供的信息和故障描述，提前准备相应的工具、维修工位和技术方案，如有必要，还要通知备件库准备备件。

预约工作做得好，可以使生产厂家、维修公司和客户三方均得益，如图4-2所示。

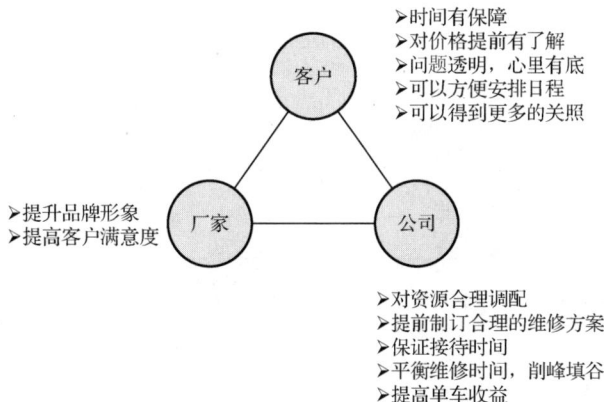

图4-2　预约工作的意义

2．接待

当车主按照预约的时间将车辆送交维修厂时，接待人员要做好用户的接待工作。仔细耐心地倾听用户的故障陈述，这些信息了解得越详细、越准确，维修诊断中所走的弯路和花的时间也就越少。以丰田公司为例，该公司要求接修车辆时必须认真填写客户意见调查表，作为查找故障源的重要依据，如图4-3所示。

必要时，可与客户一同核实故障状况，确定好需要执行的维修项目，填写好维修任务单后请客户签字确认。

3．派工

车间主管根据车辆的维修项目要求，根据维修项目的难易和复杂程度，合理安排工序和人员调度，填写派工单，进行派工。维修派工单如图4-4所示。

4．维修

维修工根据车间主管的调度和要求，按照维修操作规范（见图4-5）认真完成维修派工单上确定的各项维修任务，并遵守车间主管的安排，做好各个工种和工序之间的衔接。维修工作完成后，维修工要在维修任务单上签字确认。

5．最终检查

维修工完成维修任务，签字确认后，车间主管或班组长要执行复检，认真仔细地核查各项维修项目的完成质量和维修效果，确认无误后，车间主管和班组长签字确认。将维修完毕的车辆清洁擦拭干净，停放到指定的停车位置。

客户姓名 先生／女士		车型和年度	VIN
发动机号		变速箱	里程
发生故障日期		制造日期	送修日期
燃油和油箱盖		☐ 车辆燃油耗尽引起熄火 ☐ 油箱盖丢失或未正确旋入	
症状	☐ 起动性能	☐ 不能起动　　　　☐ 无着车迹象　　　　☐ 有着车迹象 　　☐ 由节气门位置造成的着车不稳 　　☐ 不是由节气门位置造成的着车不稳 ☐ 可以起动但很困难　　　　☐ 其他　[　　　　　　　]	
	☐ 怠速	☐ 无快怠速　　☐ 不稳　　☐ 怠速高　　☐ 怠速低 ☐ 其他　[　　　　　　]	
	☐ 动力性能	☐ 转速不稳　☐ 喘振　☐ 爆震　☐ 动力不足 ☐ 进气回火　　☐ 排气回火 ☐ 其他　[　　　　　　]	
	☐ 发动机熄火	☐ 起动时　　　☐ 怠速时 ☐ 加速时　　　☐ 减速时 ☐ 停车前　　　☐ 增大负荷时	
故障发生的时间		☐ 接到新车后　　☐ 最近 ☐ 早晨　　☐ 晚上　　☐ 白天	
故障频率		☐ 一直　　☐ 在某些情况下　　☐ 有时	
天气情况		☐ 没有影响	
	天气	☐ 晴天　☐ 雨天　☐ 雪天　☐ 其他　[　　　　]	
	温度	☐ 炎热　☐ 温暖　☐ 凉爽　☐ 寒冷　☐ 潮湿　　　　°F	
发动机状态		☐ 冷机时　☐ 暖机期间　☐ 暖机后 发动机转速 0　2 000　4 000　6 000　8 000 r/min	
路况		☐ 城区　☐ 郊区　☐ 高速公路　☐ 越野道路（起伏路）	
行驶状态		☐ 没有影响 ☐ 起动时　☐ 怠速时　☐ 高速行驶时 ☐ 加速时　☐ 巡航时 ☐ 减速时　☐ 转向时（右／左） 车速 0　20　40　60　80　100　120 km/h	
故障指示灯		☐ 亮　　☐ 不亮	

图 4-3　丰田公司车辆接修客户意见调查表

维修派工单

编号：

服务中心：　　　　　　　　日期：　　　　　　服务顾问：

客户信息	□客户 □送修人		地　　　址		联系电话	
车辆信息	车牌号	车型	VIN	发动机号		里程数
作业信息	车辆进站时间		付款方式		旧件是否带走	
			□现金 □信用卡 □其他		□是 □否	
互动检查	是否有贵重物品		油箱油量	□空　　　　　□＜1/4		
	是　　否			□半箱　□＜3/4　□满箱		

车身状况漆面检查、损伤部位下图标注	客户故障描述
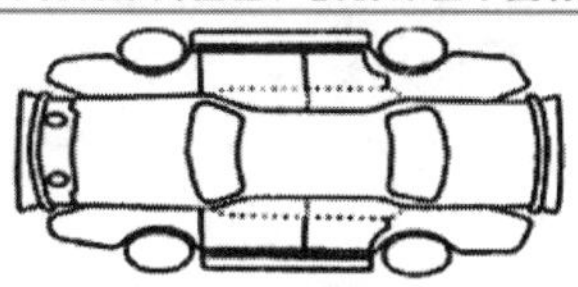	
检查结果	
车身检查	
车内检查	
发动机舱	
底盘检查	

维修项目		备件	索赔	材料费	工时费	小计	维修人	检查人
维修项目			是 否					
			是 否					
			是 否					
			是 否					
			是 否					
			是 否					
			是 否					
	预计交车时间：		费用小计					
	预估费用：		客户签字：					

维修项目		备件	索赔	材料费	工时费	小计	维修人	检查人
新增维修项目			是 否					
			是 否					
			是 否					
			是 否					
	新增维修时间：		费用小计					
	新增维修费用：		客户签字：					

预估交车时间		预估费用	工时费 材料费	总计	
客户评价	□满意 □不满意	不满意原因：	□服务态度　□维修质量　□备件保供 □服务环境　□维修时间　□维修费用		
质检员签字			实际交车时间：		

图4-4　维修派工单

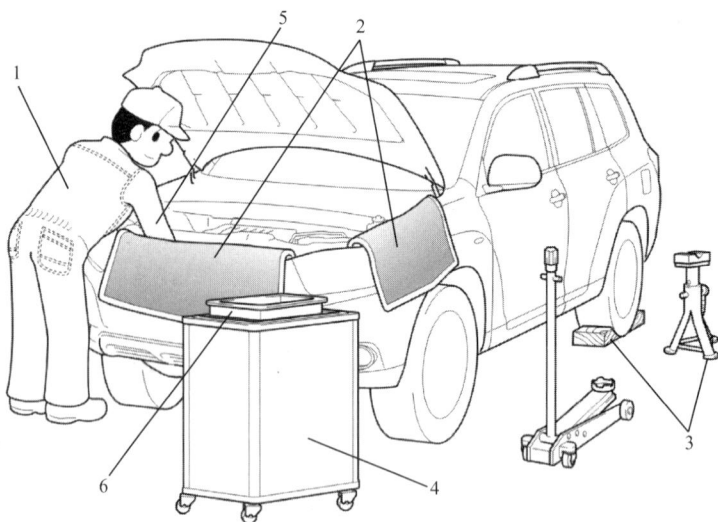

1	着装	● 务必身着清洁的工作服。 ● 必须戴好帽子，穿好安全鞋
2	车辆保护	● 在开始操作之前，准备好散热器格栅罩、翼子板保护罩、座椅罩及地板垫
3	安全操作	● 与 2 个或 2 个以上人员一起工作时，务必要相互检查安全情况。 ● 在发动机运转的情况下进行工作时，要确保修理车间中具备通风装置，以排出废气。 ● 维修高温、高压、旋转、移动或振动的零件时，一定要佩戴适当的安全设备，并且注意不要碰伤自己或他人。 ● 顶起车辆时，务必使用安全底座支撑规定部位。 ● 举升车辆时，使用适当的安全设备
4	准备工具和测量仪表	● 开始操作前，准备好工具台、SST、仪表、机油和需要更换零件
5	拆卸和安装、拆解和装配操作	● 在充分了解正确的维修程序和报修故障后，对故障进行诊断。 ● 在拆卸零件之前，检查总成的总体状况以确认是否有变形和损坏。 ● 对于比较复杂的程序，要做记录。例如，记录拆下的电器连接、螺栓或软管的总数。还要加上装配标记，以确保将各部件重新装配到其原来位置上。需要时，可对软管及其接头作临时标记。 ● 必要时，清洗拆下的零件，彻底检查后，再装配这些零件
6	拆下的零件	● 应将拆下的零件放在一个单独的盒子内，以免与新零件混淆或弄脏新零件。 ● 对于不可重复使用的零件（如衬垫、O 形圈和自锁螺母等），要按照维修手册中的说明用新件进行更换。 ● 如用户要求，保留拆下的零件以备客户检查

图 4-5　丰田公司的维修操作规范

6. 维修交付

维修厂通知用户来维修厂取车，用户来到维修厂后，接待人员要做好以下工作：

● 将维修发票整理好，向用户说明发票内容。
● 向用户说明维修厂所做的维修工作。
● 告知用户某些备件的剩余使用说明（制动衬片、轮胎等）。

- 讲解必要的维护保养常识，宣传维修厂的特色服务。
- 礼貌地送别用户。
- 将本次维修情况录入维修档案，以备下次维修时提醒用户再次将车送到维修厂保养，力争使用户成为维修厂的忠实顾客。

7．维修后续工作

维修交付完毕后，一周之内，应电话回访用户，询问用户对维修质量是否满意，还有哪些需要，对维修厂的服务有什么意见和改进建议等。

第五天　汽车维修资料的搜集与利用

任务目标

1. 了解汽车维修资料的搜集途径。
2. 了解汽车维修资料的使用方法。

知识准备

一、汽车维修资料的搜集途径

由于我国目前的维修企业种类繁多，既有接修车辆比较单一的4S店，也有接修车辆种类较多较杂的综合性维修厂和快修店等。一般来讲，4S店内的维修资料均由汽车生产厂家直接提供，内容详尽齐全。而综合性维修厂可以通过购买各个出版社出版的汽车维修书籍、购买一些在线信息服务网站（如 http://www.car388.com/）提供的汽车维修信息查询服务来获取维修资料，如图5-1、图5-2所示。

图5-1　出版社出版的各种汽车专项维修类图书

图5-2　典型的汽车维修信息在线查询网站

二、利用汽车使用手册获取维修信息

当接修的车型很新，维修厂没有该车型的资料信息时，可以利用汽车使用说明手册来获取一定的维修信息。

典型的汽车使用手册中大致包含以下的维修信息。

1. 油品规格与添加量数据（以林肯MKC轿车为例，见图5-3、图5-4）

名称	规格
发动机油（5W-30）	WSS-M2C929-A
防冻液	WSS-M97B44-D2
刹车油	WSS-M6C65-A2
齿轮/变速器油 -80W90	WSP-M2C197-A
自动变速器油	WSS-M2C938-A MERCON®LV
挡风玻璃洗涤液	WSS-M14P19-A
制冷剂（R134A）	WSH-M17B19-A
制冷剂油	WSH-M1C231-B

项目	容量
发动机油	5.4L
发动机冷却液	9.2L
制动液	制动液液位在储液罐上的 MIN/MAX 刻度之间
后差速器油液（全轮驱动）	1.15L
自动变速器油液	8.5L
挡风玻璃洗涤液	根据需要加注
燃油箱容量	58.7L
空调制冷剂	0.68kg
空调制冷剂压缩机油	136mL

图5-3　林肯MKC轿车油品规格数据　　　　　图5-4　林肯MKC轿车油品添加量数据

油品规格和添加量数据是维护保养中非常重要的维修信息，维修人员借助这些信息，就可以顺利地完成油液添加和更换操作。

2. 熔断器与继电器的功能说明

在汽车使用手册中，一般均附带有车辆熔断器（保险丝）和继电器盒的安装位置、功能说明及熔断器的电流规格等信息，也可以对维修人员检修车辆、准确更换相同规格的熔断器起到很大的参考作用，如图5-5所示。

3. 车轮定位数据

维修厂接修车辆时，如果需要对该车执行四轮定位，但维修厂使用的四轮定位仪的数据库中还没有录入该车型的四轮定位参数，可通过查询汽车使用手册获取这种数据，如图5-6所示。

4. 车轮换位方法

为了使汽车的4个车轮磨损均匀，需要定期对车辆的4个车轮进行换位。这种信息一般也能在汽车使用手册中查找到，如图5-7所示。

发动机舱保险丝盒

发动机舱保险丝盒安装在发动机舱内的驾驶员侧，按住盒盖上的卡夹并且按到向上提起，就能接触到保险丝盒。

— 173

注意
车辆上的任何电气零部件撒到液体都会损坏。请务必将每一电气零部件的盖子盖好。

检查或更换保险丝
1 关闭点火开关和所有的用电设备，断开蓄电池负极电缆。
2 用保险丝拔离器一端夹头夹住保险丝头部，拉动以拆下保险丝。查看金属丝是否被断来识别熔断的保险丝。
3 用另一个新的相同安培值的保险丝来更换已熔断的保险丝。如果要换上的保险丝立即损坏，请尽快联系当地经销商售后服务中心检修。

保险丝规格
发动机舱保险丝盒安装有两种不同类型的保险丝。
1 片状保险丝-控制式，插入式，允许电流通过电流为5-30A。
2 螺栓保险丝-方型，插入式，允许电流通过电流为30-60A。

代号	规格	功能
01	15A	变速器控制模块电源
02	5A	发动机控制模块电源
03-04	—	备用
05	5A	发动机控制模块
06	30A	前雨刮
07	—	备用
08	15A	点火线圈/点火线圈偶数缸组
09	15A	点火线圈奇数缸组
10	20A	发动机控制单元
11	10A	氧传感器
12	30A	起动机
13	7.5A	变速器控制模块/燃油控制模块
14	—	AC/Clutch（空调/离合器）
15	20A	备用

174

代号	规格	功能
16	15A	备用
17	5A	安全气囊模块
18	10A	遮阳/按摩/空气净化
19	15A	前照灯水平调节
20	20A	燃油泵
21	30A	后电动车窗
22	30A	天窗
23	10A	备用
24	30A	前电动车窗
25	5A	PEPS MTR（无钥匙进入控制模块）
26	60A	制动防抱死泵
27	30A	电子驻车制动
28	40A	后窗除霜

代号	规格	功能
29	15A	LMBR_DR（左侧座椅腰部支撑开关）
30	15A	LMBR_CO_DR（右侧座椅腰部支撑开关）
31	15A	RSA/RSE/UPA（驻车辅助控制模块、后座音频控制模块、视频显示屏）
32	15A	车身控制模块电源
33	25A	第一排座椅加热模块
34	25A	ABS阀
35	30A	音响功率放大器
36	10A	备用
37	10A	右远光灯
38	10A	左远光灯
39	25A	喇叭
40	—	

— 175

代号	规格	功能
41	20A	VAC_PUMP（制动助力泵电机继电器）
42	30A	冷却风扇
43	30A	冷却风扇
44	25A	前照灯清洗泵
45	30A	冷却风扇
46	10A	氧传感器
47	10A	氧传感器
48	15A	前雾灯
49	15A	氙气右近光灯
50	15A	氙气左近光灯
51	15A	喇叭
52	5A	仪表
53	10A	内后视镜/倒车影像

代号	规格	功能
54	5A	前照灯水平调节开关/空调控制模块
55	7.5A	外后视镜调节
56	5A	前留清洗泵
57	15A	备用
58-59	—	
60	7.5A	外后视镜加热
61	—	
62	10A	备用
63	—	
64	5A	前照灯控制模块
65	7.5A	备用
66	—	
67	20A	燃油系统控制模块
68	—	

176

图 5-5 荣威950轿车使用手册中关于发动机保险丝盒的说明

四轮定位参数表（空载）

项目		参数值
前轮	外倾角	-18′±30′
	主销后倾角	4°±30′
	前束角	12′±12′
	主销内倾角（不可调节）	—
后轮	外倾角	-45′±30′
	前束角	6′±12′

图 5-6 荣威950轿车使用手册包含的四轮定位数据信息

车辆养护 10-41

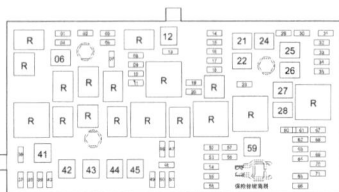

使用该换位方式进行轮胎换位。
轮胎换位不包括紧凑型备胎。
在完成轮胎换位后，将前后轮胎调整到胎压标签上的推荐充气压力。请参见"轮胎气压"。
重置轮胎气压监测系统。请参见"轮胎气压监测系统的操作"。

1970757

警告
车轮或其要上紧的部位上的锈蚀或脏污，有可能导致车轮螺母在一段时间后变松。车轮有可能脱落，并引发事故。当要更换车轮时，清理车辆上车轮安装位置的任何锈蚀或脏污。在紧急情况下，可以使用布或纸巾，但稍后需用刮刀或钢丝刷清除所有的锈蚀或脏污。

在更换车轮或轮胎换位后，在车轮轮毂中央涂上一层薄薄的车轮轴承润滑脂，以防止腐蚀或锈蚀的产生。切勿将润滑脂涂在车轮安装平面或车轮螺母或螺栓上。

何时使用新轮胎
诸如保养、温度、行驶速度、车辆载荷和道路情况等因素会影响轮胎的磨损速度。

1970752

胎面磨损指示器是提示何时需要更换新轮胎的一种方式。胎面磨损指示器在胎面仅剩1.6毫米或更薄时显现。请参见"轮胎检查"和"轮胎换位"。
轮胎的橡胶会随着时间而老化。如果车辆配有备胎，即使备胎从未使用过，也同样会随时间而老化。很多因素，其中包括温度、承载情况和充气压力的保持，都会影响老化的速度。

购买新轮胎
上海通用汽车公司为本车开发、装配了合适的轮胎。所安装的原厂轮

图 5-7 上海通用别克威朗轿车使用手册中的轮胎换位操作示意图

5．车灯灯泡的规格

汽车使用手册中均会对车辆的灯泡规格和更换方法进行说明，维修人员可参照说明选配规格相同的灯泡进行更换，如图 5-8 所示。

灯泡规格

灯泡			功率×数量	备注
前	1	前照灯近光灯	55Wx2	卤素灯泡
	2	前照灯远光灯	55Wx2	卤素灯泡
	3	驻车灯	21/5W x 2	
	4	转向信号灯	21Wx2	
	5	雾灯	35Wx2	卤素灯泡
	6	车外后视镜转向信号灯	LED 类型 5x2	
后	7	转向信号灯	21Wx2	
	8	制动／尾灯	21/5W x 4	
	9	倒车灯	16Wx2	
	10	雾灯	21Wx2	
	11	中央高位停车灯	5Wx5	
	12	牌照灯	5Wx2	
车内		顶灯	10Wx2	
		前阅读灯	10Wx2	
		前门控灯	5Wx2	
		手套箱灯	10Wx1	

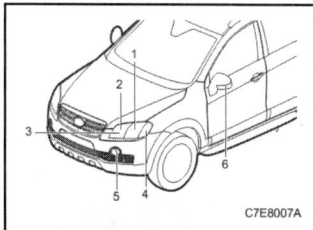

图 5-8　科帕奇轿车使用手册中对灯泡规格的说明

6．车辆发生故障后的牵引方法

当车辆发生故障，需要维修厂使用拖车等设备将故障车牵引至维修厂时，可以查询使用手册获取准确的牵引方法，如图 5-9 所示。

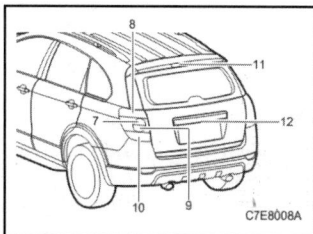

图 5-9　科帕奇轿车使用手册中的牵引方法说明

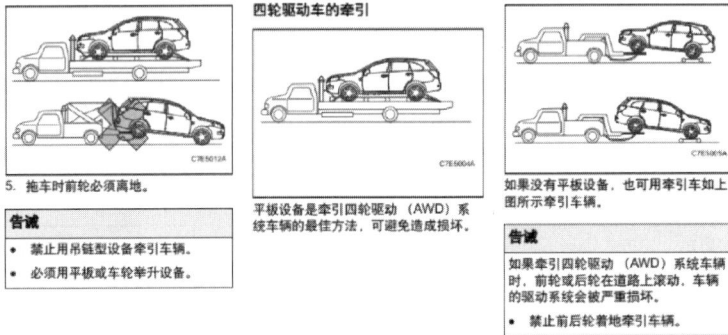

图 5-9　科帕奇轿车使用手册中的牵引方法说明（续）

三、进口汽车维修数据库的使用

目前国内使用最广泛的进口轿车数据库是美国米切尔（MITCHELL）维修数据库，维修厂接修进口轿车时，可以购买这种数据库进行维修数据和信息查询。该数据库的使用方法如下。

1. 米切尔维修数据库中的资料检索方法

米切尔维修数据库是按照 YEAR（年份）—MAKE（制造厂商）—MODEL（车型）—PRODUCTS（资料）的检索方式进行检索查阅的。用户必须逐项选定所要查询的车辆的生产年份、制造厂商、车型等信息后，才能进入数据库查询。比如我们如果需要查询 2009 年款的 CADILLAC（凯迪拉克）ESCALADE（凯雷德）轿车的维修信息，必须首先在 YEAR（年份）备选栏中选定 2009 年，如图 5-10 所示。

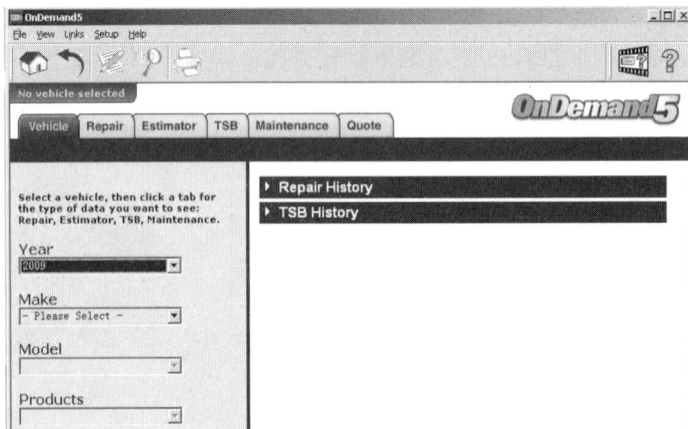

图 5-10　米切尔维修数据库车辆年款的选定

选定年份后，在 MAKE（制造厂商）备选栏中选定 CADILLAC（凯迪拉克），如图 5-11 所示。

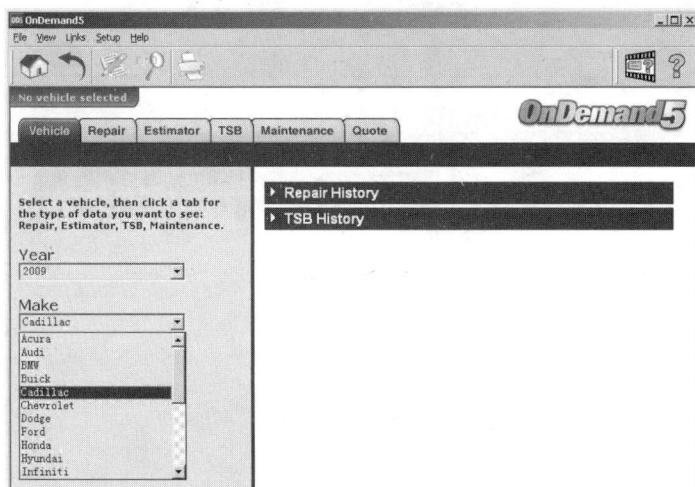

图 5-11　米切尔维修数据库车辆生产厂商的选定

　　选定好生产厂商后，在 MODEL（车型）备选栏中选定 ESCALADE（凯雷德）轿车，如图 5-12 所示。

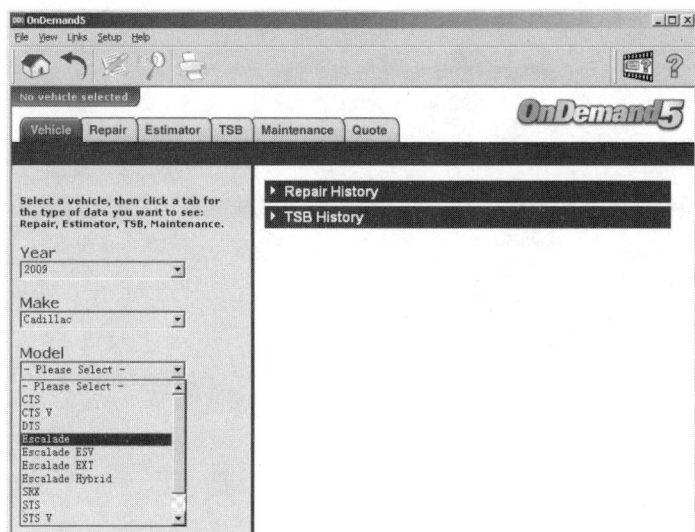

图 5-12　米切尔维修数据库具体车型的选定

　　选定好车型后，即可在 PRODUCTS 备选栏中选择资料。如果想要查询该款轿车维修类的资料，可以选择 Repair（维修）；如果想要查询该车型的 TECHNICAL SERVICE BULLEITIN（技术服务公报），可以选择 TSB 选项；如果想要查询该车型的维护保养资料，可以选择 Maintenance（保养）选项，如图 5-13 所示。

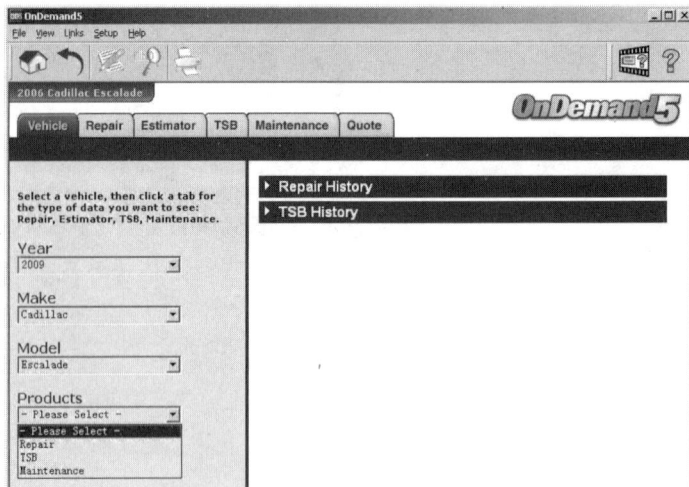

图 5-13　米切尔维修数据库资料内容的选定

2．米切尔维修数据库中具体车型的维修信息的分类编排方法

米切尔维修数据库中具体车型的维修信息是按照美国 ASE（美国汽车维修技术协会）对维修资料的划分方法进行分类编排的，如图 5-14 所示。

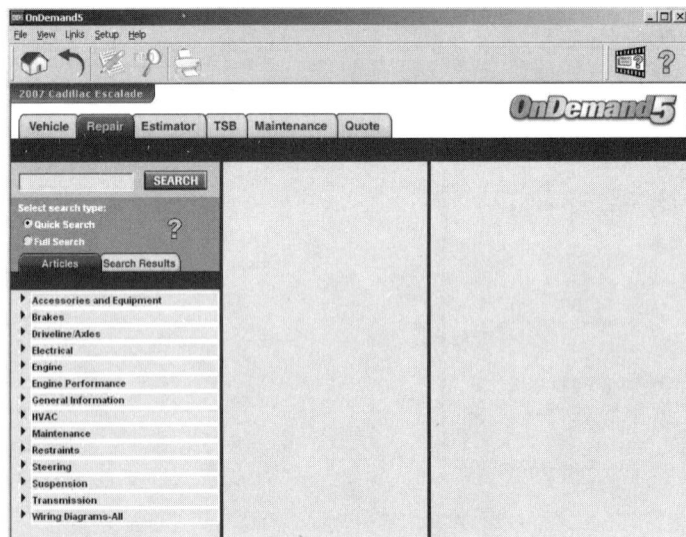

图 5-14　米切尔维修数据库资料的分类

各部分具体内容划分如下：

（1）ACCESSORIES AND EQUIPMENT（附件与设备）

该部分的具体维修内容与车型的设备配置有关，具体的维修内容说明如表 5-1 所示。

表 5-1　附件与电器部分的维修内容说明

ACCESSORIES CONTROL SYSTEMS	附件控制系统	HEATED GLASS/DEFOGGERS	后窗加热/除霜器
BODY CONTROL SYSTEM	车身控制系统	HORN	喇叭
COLLISION/AVOIDANCE	防碰撞系统（一般指倒车雷达之类的系统）	INTERIOR/ILLUMINATION LIGHTS	车内灯/照明灯
COMMUNICATION DEVICES	通信系统	KEYLESS ENTRY SYSTEM	无钥匙进车系统
CRUISE CONTROL SYSTEM	巡航系统	MIRROR	电动后视镜
DOOR LOCKS-POWER& ANTI-THEFR	电动车锁与防盗系统	NAVIGATION SYSTEM	导航系统
ENTERTAINMENT SYSTEMS	娱乐系统	POWER WINDOWS	电动车窗
EXTERIOR BODY PANELS	外部车身板（包括外部车身碰撞维修、钣金尺寸、喷漆等信息）	SEATS	电动座椅
EXTRRIOR LIGHTS	外部车灯	SHIFT-LOCK	换挡锁定装置
EXTERIOR/INTERIOR TRIM	外饰和内饰	STEERNG COLUMN SWITCHES	转向柱开关
GAUGES & INSTRUMENT PANELS	仪表与仪表板	SUN ROOR	电动天窗
HEADLIGHTS	前照灯	WIPER/WASHER SYSTEM	雨刷/洗涤器系统

（2）BRAKES（制动系统）

该部分的具体内容说明如表 5-2 所示。

（3）DRIVELINE AXLES（车桥系统）

该部分的具体内容说明如表 5-3 所示。

表 5-2　制动系统维修内容说明

ANTI-LOCK BRAKE /TRACTION CONTROL SYSTEM	防抱死制动/牵引力控制系统
BRAKE SYSTEM	制动系统
PARKING BRAKE SYSTEM	驻车制动系统

表 5-3　车桥系统维修内容说明

AXLE SHAFTS	半轴、驱动轴系统
DIFFERENTIALS	分动器
DRIVESHAFT & UNIVERSAL JOINTS	驱动轴与万向节

（4）ELECTRICAL（电器系统）

该部分的具体内容说明如表 5-4 所示。

表 5-4　电器系统维修内容说明

BODY ELECTRICAL	车身电器	COMPONENT LOCATIONS	电子元件位置
CHARGING SYSTEM	充电系统	STARTER	起动机

（5）ENGINE（发动机系统）

该部分的具体内容说明如表 5-5 所示。

表 5-5　发动机系统维修内容说明

COOLING SYSTEM	发动机冷却系统	ENGINE MECHANICAL	发动机机械维修

（6）ENGINE PERFORMANCE（发动机性能）

该部分是维修数据库中极其重要、内容极为丰富的一个部分，涉及发动机电控系统的原理、诊断等内容，是维修发动机电控系统时不可缺少的资料信息。该部分的具体内容说明如表 5-6 所示。

表 5-6　发动机性能系统维修内容说明

ELEC COMPONENT LOCATION	电子元件位置	TESTS W/CODES	带故障码检测
ENGINE SYSTEMS UNIFORM INSPECTION GUIDELINES	发动机系统通用检查指导	TESTS W/O CODES	无故障码检测
ENGINE/VIN ID	发动机/车辆识别编码识别	SYSTEM/COMPONENTS TESTS	系统/元件检测
EMISSION APPLICATION	发动机配备的排放系统	PIN VOLTAGE	发动机控制电脑端子电压
SPECIFICATION	发动机规范值	SENSOR RANGE CHARTS	传感器工作参数规范表
ADJUSTMENT	发动机的调整	WIRING DIAGRAMS	发动机电控系统电路图
THEORY/OPERATION	发动机电控系统工作原理	REMOVE/INSTALL/OVERHAUL	发动机拆卸/安装/大修
BASIC TESTING	发动机基本检测		

（7）GENERAL（通用信息）

该部分具体内容说明如表 5-7 所示。

表 5-7　通用信息维修内容说明

ABBREVIATIONS	缩写说明（车型维修手册中常用的缩写说明）
BASIC TROUBLE SHOOTING/GENERAL TROUBLE SHOOTING	常规故障诊断
CHECK LIST	故障检查表
METRIC CONVERSIONS	公英制测量单位转换
RESET PROCEDURES	归零设置步骤

（8）HVAC（暖风、通风与空调系统）

该部分的具体内容说明如表 5-8 所示。

表 5-8　暖风、通风与空调系统维修内容说明

A/C-HEATER SYSTEM UNIFORM INSPECTION GUIDELINES	空调系统通用检查指导	A/C-HEATER SYSTEM – AUTOMATIC	自动控制型空调-暖风系统
A/C COMPRESSOR REFRIGERANT OIL CHECKING	空调压缩机油检查	A/C-HEATER SYSTEM – MANUAL	手动控制型空调-暖风系统
A/C COMPRESSOR SERVICING	空调压缩机维修	ELECTRICAL COMPONENT LOCATION	电子元件位置
A/C SYSTEM GENERAL SERVICING	空调系统常规检修	TECHNICAL SERVICE BULLETINS	技术服务公报
A/C SYSTEM SPECIFICATION	空调系统规范		

（9）MAINTENANCE（保养）

该部分的具体内容说明如表 5-9 所示。

表 5-9　保养部分维修内容说明

	VIN LOCATION　车辆识别编码的位置
MAINTENANCE INFORMATION	VIN CODE ID EXPLANATION　车辆识别编码释义
	SEIVICE POINT LOCATION　保养点位置
	LUBRICATION SPECIFICATION　润滑油品规范
	FLUID CAPACITES　油液用量
	WHEEL & TIRE SPECIFICATION　车轮与轮胎规范
	FUSE PANEL IDENTIFICATION　熔断器板识别
MAINTENANCE REMINDER LIGHT RESET PROCEDURES	保养提示灯归零程序
SCHEDULED SERVICES	定期维护

（10）RESTRAINTS（约束系统）

该部分内容一般包括安全带和安全气囊系统，具体内容说明如表 5-10 所示。

表 5-10　约束系统维修内容说明

AIR BAG	安全气囊
RESTRAINTS CONTROL SYSTEMS	约束控制系统

（11）STEERING（转向系统）

该部分的具体内容说明如表 5-11 所示。

表 5-11　转向系统维修内容说明

MANUAL STEERING	手动转向系统
POWER STEERING	动力转向系统
STEERING LEAKAGE	转向传动机构

（12）SUSPENSION（悬架系统）

该部分的具体内容说明如表 5-12 所示。

表 5-12　悬架系统维修内容说明

ELECTRONIC SUSPENSION	电控悬架系统
SUSPENSION FRONT	前悬架
SUSPENSION REAR	后悬架
WHEEL & TIRE SYSTEM	车轮与轮胎系统
WHEEL ALIGNMENT	车轮定位

（13）TRANSMISSION（变速器系统）

该部分的具体内容说明如表 5-13 所示。

表 5-13　变速器系统维修内容说明

AUTOMATIC TRANS	自动变速器
MANUAL TRANS	手动变速器
TRANSFER CASE	分动器

（14）WIRING DIAGRAMS-ALL（全车电路图）

该部分内容主要包括全车各个电控系统的电路图，堪称米切尔维修数据库中的精华。它汇总了车辆所有系统的电路图，并不照搬照描原厂维修资料的电路图，而是以统一的格式重新进行了绘制，这使得所有车型、所有系统的电路图风格一致，便于识读。更可喜的是，米切尔维修数据库中的电路图中还标注有重要元件的所处位置，极大地方便了维修人员。这也是该数据库备受推崇的重要原因之一。

3．具体车型维修资料的查找方法

可以通过接修车辆的 VIN（车辆识别编码）的第 10 位码来确定该车的年款。米切尔数据库的 MAINTENANCE（保养）章节中的 MAINTENANCE INFORMATION（保养信息）部分有关于美规汽车 VIN LOCATION（车辆识别编码的位置）和 VIN CODE ID EXPLANATION（车辆识别编码释义），用户一查便知该车的年款。

4．电子元件位置查询方法

米切尔维修数据库中并没有把电子元件位置作为独立的一部分单独列出，而是放在 ELECTRICAL 部分中，如图 5-15 所示。

米切尔在编辑电子元件位置时也别具匠心，将各种电子元件位置分为几个大类，并使用很多插图来表示电子元件的具体位置，查找起来非常方便。电子元件位置分类说明如表 5-14 所示。

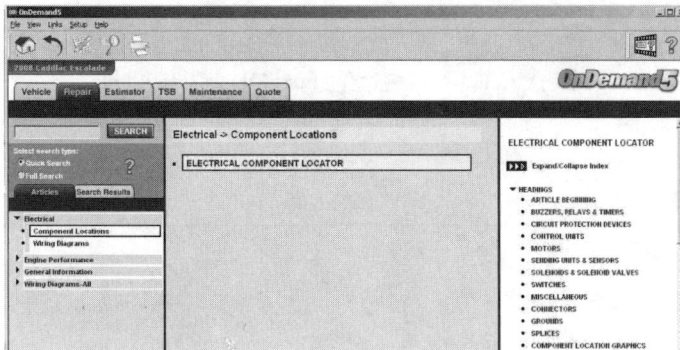

图 5-15　米切尔维修数据库中的电子元件位置

表 5-14　电子元件位置分类说明

BUZZERS，RELAYS & TIMERS	蜂鸣器、继电器和延时继电器位置
CIRCUIT PROTECTION DEVICES	电路保护装置位置
CONNETCTORS	插接器位置
CONTROL UNITS	控制单元位置
GROUNDS	接地位置
MOTORS	电动机（马达）位置
SENDING UNIT AND SENSORS	发送装置与传感器位置
SOLENOIDS & SOLENOID VALVES	电磁线圈与电磁阀位置
SWITCHES	开关位置
MISCELLANEOUS	其他电子元件位置

第六天　汽车发动机概述

任务目标

1. 了解发动机工作原理。
2. 了解发动机基本术语。
3. 了解汽车发动机类型。
4. 了解汽车发动机的组成。

知识准备

一、发动机工作原理

发动机是一种能量转换机构，能把燃料燃烧所产生的热能转变成机械能。发动机完成这个能量转换必须经过进气、压缩、做功和排气4个行程，这4个行程称为发动机的一个工作循环，如图6-1所示。发动机工作时，工作循环不停地重复，就实现了能量转换。

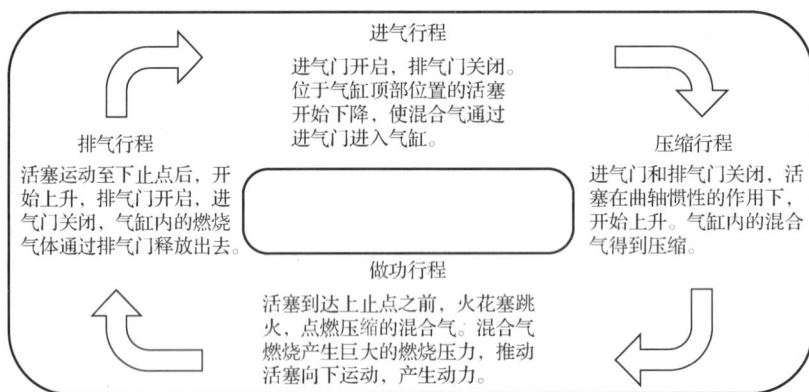

图 6-1　发动机工作循环

（1）进气行程。在进气行程中，活塞由曲轴带动从上止点向下止点运行，此时排气门关闭，进气门开启。活塞由上止点向下止点运行时，气缸内容积逐渐加大，形成一定的真空度，因此燃油混合气通过进气门被吸入气缸。当活塞到达下止点时，气缸内便充满了混合气。

（2）压缩行程。为使吸入气缸内可燃混合气能迅速燃烧，以产生较大的压力，从而使发动机发出较大功率，必须在燃烧前将可燃混合气压缩，使其容积缩小、密度加大、温度升高。在这个过程中，进排气门全部关闭，曲轴推动活塞由下止点移动到上止点。

（3）做功行程。当活塞运动到接近上止点时，火花塞跳火点燃气缸内的混合气。此时气缸的进气门和排气门均处于关闭状态，气缸内混合气的温度和压力同时升高，从而推动活塞从下止点向上止点运动，并通过连杆推动曲轴旋转输出机械能。

（4）排气行程。做功行程完成时，气缸内的气体将活塞推动到下止点，气缸内的燃油混合气也因燃烧而变为废气。此时排气门打开，进气门仍处于关闭状态，活塞在曲轴带动下从下止点往上止点运动，气缸内的废气从排气门排出，直至活塞达到上止点，排气行程结束。

二、发动机基本术语

发动机基本术语如表 6-1 所示。

表 6-1 发动机基本术语

术 语	说 明
上止点	活塞离曲轴中心最大距离的位置，也就是活塞在气缸中的最高位置，称作上止点
下止点	活塞离曲轴中心最小距离的位置，也就是活塞在气缸中的最低位置，称作下止点
活塞行程	上止点到下止点之间的距离称为活塞行程
燃烧室容积	活塞在上止点时，活塞顶与气缸盖之间容积称为燃烧室容积
工作容积	工作容积是每一个气缸内活塞从上止点移至下止点所排出的容积，也称为活塞排气量
总容积	活塞处于下止点时，活塞顶上方的容积称为总容积
压缩比	压缩比表示气缸总容积与燃烧室容积之比。汽油发动机的压缩比较低，一般为 5～10；柴油发动机压缩比较高，一般为 12～21。压缩比越大，压缩终了时气缸内气体的压力和温度就越高

发动机基本术语含义图如图 6-2 所示。

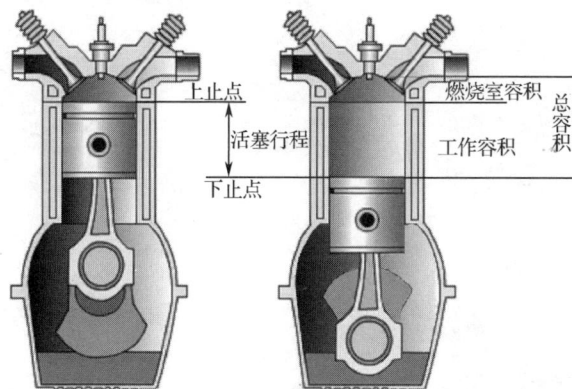

图 6-2 发动机基本术语含义图

三、发动机类型表

发动机类型如表 6-2 所示。

表 6-2 发动机类型

划 分 方 法	类 型
点火方式	汽油自燃温度高，采用火花塞强制点火，因此汽油发动机为点燃式发动机。汽油发动机体积小，转速高、功率大、重量轻，广泛应用于轿车、商用汽车和货车。 柴油自燃温度低，采用高压缩比压燃点火，因此柴油发动机为压燃式发动机。柴油发动机采用轻柴油作为燃料，其油耗比汽油发动机少；轻柴油的价格比汽油便宜，从燃油经济性考虑，大客车和大型货车多采用柴油发动机

划 分 方 法	类 型
行程数	二行程发动机：曲轴旋转一周完成一个工作循环。二行程发动机由于换气不彻底，经济性较差；但结构简单，常用于摩托车。
	四行程发动机：曲轴旋转两周完成一个工作循环。四行程发动机有独立的进气和排气行程，换气彻底，在汽车上得到广泛应用
气缸排列方式	可分为直列式发动机、V 形发动机和水平对置发动机，如图 6-3 所示。 直列式发动机的所有气缸均是按同一角度并排成一个平面，并且只使用了一个气缸盖，同时其缸体和曲轴的结构也相对简单。直列发动机具有尺寸紧凑、稳定性高、低速扭矩特性好、燃料消耗少、制造成本低等优点。 V 形发动机是指将所有气缸分为两组，将相邻气缸以一定的夹角布置在一起，使气缸成 V 字形排列。这种 V 形布局的发动机缩短了发动机机体的长度和高度，同时得益于气缸对向布置，可以抵消一部分振动，使发动机运行更加平顺。 水平对置式发动机是指左右两列气缸中心线的夹角成 180°，气缸处于平放状态，由于气缸处于水平对置，形成对称稳定结构，因此发动机运行平顺性非常好。这种发动机重心低，不但能降低汽车的重心，还可以让车头设计的扁平，增加汽车行驶的稳定性，但制造成本高、生产工艺复杂，目前只有德国保时捷和日本斯巴鲁汽车生产商采用
发动机冷却方式	可分为水冷发动机和风冷发动机。利用在气缸体和气缸盖冷却水套中进行循环流动的冷却液作为冷却介质进行冷却的发动机称为水冷发动机；以空气作为冷却介质的发动机为风冷发动机，如图 6-4 所示

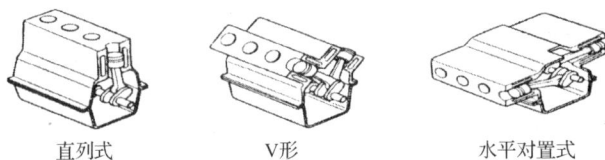

直列式　　　　　　V形　　　　　　水平对置式

图 6-3　发动机气缸排列形式

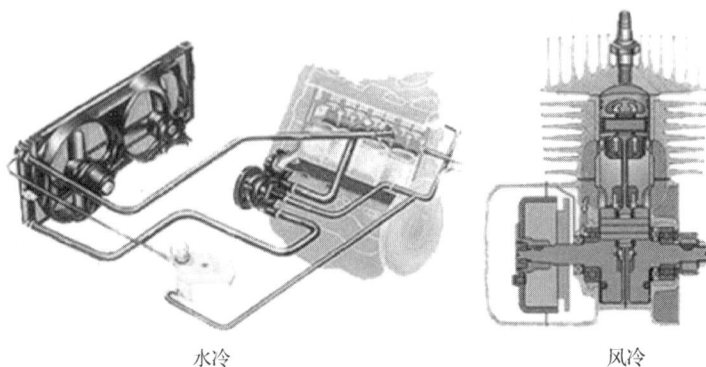

水冷　　　　　　　　　风冷

图 6-4　发动机冷却方式

四、发动机的组成

发动机一般由两大机构、五大系统组成，如表 6-3 所示。

表 6-3　发动机的组成

发动机组成		说　明
两大机构	曲柄连杆机构	曲柄连杆机构是发动机实现热能与机械能转换的核心机构，该机构的作用就是将燃料燃烧所产生的热能转换为机械能。它主要由机体组、活塞、连杆、曲轴、飞轮等组成，如图 6-5 所示
	配气机构	根据发动机的工作需求适时打开和关闭气门，使新鲜空气适时进入发动机气缸并及时从气缸中排除废气。它主要由进气门、排气门、凸轮轴、凸轮轴正时齿轮等组成，如图 6-6 所示
五大系统	燃油供给系统	发动机燃油供给系统的作用是向发动机提供燃油。它主要由燃油箱、燃油泵、燃油滤清器、燃油分配管、燃油压力调节器、喷油器等组成，如图 6-7 所示
	电控点火系统（柴油发动机没有点火系统）	汽油发动机配备点火系统，主要由蓄电池、点火开关、点火线圈、分电器、火花塞等组成，如图 6-8 所示，负责向发动机适时提供能量足够的电火花，点燃混合气
	冷却系统	发动机运转时必须通过冷却系统对发动机进行冷却，使发动机保持在可接受的工作温度，防止部件过热导致发动机故障。目前汽车上采用最为广泛的冷却系统就是水冷式冷却系统，通常由冷却液泵、散热器、冷却风扇、气缸体循环水套、冷却液管路、节温器、冷却液温度传感器等组成，如图 6-9 所示
	润滑系统	润滑系统的作用是及时把润滑油输送到运动零件的摩擦表面，减轻零件磨损，并起到对零件的冷却、清洗、密封、减振和防锈的功能。它一般由机油泵、机油滤清器、润滑油道、机油冷却器等组成，如图 6-10 所示
	起动系统	发动机起动系统负责通过电力驱动曲轴旋转，使发动机从静止状态进入正常工作状态。该系统主要由蓄电池、起动机和起动控制开关（点火开关）等组成，如图 6-11 所示

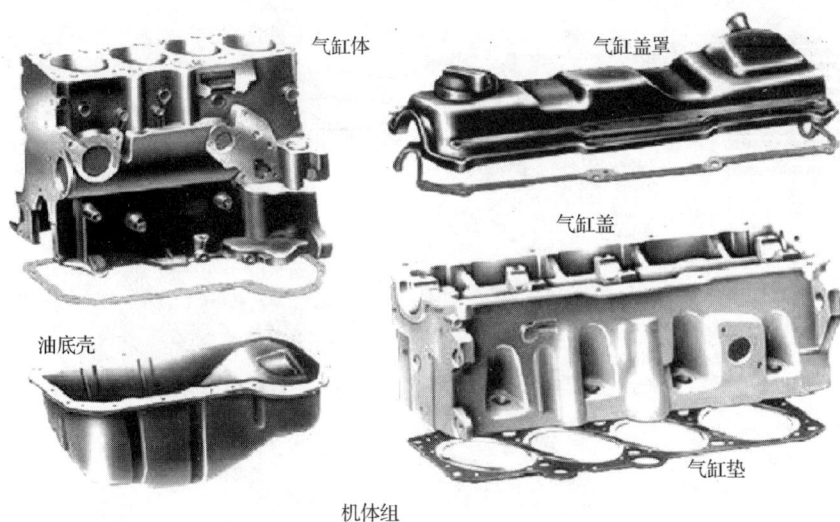

图 6-5　发动机曲柄连杆机构的组成

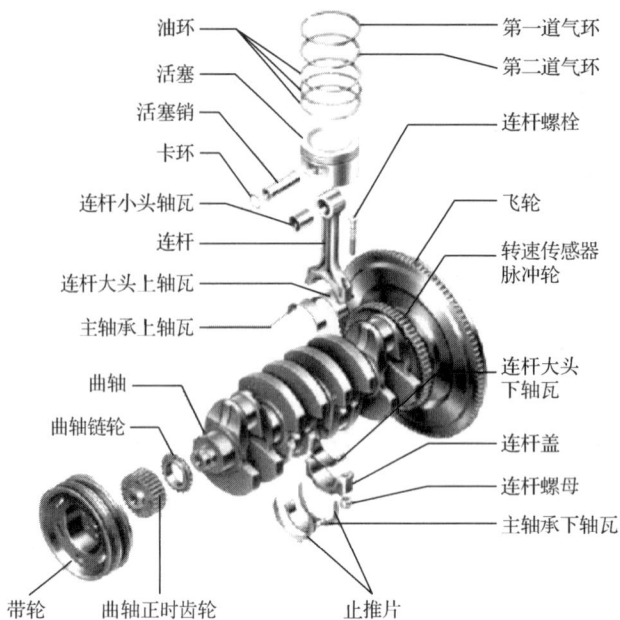

图 6-5 发动机曲柄连杆机构的组成（续）

油环　第一道气环
　　　第二道气环
活塞
活塞销
卡环　连杆螺栓
连杆小头轴瓦
连杆　飞轮
连杆大头上轴瓦　转速传感器脉冲轮
主轴承上轴瓦
曲轴　连杆大头下轴瓦
曲轴链轮　连杆盖
　　　连杆螺母
带轮　曲轴正时齿轮　止推片　主轴承下轴瓦

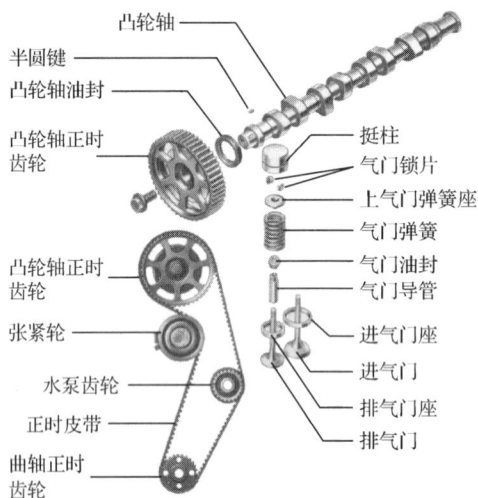

图 6-6 发动机配气机构的组成

凸轮轴
半圆键
凸轮轴油封
凸轮轴正时齿轮　挺柱
　　　气门锁片
　　　上气门弹簧座
凸轮轴正时齿轮　气门弹簧
张紧轮　气门油封
水泵齿轮　气门导管
正时皮带　进气门座
曲轴正时齿轮　进气门
　　　排气门座
　　　排气门

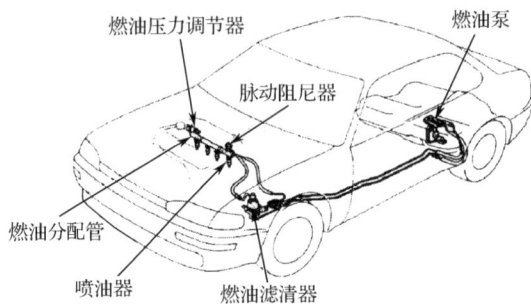

图 6-7 发动机燃油供给系统的组成

燃油压力调节器　燃油泵
脉动阻尼器
燃油分配管
喷油器　燃油滤清器

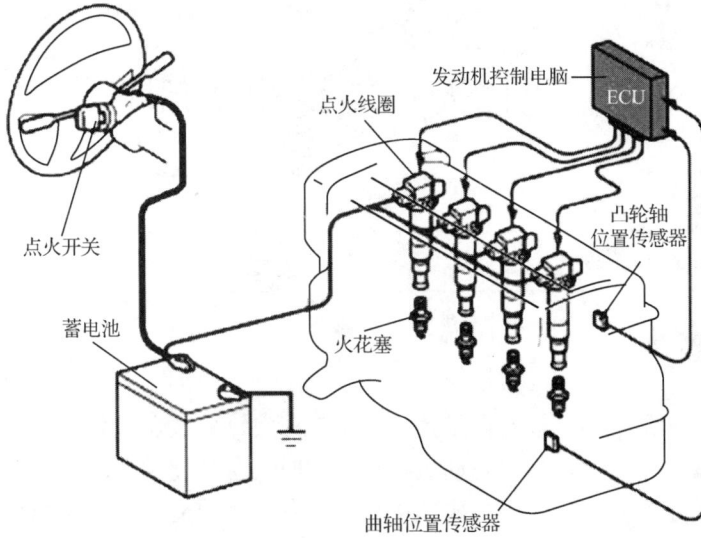

图 6-8 发动机电控点火系统的组成

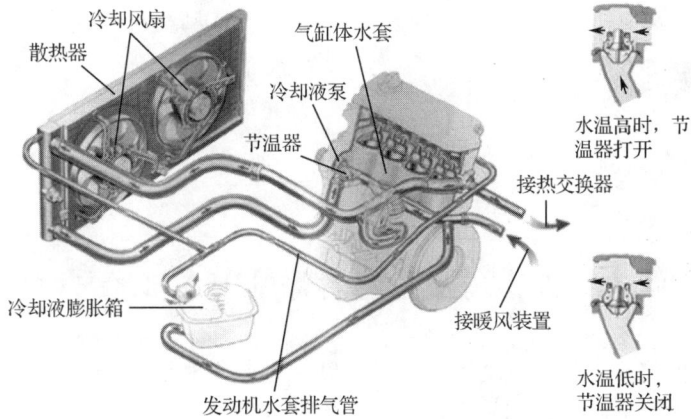

图 6-9 发动机冷却系统的组成

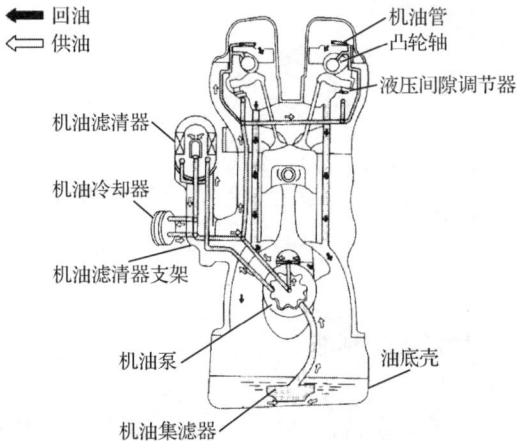

图 6-10 发动机润滑系统的组成

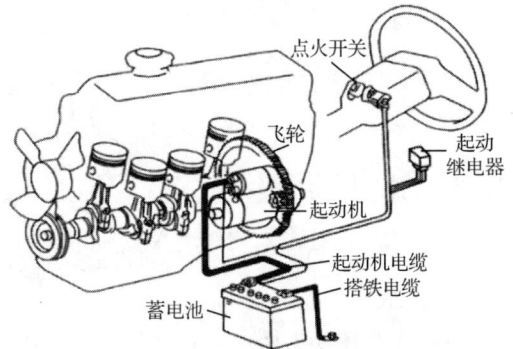

图 6-11 发动机起动系统的组成

第七天　发动机拆卸

任务目标

了解发动机拆卸的操作步骤。

知识准备

　　汽车发动机舱非常窄小，没有充足的操作空间对发动机实施大修（零件拆解、测量、维修、重新组装）操作。因此，当对发动机执行大修时，必须使用发动机吊装设备先将发动机从车上拆下；大修工作完成后，同样要使用吊装设备把维修完毕的发动机重新安装到车上。维修工承接此类工作时，要熟练掌握发动机吊装设备的使用方法，安全稳妥地完成发动机拆卸作业。

实际操作

以广本飞度轿车为例。

一、注意事项

　　1．吊装发动机时，先在汽车翼子板上放置好翼子板护罩，以防吊装时发生磕碰，导致翼子板漆面损坏。

　　2．吊装发动机前要先断开发动机上的各个线束、软管和连接器端子。

　　3．在线束和软管上做好识别标记，以防在重新安装时发生错接。

　　4．准备好发动机吊装工具，如图7-1所示。

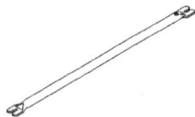

发动机吊钩组件　　　　　发动机吊钩撑杆　　　　　辅助吊钩撑杆

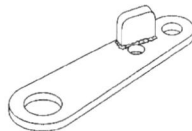

图7-1　发动机吊装工具

二、发动机拆卸操作

　　1．按照图7-2所示，用发动机盖支撑杆将发动机盖支撑到最大开启角度。

　　2．泄放燃油压力。

　　（1）按照图7-3所示，打开仪表板下的熔断器/继电器盒盖，把燃油喷射主继电器从继电器盒上拆下。

　　（2）起动发动机，使发动机怠速运转直至发动机失速。

（3）把点火开关设置到 LOCK 位置。

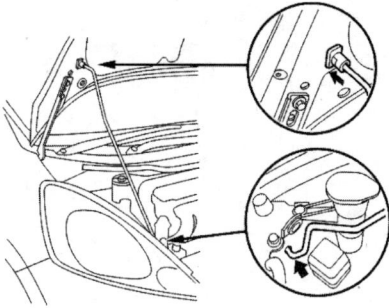

图 7-2 支撑发动机盖

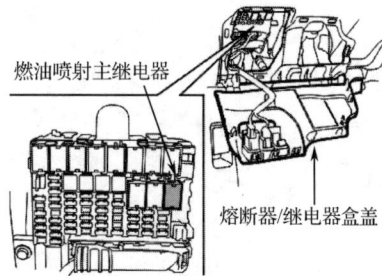

图 7-3 拆下燃油喷射主继电器

（4）拆下燃油加注口盖，泄放燃油箱压力。

（5）从蓄电池上断开蓄电池负极电缆，然后断开正极电缆。

（6）按照图 7-4 所示，拆下燃油快速接头盖。

（7）把燃油快速接头上附着的灰尘清理干净。

（8）在快速接头上盖上抹布。

（9）按照图 7-5 所示，一手握住插接器，另一只手挤压锁片，然后将快速接头拉出，使快速接头断开。

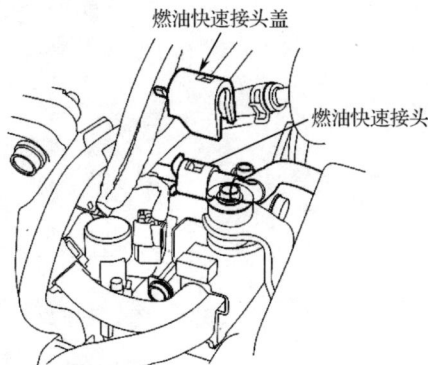

图 7-4 燃油快速接头盖与快速接头识别

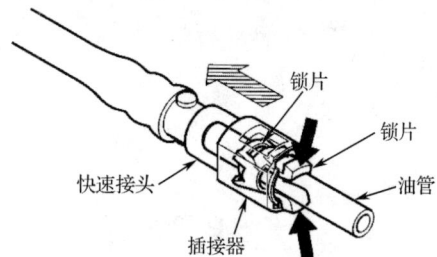

图 7-5 断开燃油快速接头

3．拆下蓄电池。

4．拆下前罩下板，如图 7-6 所示。

5．拆下空气滤清器壳体总成。

6．按照图 7-7 所示，从蓄电池端子熔断器盒上拆下蓄电池电缆。

7．拆下线束夹。

8．按照图 7-8 所示，断开发动机电控单元插接器和发动机线束插接器。

9．按照图 7-8 所示，拆下线束夹和线束托架。

10．按照图 7-9 所示，断开燃油蒸发排放炭罐软管和制动助力器真空软管。

11．按照图 7-10 所示，断开燃油供油软管卡夹和快速连接接头盖，然后打开供油软管。

12．按照图7-11所示，断开氧传感器插接器，从卡夹上拆下传感器线束。

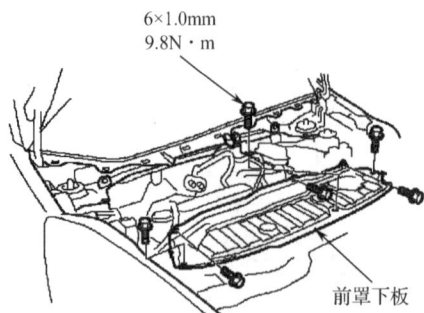

图7-6　拆下前罩下板

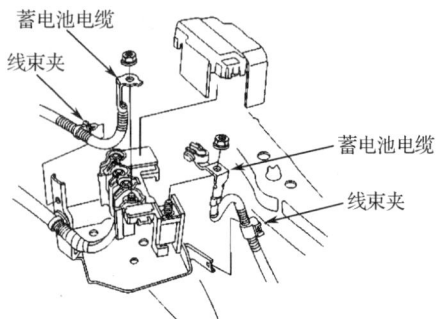

图7-7　蓄电池电缆与线束夹识别

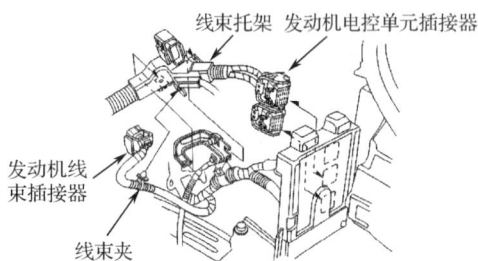

图7-8　发动机电控单元插接器与发动机
线束插接器识别

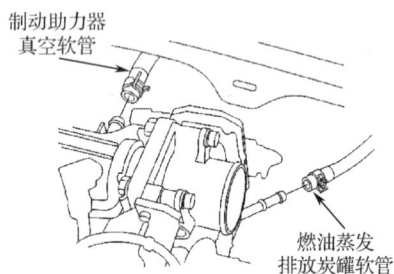

图7-9　燃油蒸发排放炭罐软管和制动助力器
真空软管识别

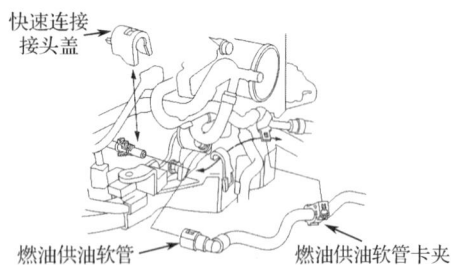

图7-10　供油软管卡夹、快速连接接头盖和供油软管识别

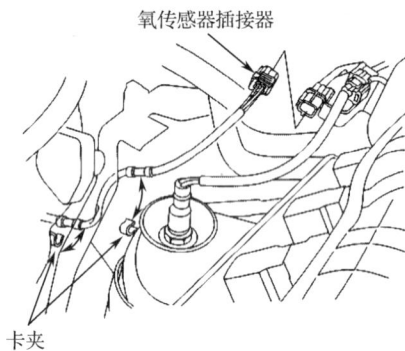

图7-11　氧传感器插接器和卡夹识别

13．拆卸散热器盖。

14．用举升机把车辆举升到最高位置。

15．拆下前轮和挡泥板（见图7-12）。

16．拆下发动机传动皮带。

17．松开散热器泄放螺塞，排空发动机冷却液。

18．排空发动机机油。

19．排空变速器油液。

20．按照图7-13所示，拆下三元催化反应器。

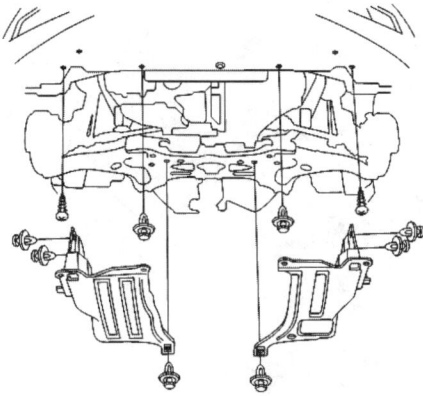

图 7-12　挡泥板识别

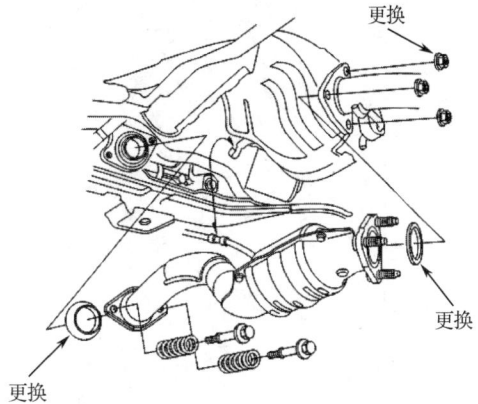

图 7-13　拆下三元催化反应器

21. 拆下变速器换挡拉线。
22. 从稳定杆上拆下稳定连杆。
23. 把转向节从下臂上分离。
24. 按照图 7-14 所示，拆下半轴隔热板。
25. 拆下半轴，用干净的发动机机油涂抹半轴，用塑料布包住半轴端部。
26. 拆卸转向器螺栓和紧固件（见图 7-15）。

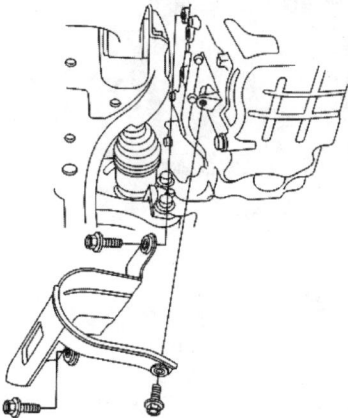

图 7-14　半轴隔热板

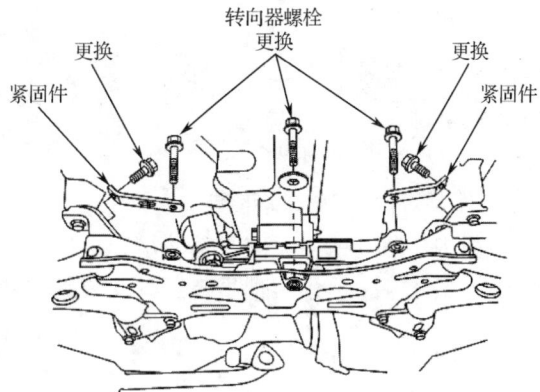

图 7-15　转向器螺栓和紧固件识别

27. 按照图 7-16 所示，拆下空调压缩机，但不要断开空调软管。
28. 操作举升机，把车辆降下。拆下散热器。
29. 按照图 7-17 所示，断开加热器软管。
30. 用举升机把车辆举升到最高位置。
31. 在变速器下放置千斤顶和木块，支撑变速器。
32. 按照图 7-18 所示，拆下扭杆。
33. 拆下千斤顶。
34. 按照图 7-19 所示，拆下前副车架。

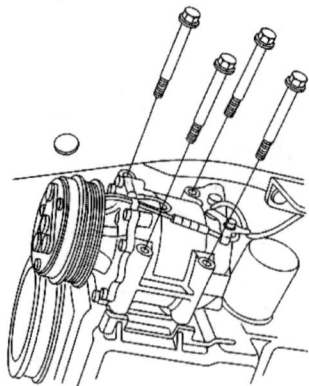

图 7-16　拆下空调压缩机

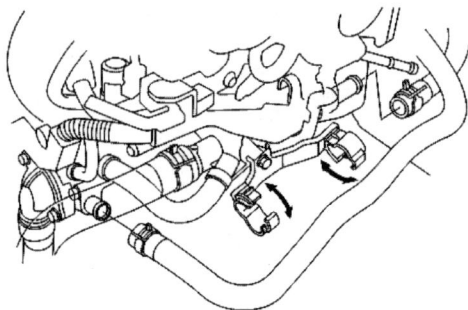

图 7-17　断开加热器软管

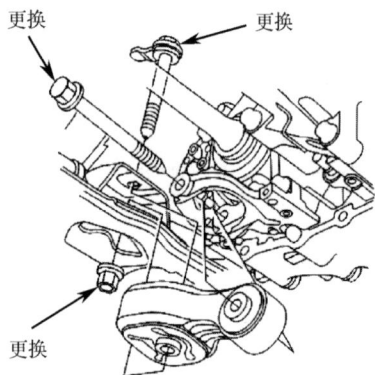

图 7-18　拆下扭杆

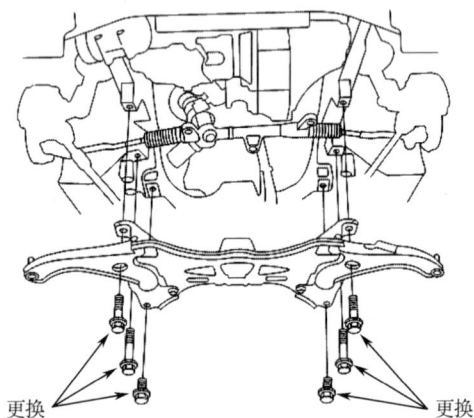

图 7-19　拆下前副车架

35．操作举升机，将车辆降下。

36．按照图 7-20 所示，安装辅助吊钩撑杆。

37．按照图 7-21 所示，把吊装工具安装到发动机上。

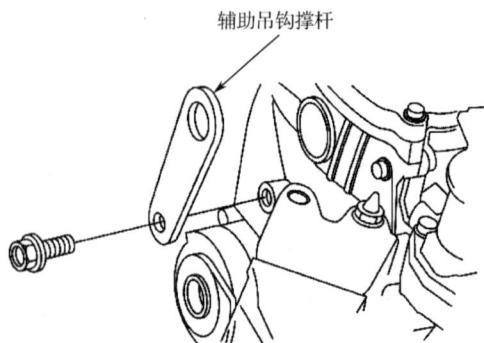

图 7-20　安装辅助吊钩撑杆

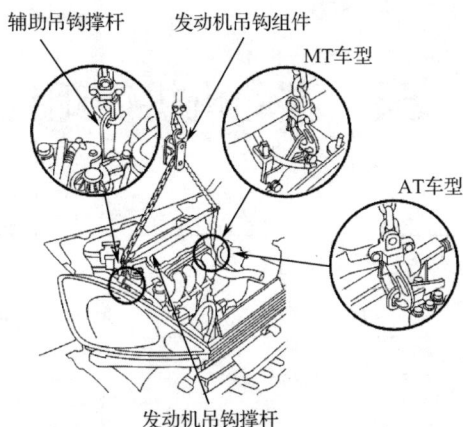

辅助吊钩撑杆　　发动机吊钩组件

MT车型

AT车型

发动机吊钩撑杆

图 7-21　安装吊装工具

38．按照图 7-22 所示，断开接地电缆并拆下变速器安装托架。

39．按照图 7-23 所示，断开接地电缆和发动机侧支座/安装托架。

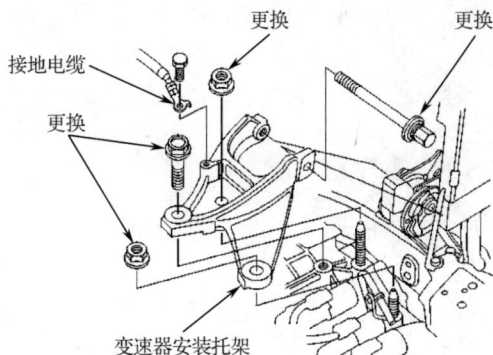

图 7-22　接地电缆和变速器安装托架识别

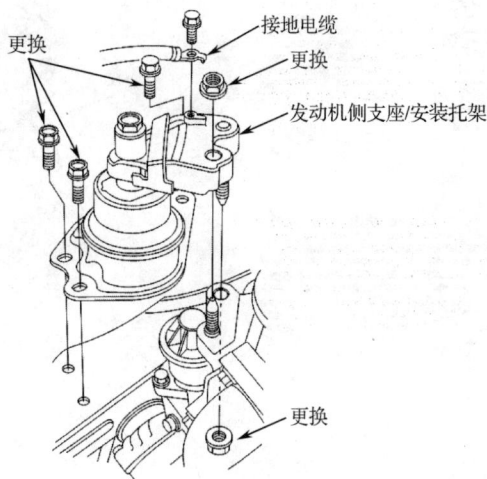

图 7-23　接地电缆与发动机侧支座/安装托架识别

40．检查并确认发动机完全没有接触到真空软管、燃油软管、冷却液软管和电气线束。

41．慢慢将发动机降下 150mm，再次确认各个软管和电气线束均已断开且未接触到发动机，然后将发动机降低到最低位置。

42．从发动机上断开吊装工具。

43．举升车辆，然后从车辆下方拆下发动机。

第八天 发动机机体组维修

任务目标

1. 了解发动机机体组的组成与结构。
2. 了解发动机机体组常见的维修项目。

知识准备

一、发动机机体组的组成

发动机机体组主要由气缸盖、气缸体、气缸垫、油底壳等组成，如图 8-1 所示。

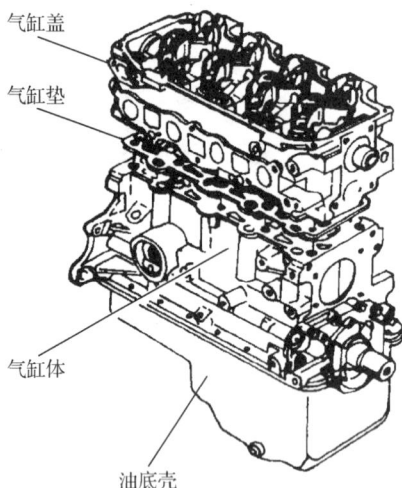

气缸盖

气缸垫

气缸体

油底壳

图 8-1 机体组的组成

二、气缸盖的作用

气缸盖安装在气缸体的上表面，与活塞一起构成燃烧室。气缸盖上布置有冷却燃烧室及周围区域的水套、进排气道、进气歧管、排气歧管、火花塞和润滑油道的安装孔。缸盖的材料一般是铸铁或铸铝的，由于铝这种金属有非常好的导热性，因此很多汽油机的气缸盖采用铸铝制造。气缸盖的作用如下：

- 充当发动机配气机构的安装本体。
- 密封气缸孔上部，与活塞顶部和缸孔构成燃烧室。
- 承受发动机工作时可燃混合气产生的力。
- 承受周期性的热冲击。

三、气缸垫的作用

气缸垫安装在气缸盖与气缸体之间，用来保证燃烧室的密封，防止漏气、漏水、漏油。直列 4 缸发动机气缸垫如图 8-2 所示。把气缸垫用螺栓压紧后，既不妨碍水流的流通，又能将各个气缸分隔开来。质量合格的气缸垫必须具备足够的强度，能耐热和耐腐蚀，具备一定的弹性和较长的使用寿命。气缸垫类型有金属-石棉气缸垫、实心金属片气缸垫和加强型无石棉气缸垫等。

图 8-2　直列 4 缸发动机气缸垫

四、气缸体的作用

发动机中包括水套、油道和曲轴轴瓦的部分称为气缸体，其中水套就是用来降低发动机温度的冷却液通道，油道是指被机油泵吸上来的发动机机油流动的通道。直列 6 缸发动机气缸体如图 8-3 所示。气缸体是发动机的主体，它将各个气缸和曲轴箱连成一体，是安装活塞、曲轴和其他零件、附件的支承骨架。气缸体的工作条件非常恶劣，要承受发动机燃烧工作中所产生的压力和温度的急剧变化以及活塞运动的强烈摩擦；因此，气缸体必须具备足够的强度和刚度，良好的冷却性能和耐磨性。气缸体上部是并列的气缸筒；下部是曲轴箱，用来安装曲轴。气缸体大多用铸铁或铝合金铸造而成，其中铝合金缸体制造成本高，但质量轻、冷却性能好，因此得到广泛应用。

五、油底壳的作用

油底壳的作用是收集和储存由发动机各个摩擦表面流回的发动机机油并封闭曲轴箱。油底壳（见图 8-4）一般采用薄钢板冲压制成，油底壳底部安装有放油塞，放油塞一般带有磁性，能吸收发动机机油中的铁屑杂质。油底壳内部一般安装有稳油挡板，形成油格，能有效防止汽车颠簸造成机油震荡激溅，有利于润滑油杂质的沉淀。

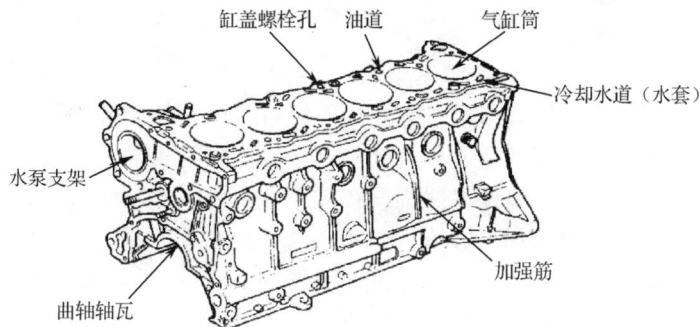

图 8-3　直列 6 缸发动机气缸体

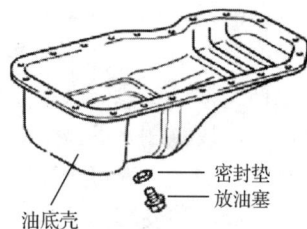

图 8-4　油底壳

一、气缸压力的测量

1. 气缸压力不足的危害

气缸压力不足，会导致发动机功率下降、燃油油耗增加、起动困难等故障。使用发动机气缸压力表对发动机执行气缸压力测量，即可在不解体的情况下检查气缸的密封性能。

2. 气缸压力不足的原因（见表 8-1）

表 8-1　气缸压力不足的原因

故　障	故　障　原　因
气缸充气不足	配气相位失准
	发动机空气滤清器堵塞
	气缸密封不严
	排气不畅
气缸密封不严	气缸与活塞配合间隙过大
	活塞环间隙过大
	活塞与活塞环磨损严重
气缸垫密封不严	气缸垫失去弹性
	气缸盖和气缸体平面产生翘曲变形
	紧固螺栓松动

3. 气缸压缩压力测量方法

按照气缸压力表使用方法测量气缸压缩压力。

二、气缸盖翘曲检查

气缸盖在工作时受热不均匀、气缸盖螺栓紧固时紧固力矩不符合规范、气缸盖螺栓紧固顺序不符合规范、气缸盖螺栓螺纹孔中有污渍或杂质、气缸垫不平等因素均可导致气缸盖发生翘曲变形，检查时要测量气缸盖翘曲程度，确保翘曲程度在规范范围内。用测隙规和精密直尺规，按照图 8-5 所示的测量方法沿气缸盖纵向、横向、对角线方向分别测量三次，测隙规测隙片的最大厚度值即为翘曲变形值。如果测量值超过维修手册规定的规范值，则说明气缸盖已经翘曲变形，应采用磨削或铣削对翘曲平面进行修整处理。

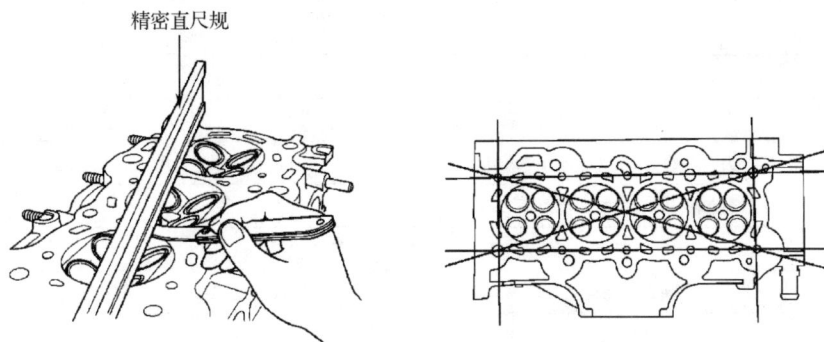

精密直尺规

图 8-5　测量气缸盖翘曲变形

三、气缸盖拆装操作

气缸盖拆卸与安装操作步骤（以本田 CR-V 轿车 2.4L 发动机为例）如表 8-2 所示。

表 8-2　气缸盖拆卸与安装操作步骤（以本田 CR-V 轿车 2.4L 发动机为例）

拆　卸	
步　骤	操　作　方　法
1	释放发动机燃油压力
2	排放发动机冷却液
3	拆卸空气滤清器壳体
4	拆卸发动机附件传动皮带
5	拆卸发动机进气门歧管和排气门歧管
6	如图 8-6 所示，拆卸燃油蒸发排放活性炭罐软管和制动助力器真空软管
7	如图 8-7 所示，拆卸燃油连接管护罩，断开燃油供油软管
8	如图 8-8 所示，断开曲轴箱强制通风软管并拆下接地电缆
9	如图 8-9 所示，从支架上拆下线束夹具，然后拆下线束夹具支架
10	如图 8-10 所示，断开散热器上部软管和加热器软管
11	如图 8-11 所示，拆下固定连接器的螺栓，然后拆下旁通水管
12	从发动机气缸盖上拆下下列部件的线束连接器和线束夹具： ● 4 个喷油器连接器； ● 发动机冷却液温度传感器连接器； ● 进气凸轮轴位置传感器连接器； ● 排气凸轮轴位置传感器连接器； ● 气门摇臂油液控制电磁阀连接器； ● 气门摇臂液压开关连接器； ● 燃油蒸发排放活性炭罐净化阀连接器； ● 废气再循环阀连接器
13	拆卸凸轮链条
14	拆卸气门摇臂总成
15	按照如图 8-12 所示顺序，每次将各个螺栓松开 1/3 周，重复操作，直至拧松所有气缸盖螺栓
16	拆下气缸盖

安　装	
步　骤	操　作　方　法
1	更换发动机缸体时，把新的发动机冷却液分离器安装到发动机缸体中，如图8-13所示
2	清洁气缸盖和气缸体表面
3	如图8-14所示，把新的气缸盖垫片和定位销安装到气缸体上
4	把曲轴设置到上止点位置，使曲轴链轮上的上止点标记对准发动机气缸体上的指示标记，如图8-15所示
5	把气缸盖安装到气缸体上
6	如图8-16所示，在气缸盖各个螺栓的A点和B点处测量气缸盖螺栓的直径，如果测得的直径数值低于10.6mm，应更换气缸盖螺栓
7	在气缸盖螺栓的头部和螺纹部位涂抹发动机机油
8	按照如图8-17所示的紧固顺序，将气缸盖螺栓紧固到39N·m
9	安装摇臂总成
10	安装凸轮链条
11	连接下列部件的线束连接器和线束夹具： ● 4个喷油器连接器； ● 发动机冷却液温度传感器连接器； ● 进气凸轮轴位置传感器连接器； ● 排气凸轮轴位置传感器连接器； ● 气门摇臂油液控制电磁阀连接器； ● 气门摇臂液压开关连接器； ● 燃油蒸发排放性炭罐净化阀连接器； ● 废气再循环阀连接器
12	如图8-18所示，安装连接器固定螺栓并紧固，然后安装旁通水管
13	安装散热器上部软管和加热器软管，参见图8-10
14	安装线束夹具支架和线束夹具，将螺栓紧固至12N·m，参见图8-9
15	参见图8-8，安装曲轴箱强制通风软管和接地电缆，将接地电缆固定螺栓紧固至12N·m
16	参见图8-7，安装燃油连接管护罩和供油软管
17	参见图8-6，重新连接燃油蒸发排放活性炭罐软管和制动助力器真空软管
18	安装进气门歧管
19	安全排气门歧管
20	安装发动机附件传动皮带
21	安装空气滤清器壳体
22	检查所有软管和连接器是否连接正确和牢固
23	检查燃油是否泄漏：将点火开关转至ON位置，但不起动起动机，使燃油泵运行约2s给燃油管路加压，重复该操作2～3次，检查燃油管路是否泄漏
24	向发动机散热器内加注发动机冷却液，打开加热器阀门，排放冷却系统内的空气
25	检查发动机怠速转速
26	检查点火正时

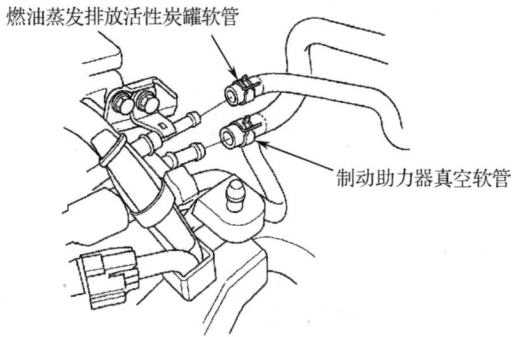

图 8-6　燃油蒸发排放活性炭罐软管和制动
　　　　助力器真空软管识别

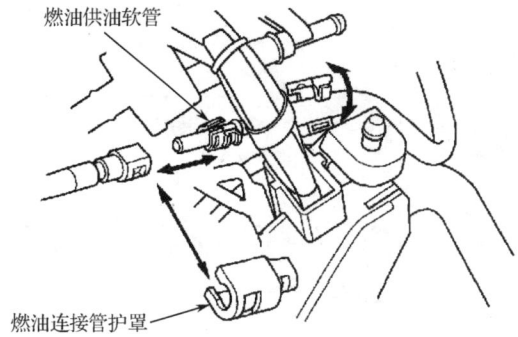

图 8-7　燃油连接管护罩和
　　　　燃油供油软管识别

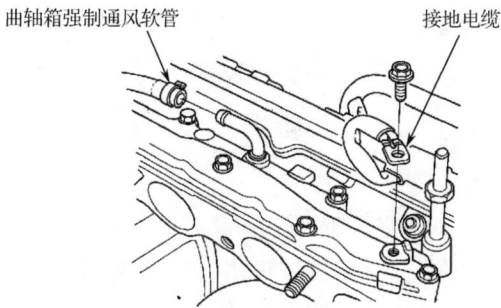

图 8-8　曲轴箱强制通风软管和接地电缆识别

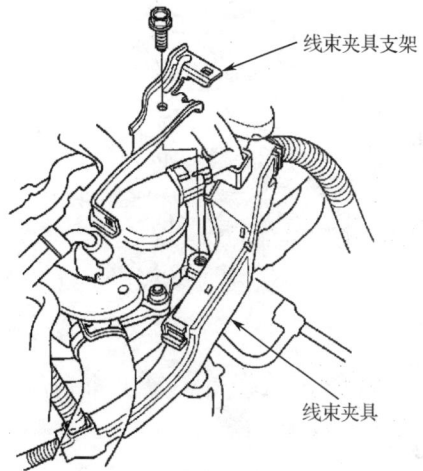

图 8-9　线束夹具和线束夹具支架识别

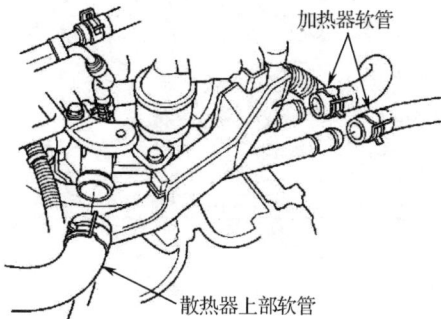

图 8-10　散热器上部软管和加热器软管识别

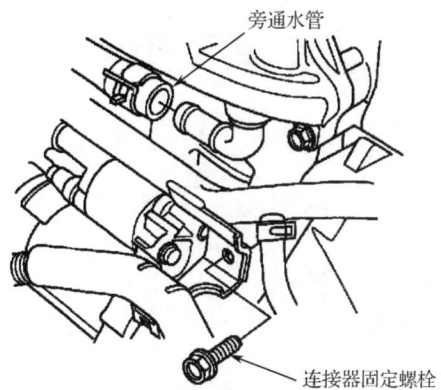

图 8-11　连接器固定螺栓和旁通水管识别

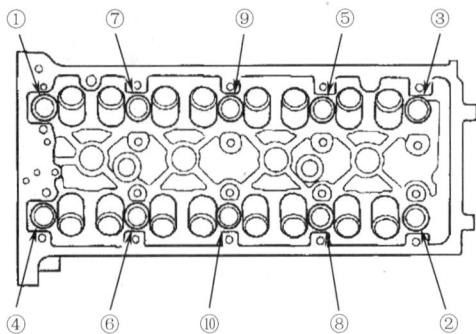

图 8-12　气缸盖螺栓拧松顺序

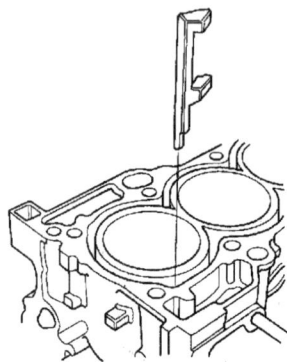

图 8-13　发动机冷却液分离器识别

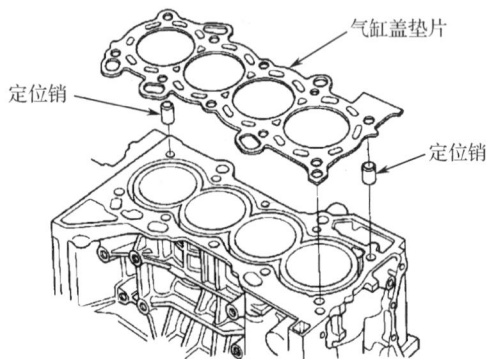

图 8-14　气缸盖垫片和定位销识别

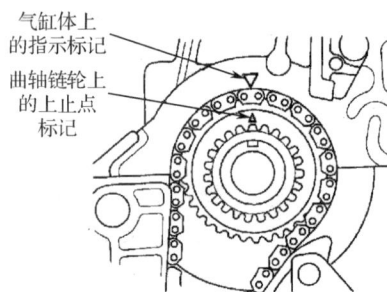

图 8-15　曲轴链轮上的上止点标记对准发动机
气缸体上的指示标记

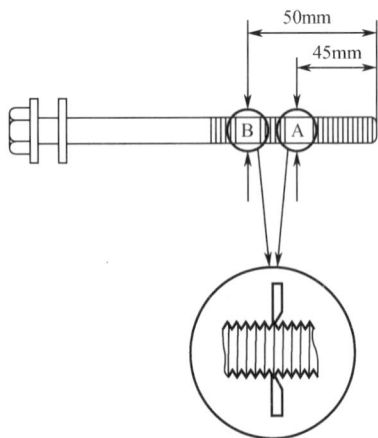

图 8-16　气缸盖螺栓直径测量点 A 和
B 识别

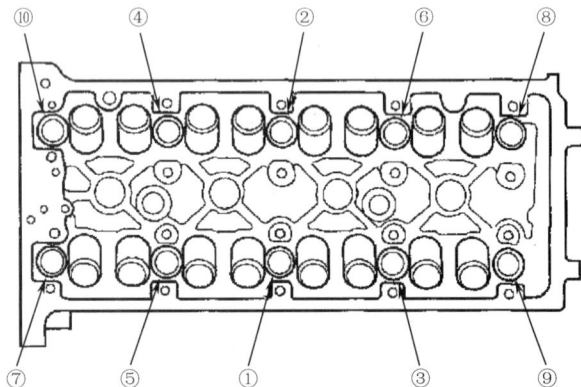

图 8-17　气缸盖螺栓紧固顺序

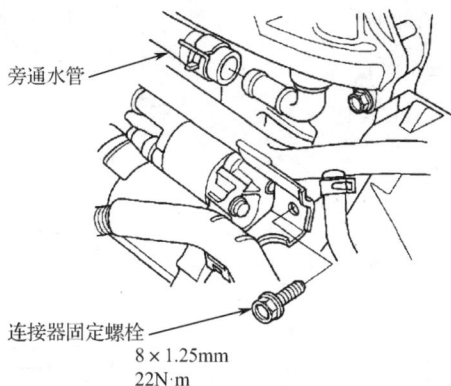

旁通水管

连接器固定螺栓
8×1.25mm
22N·m

图 8-18　安装连接器固定螺栓和旁通水管

四、气缸体翘曲检测

　　气缸体必须保持平直，不能有翘曲变形，否则会引起密封不严，导致漏气，使发动机动力下降。检测时使用精密直尺规和测隙规，沿气缸体平面纵向、横向和对角线方向进行测量（见图 8-19），测隙规测隙片的最大厚度值即为翘曲变形值。将测量值与维修手册中的规范值进行核对，确认气缸体是否出现翘曲变形。如果翘曲程度超过规范值，应采用铣削或磨削方法对气缸体进行修整处理；如果翘曲度较小，也可采用铲削方式处理，即用铲刀修刮气缸体凸出部分，边修刮边测量，直至气缸体翘曲度达到规范值。

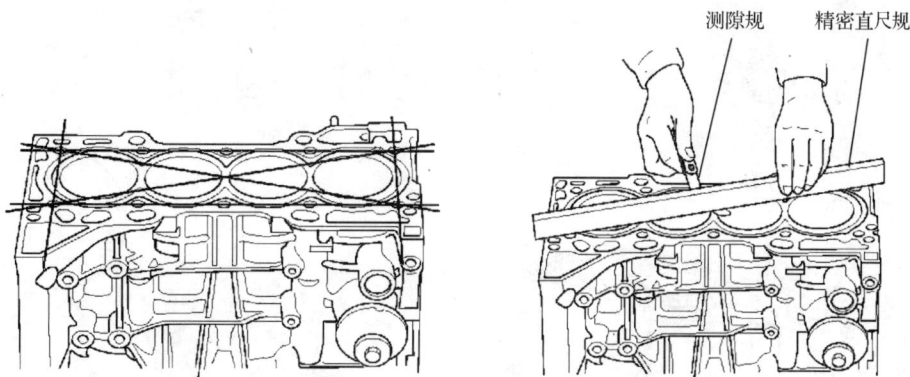

测隙规　精密直尺规

图 8-19　测量气缸体翘曲

五、气缸磨损检查

　　发动机运行时，气缸在发动机工作过程中直接接触高温高压的腐蚀性气体并与活塞环相互摩擦，会导致气缸发生磨损。气缸磨损超过规范范围后，会破坏气缸缸壁与活塞及活塞环的正常配合，使发动机密封性能降低，导致漏气、窜机油和动力下降。因此，要使用量缸表测量气缸磨损程度，核查磨损程度是否在允许范围内。气缸磨损规律如图 8-20 所示。以本田 CR-V 轿车 2.4L 发动机为例，可按照表 8-3 的操作步骤执行气缸缸孔尺寸测量操作。

（1）轴向截面的磨损规律：沿着气缸轴向截面的磨损，在活塞环有效行程范围内，呈上大下小的锥形，在第一道活塞环上止点略下处磨损最大，气缸口活塞环接触不到的部位几乎没有磨损，于是形成缸肩，活塞下止点油环以下部位，几乎也没有磨损。

（2）径向截面的磨损规律：在平行于气缸圆周方向的横向截面上，气缸磨损也是不均匀的，磨成一个不规则的椭圆形，一般是前后或左右方向的磨损最大。

此外，在同一台发动机上，不同气缸磨损情况也不尽相同，一般水冷却发动机第一缸的前壁和最后一缸的后壁处磨损较为严重。

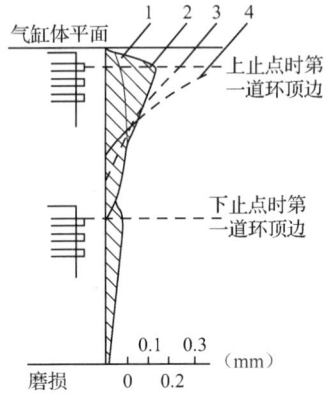

图 8-20 气缸磨损规律

1-金属磨料磨损；2-正常磨损；3-灰尘磨料磨损；4-酸性腐蚀磨损

表 8-3 本田 CR-V 轿车 2.4L 发动机气缸磨损测量操作步骤

步　骤	操 作 方 法
1	如图 8-21 所示，在各个气缸不同高度沿 X 和 Y 方向测量气缸缸孔尺寸
2	如果任何一个气缸的测量值超过维修极限，则应更换气缸体

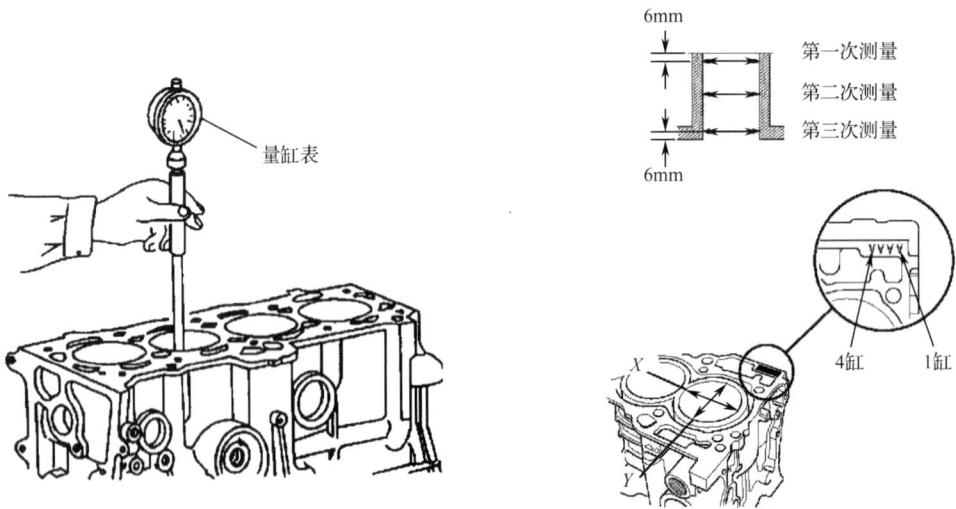

图 8-21 测量气缸缸孔尺寸

六、缸孔珩磨

检查气缸缸孔时，如果发现缸孔有刮伤或划伤，就必须执行气缸缸孔珩磨操作来获得合适的油膜间隙。以本田 CR-V 轿车 2.4L 发动机为例，可按照表 8-4 的操作步骤执行珩磨操作。

图 8-22 缸孔珩磨

表 8-4 本田 CR-V 轿车 2.4L 发动机气缸缸孔珩磨操作步骤

步　骤	操　作　方　法
1	测量气缸缸孔
2	使用珩磨油和油石（粒度为 400），以 60° 交叉线的方式珩磨气缸缸孔，如图 8-22 所示

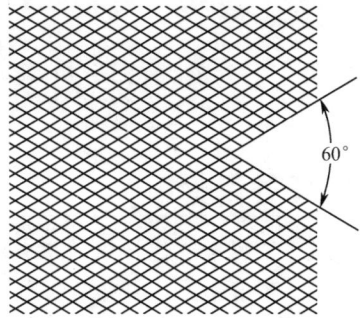

七、气缸体裂纹检查

检查气缸体时，可使用染色渗透探伤剂来检查气缸体上是否有裂纹，其方法如图 8-23 所示。染色渗透探伤剂配备有三种不同的液体，分别为清洗剂、显像剂和渗透剂。

预先清理被测区域。喷洒清洗剂/去除剂，并用擦拭布擦干。

施加渗透剂。渗透过程仅需几分钟。

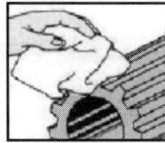

将清洗剂/去除剂喷在擦拭布上，将工件表面残留的渗透剂擦干净。

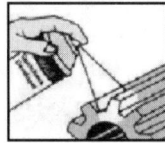

将显像剂薄薄地、均匀地喷洒在工件表面。

检测。缺陷将以一条鲜亮的红线显示在白色的显像剂背景上。

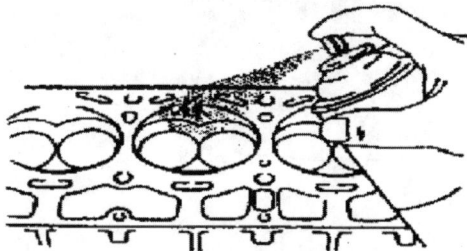

图 8-23 使用染色渗透探伤剂检查气缸体裂纹

气缸体上的轻微裂纹可采用焊接、在水道中加注堵漏剂封堵或使用环氧树脂粘接等方法进行修复。

第九天　发动机活塞连杆组

任务目标

1. 了解活塞连杆组的组成和各组成部件的功能。
2. 了解活塞连杆组各部件常见的维修项目。

知识准备

一、活塞连杆组的组成

活塞连杆组由活塞、活塞环、活塞销、连杆、连杆轴瓦等组成，如图 9-1 所示。

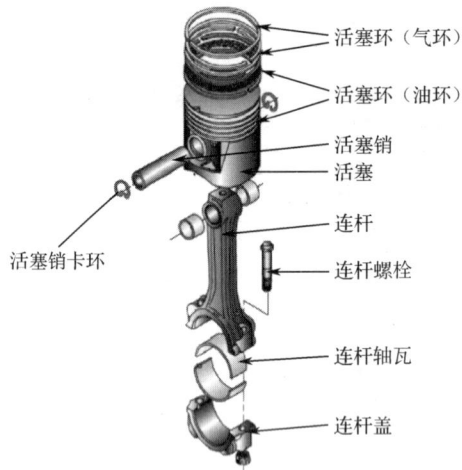

图 9-1　活塞连杆组的组成

二、活塞

1. 活塞的功能

活塞与气缸盖、气缸壁一起构成燃烧室，承受混合气点燃后的气体爆发压力，并将此力传递给连杆，来推动曲轴旋转。活塞的制造材料有铝合金、灰铸铁或耐热钢，由于铝合金质量轻、导热性能好，因此目前汽车发动机的活塞大多采用铝合金制造。

2. 活塞的结构（见图 9-2）

活塞的顶部是燃烧室的组成部分之一，用来承受气体压力；活塞头部是指第一道活塞槽与活塞销孔之间的部分，用来安装活塞环，与活塞环一起密封气缸，防止可燃混合气窜入曲轴箱内，活塞头部还可将活塞顶部吸收的热量通过活塞环传给气缸壁。活塞裙部是指从油环槽下端面起至活塞最下端的部分，活塞裙部对活塞在气缸内往复运动起导向作用，并承受侧压力，如图 9-3 所示。

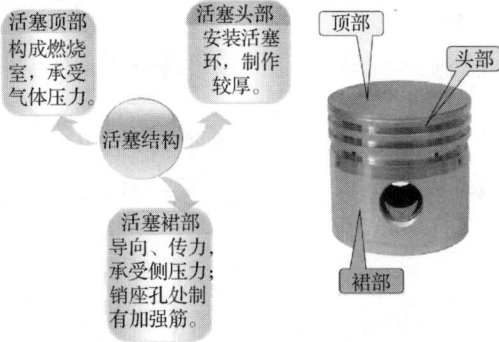

图 9-2　活塞结构

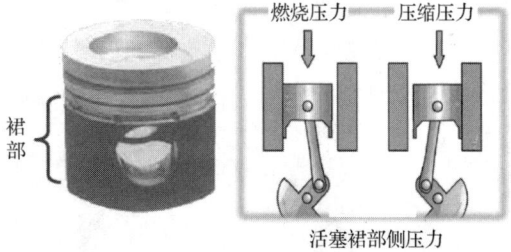

图 9-3　活塞裙部侧压力

3．活塞标记识别

活塞标记说明如图 9-4 所示。

三、活塞环

1．活塞环的功能

活塞环按照功能可分为气环和油环两种，如图 9-5 所示。

1-安装方向（一般用箭头表示）；2-生产日期；

3-厂家标志；4-活塞直径；5-装配间隙。

图 9-4　活塞标记说明

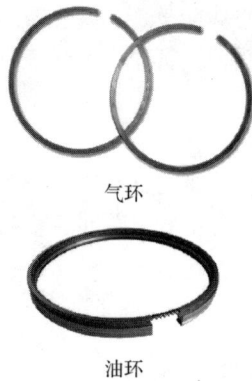

图 9-5　气环和油环

气环的功能是保证活塞与气缸壁之间的密封，并将活塞头部的热量传递给气缸，再由冷却液将热量带走，此外还起到刮油、布油等辅助作用。

油环的功能是将气缸壁上多余的机油刮回油底壳并在气缸壁上均匀地布油，既可以防止机油窜入燃烧室，又可以减轻活塞、活塞环与气缸的摩擦和磨损，同时油环也起到一定的密封作用。

活塞环的工作条件非常恶劣，要承担高温、高压、高速运动且润滑困难，因此活塞环一般采用合金铸铁制成，这种材料强度高、弹性好、耐磨损。

2．活塞环间隙说明

为了保证气缸的密封性，防止活塞环卡死在环槽中，安装活塞环时，活塞环应留有开口间隙、侧隙和背隙。

活塞环开口间隙又称为端隙，是指活塞环装入气缸后开口端面之间的间隙，如图 9-6 所示。

活塞环侧隙又称边隙，是指环高方向上与活塞环槽之间的间隙；活塞环背隙是指活塞环装入气缸后，活塞环背面与环槽底部之间的间隙，如图 9-7 所示。

图 9-6　活塞环开口间隙（端隙）识别

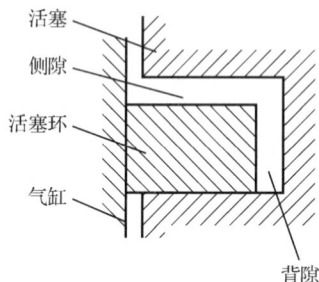

图 9-7　活塞环侧隙和背隙识别

四、活塞销

活塞销的功能是连接活塞和连杆小头，并把活塞承受的气体压力传递给连杆。活塞销一般采用优质低碳钢制作，经过表面淬火和精磨而成。活塞销的连接方式如图 9-8 所示。

五、连杆

连杆的功能是将活塞的力传给曲轴，变活塞的往复运动为曲轴的旋转运动。连杆结构如图 9-9 所示。连杆小头通过活塞销与活塞相连，连杆大头与曲轴的连杆轴颈相连。

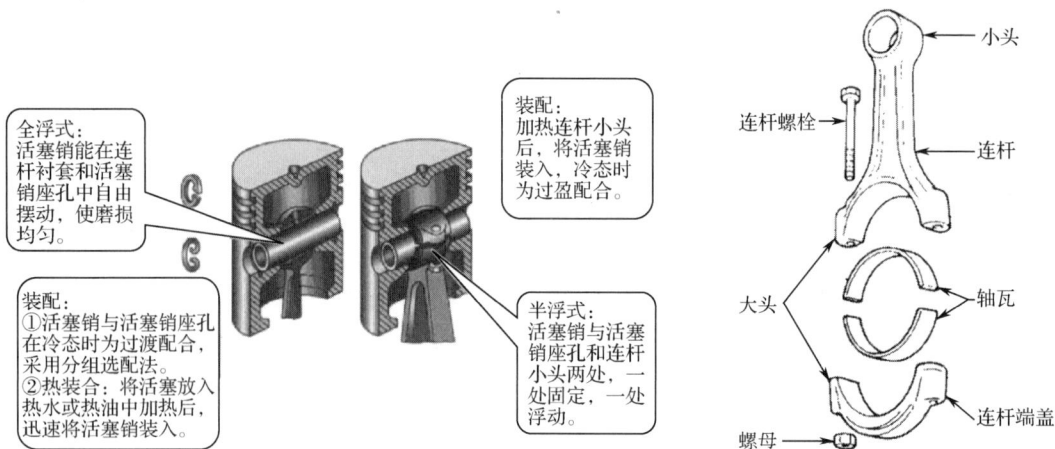

图 9-8　活塞销的连接方式

图 9-9　连杆结构

![实际操作]

1. 活塞顶部积炭的去除

如果活塞顶部积炭大量沉积，会严重影响活塞的散热，因此发现活塞顶部沉积有大量积炭时，可先用煤油将活塞顶部的积炭浸软，然后用软金属刮刀把积炭刮除干净，如图 9-10 所示。

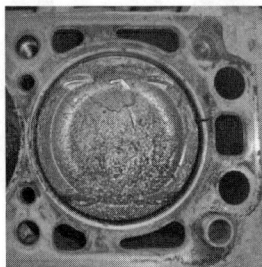

活塞顶部的积炭

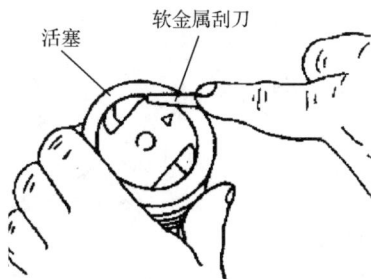

图 9-10　去除活塞顶部积炭

2. 活塞环槽积炭去除

先将活塞浸泡在煤油中，待积炭被浸软后，再用软金属刮刀去除干净，如图 9-11 所示，然后用清水洗涤干净，再用压缩空气吹干。

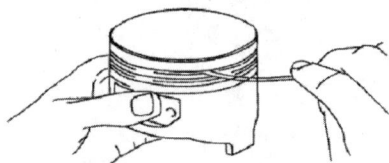

3. 更换活塞环（以本田 2.4L 发动机为例）

检修过程中如果发现活塞环断裂、失去弹性，应及时更换，操作步骤如表 9-1 所示。

图 9-11　去除活塞环槽积炭

表 9-1　本田 2.4L 发动机活塞环更换操作步骤

步　骤	操 作 方 法
1	从发动机缸体上拆下活塞
2	如图 9-12 所示，用活塞环扩张器拆下活塞环
3	用方形断口的活塞环清理所有的活塞环槽，气环一和气环二的槽宽为 1.2mm，油环槽宽应为 2.0mm
4	使用一个未装活塞环的活塞，把一个新活塞环推入气缸缸孔中，使活塞环距离缸孔底部约 15～20mm，使用厚薄规测量活塞环端隙，如图 9-13 所示
5	按照图 9-14 所示，安装气环一和气环二，气环一上标有 1R，气环二上标有 2R，安装时制造标记必须朝上
6	按照图 9-15 所示，设置活塞环开口间隙
7	活塞环安装完毕后，用厚薄规测量活塞环与环槽之间的间隙，如图 9-16 所示

活塞环

活塞环扩张器

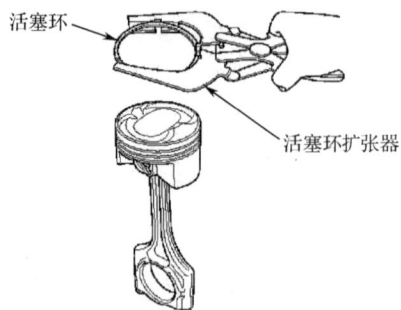

图 9-12　用活塞环扩张器拆下活塞环

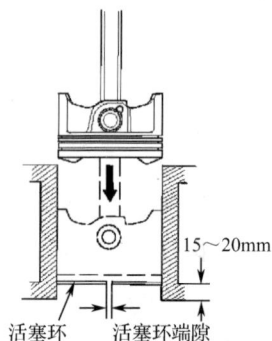

活塞环端隙规范
气环一：
标准值（新）：0.20～0.35mm
维修极限：0.60mm

气环二：
标准值（新）：0.40～0.55mm
维修极限：0.70mm

油环：
标准值（新）：0.25～0.65mm
维修极限：0.75mm

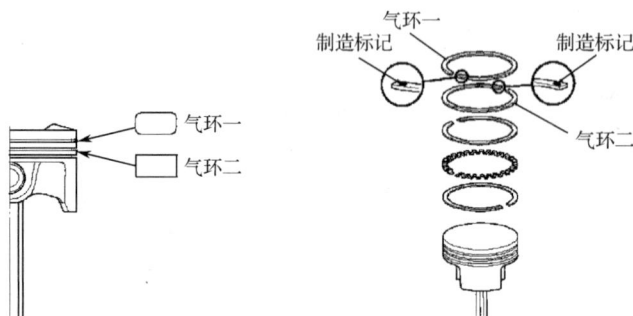

15～20mm

活塞环　活塞环端隙

图 9-13　推入新活塞环并测量端隙

气环一
气环二

制造标记　　　　　制造标记
气环一
气环二

活塞环尺寸

气环一
A：3.1mm
B：1.2mm

气环二
A：3.4mm
B：1.2mm

图 9-14　安装气环

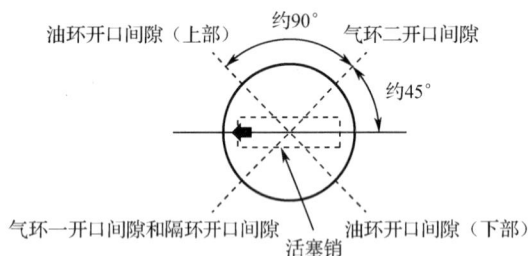

油环开口间隙（上部）　约90°　气环二开口间隙
约45°

气环一开口间隙和隔环开口间隙　活塞销　油环开口间隙（下部）

图 9-15　设置活塞环开口间隙

气环一与环槽之间的间隙
标准值（新）：0.035～0.060mm
维修极限：0.13mm

气环二与环槽之间的间隙
标准值（新）：0.030～0.055mm
维修极限：0.13mm

图 9-16　测量活塞环与环槽之间的间隙

4．活塞、活塞销和连杆的更换（以本田 2.4L 发动机为例）

表 9-2　本田 CR-V 轿车 2.4L 发动机活塞、活塞销和连杆的更换操作步骤

步　骤	操 作 方 法
1	从发动机缸体上拆下活塞
2	如图 9-17 所示，在活塞销卡环上涂抹发动机机油，将卡环旋入卡环槽内，直至端隙与活塞销孔切口对齐
3	佩戴好护目镜，从活塞销孔内的切口开始，将活塞销卡环拆下，如图 9-18 所示
4	如图 9-19 所示，将活塞和连杆总成加热到 70℃，然后拆下活塞销
5	如图 9-20 所示，用螺旋测微计测量活塞销的直径

续表

步　骤	操 作 方 法
6	如图 9-21 所示，将百分表按照活塞销直径调零
7	如图 9-22 所示，检查活塞销与活塞之间的间隙
8	如图 9-23 所示，检查活塞销与连杆之间的间隙
9	如图 9-24 所示，重新安装活塞销卡环
10	如图 9-25 所示，把活塞加热到 70℃
11	如图 9-26 所示，组装活塞和连杆，使箭头对准压印标记，然后安装活塞销和卡环

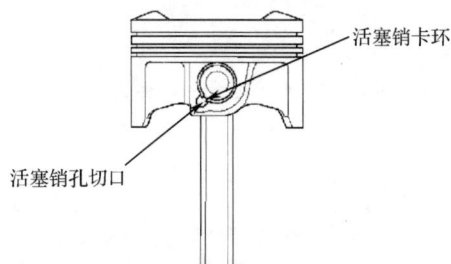

图 9-17　活塞销卡环和活塞销孔切口

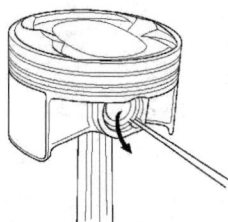

图 9-18　拆下活塞销卡环

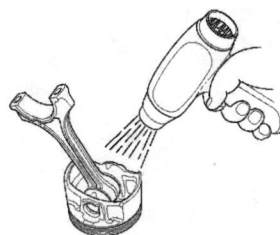

图 9-19　加热活塞和连杆总成

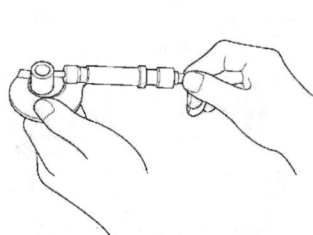

标准值（新）：21.961～21.965mm
维修极限：21.953mm

图 9-20　测量活塞销直径

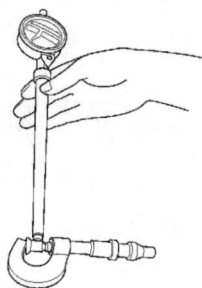

图 9-21　将百分表按照活塞销
直径调零

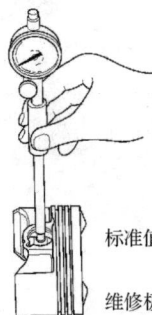

标准值（新）：−0.05～
+0.002mm
维修极限：0.005mm

图 9-22　检查活塞销与活塞
之间的间隙

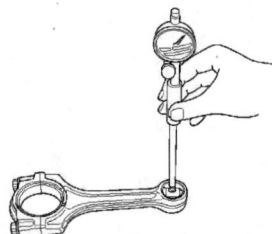

标准值（新）：0.005～0.015mm
维修极限：0.02mm

图 9-23　测量活塞销与连杆之间的间隙

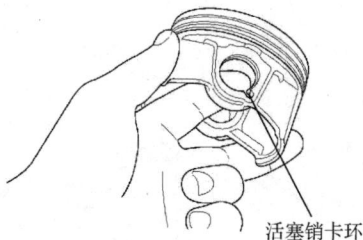

图 9-24　重新安装活塞销卡环

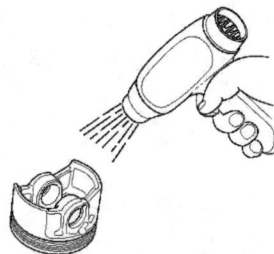

图 9-25　加热活塞

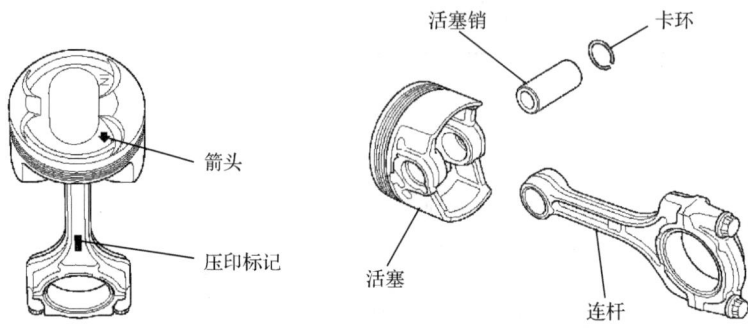

图9-26　安装活塞和连杆

第十天　曲轴飞轮组

任务目标

1. 了解曲轴飞轮组的组成。
2. 了解曲轴飞轮组常见的维修项目。

知识准备

一、曲轴飞轮组的组成

曲轴飞轮组属于发动机曲柄连杆机构的一个组成部分，组成部件如图 10-1 所示。

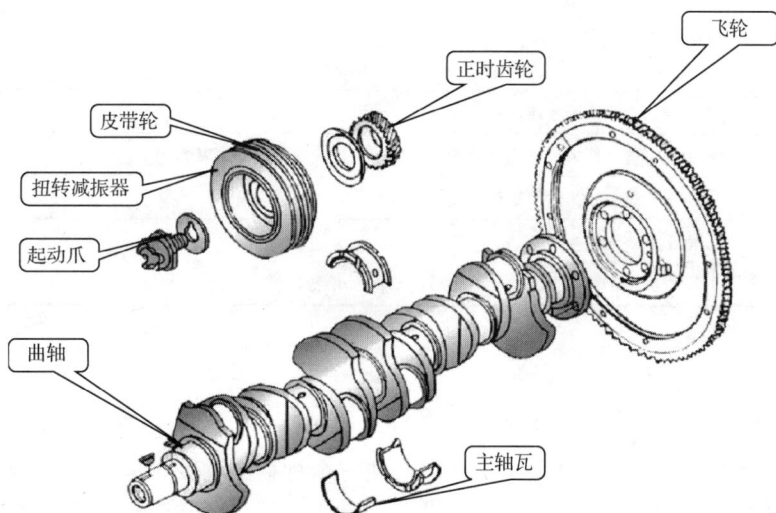

图 10-1　曲轴飞轮组的组成

二、曲轴

1. 曲轴的作用

曲轴承受活塞连杆组传递来的气体压力并转变为扭矩对外输出，还用来驱动发动机的配气机构及其他各种辅助装置。

2. 曲轴的结构

曲轴一般采用中碳钢、合金铸铁或球墨铸铁制造而成，曲轴的结构如图 10-2 所示。

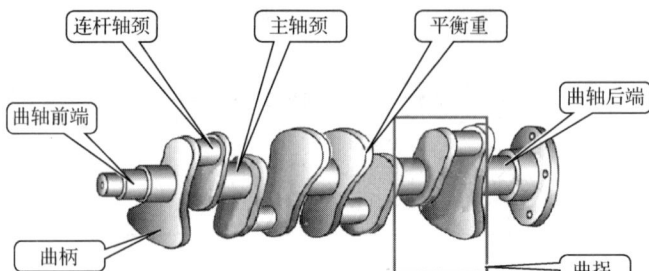

曲拐：由一个连杆轴颈和它两端曲柄及主轴颈构成。
注：曲轴的曲拐数取决于气缸的数目和排列方式。

图 10-2　曲轴的结构

曲轴各个部件的功能说明如表 10-1 所示。

表 10-1　曲轴各个部件的功能说明

部　件	功　能　说　明
主轴颈	用于支撑曲轴
连杆轴颈	安装连杆大头，部分中空可兼做润滑油油道
曲柄	也称曲轴臂，用于连接主轴颈和连杆轴颈
平衡重	用于平衡连杆大头、连杆轴颈和曲柄等运转产生的离心力及力矩
曲轴前端	用于安装正时齿轮及附件（皮带轮等）
曲轴后端	用于安装飞轮
扭转减振器	吸收曲轴扭转的能量，使曲轴转动平稳，可靠工作

三、飞轮

飞轮是一个圆形盘，如图 10-3 所示，安装在曲轴的后端，由于飞轮旋转时的惯性作用，因此可以存储发动机做功行程的能量，以供其他三个行程的需要，同时也可以增加曲轴旋转的平稳性。飞轮外缘的齿圈是用来在发动机起动时与起动机齿轮啮合，带动曲轴旋转的；飞轮的边缘部分比较厚，可以增大转动惯量。

飞轮轮缘上一般有标记，如图 10-4 所示，该标记是用来找压缩上止点的。

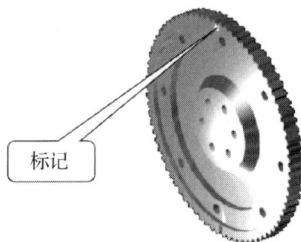

在飞轮轮缘上作有记号（刻线或销孔）供找压缩上止点用（四缸发动机为1缸或4缸压缩上止点；六缸发动机为1缸或6缸压缩上止点）。当飞轮上的记号与外壳上的记号对正时，正好是压缩上止点。

图 10-3　飞轮　　　　　　　　　　　图 10-4　飞轮轮缘标记的作用

实际操作

1. 曲轴轴颈失圆度和锥度检查

曲轴轴颈失圆度和锥度如果超过规范，会导致发动机冲击振动增大，机油压力降低。以本田 CR-V 轿车 2.4L 发动机为例，按照表 10-2 的操作步骤执行曲轴轴颈失圆度和锥度检查操作。

表 10-2 本田 CR-V 轿车 2.4L 发动机曲轴轴颈失圆度和锥度检查操作步骤

步 骤	操 作 方 法
1	从发动机上拆下曲轴
2	用管道清洗器或合适的刷子把曲轴油道清理干净
3	清洁键槽和螺纹
4	如图 10-5 所示，在各个连杆轴颈和主轴颈中部，选取 2 个位置用外径千分尺测量曲轴轴颈，各个轴颈测量结果的差值不能超过维修极限

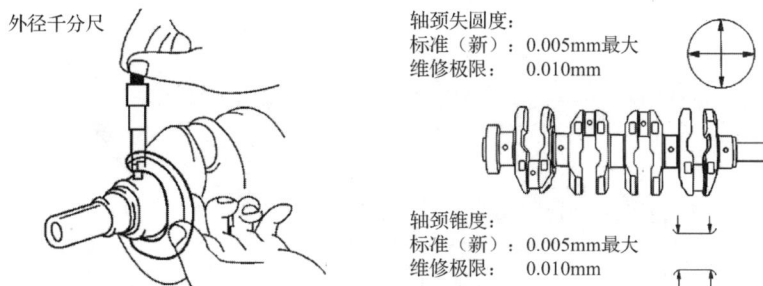

外径千分尺

轴颈失圆度：
标准（新）：0.005mm最大
维修极限： 0.010mm

轴颈锥度：
标准（新）：0.005mm最大
维修极限： 0.010mm

图 10-5 测量曲轴轴颈失圆度和锥度

2. 曲轴振摆（总跳动量）检查

以本田 CR-V 轿车 2.4L 发动机为例，按照表 10-3 的操作步骤执行曲轴振摆检查操作。

标准（新）：0.03mm（最大）
维修极限：0.04mm

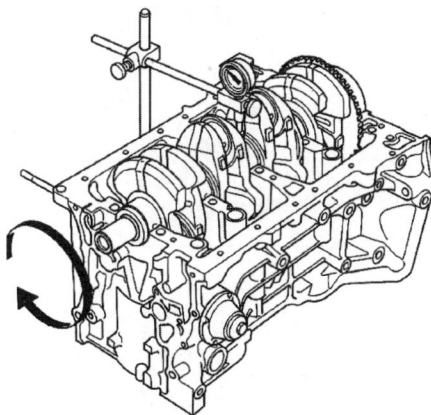

表 10-3 本田 CR-V 轿车 2.4L 发动机曲轴振摆检查操作步骤

步 骤	操 作 方 法
1	把发动机缸体放置在平板上
2	清洁并安装发动机缸体 1 号和 5 号轴颈上的轴承
3	把曲轴放入缸体低处
4	转动曲轴，按照图 10-6 所示用百分表测量所有主轴颈的振摆，各个轴颈测量结果的差值不能超过维修极限

图 10-6 测量曲轴振摆

3. 曲轴轴向间隙检查

曲轴轴向间隙是防止曲轴及曲轴轴承在发动机工作时受热膨胀卡住而预留的。这个间隙如果太小，会增加曲轴及轴承受热后的运动阻力；间隙如果太大，会使曲轴产生轴向窜动，导致活塞偏缸和连杆弯曲。曲轴轴向间隙检查方法如表 10-4 所示。

表 10-4　曲轴轴向间隙检查方法（以本田飞度轿车为例）

步　骤	操 作 方 法
1	拆卸发动机机油泵
2	将曲轴完全推离百分表，使百分表顶住曲轴端部并调零，如图 10-7 所示，然后将曲轴完全拉向百分表，读取百分表测量值，测量值不能超过维修极限
3	如果轴向间隙超过维修极限，则应更换曲轴止推垫圈并重新检查；如果仍然超过维修极限，则应更换曲轴

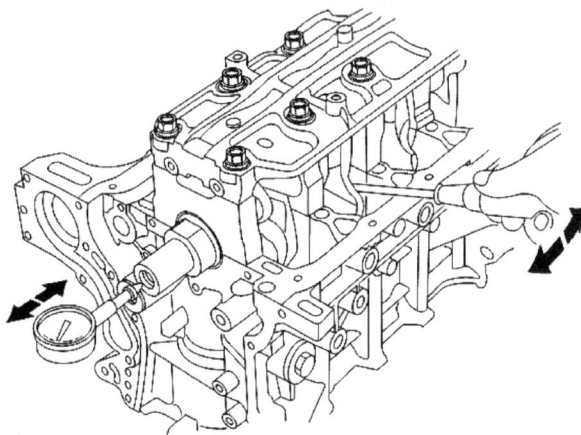

曲轴轴向间隙
标准（新）：0.10 ~ 0.35mm
维修极限：0.45mm

图 10-7　检查曲轴轴向间隙

4. 曲轴主轴承更换

曲轴主轴承也称为曲轴轴承，是一种用减磨合金浇铸的瓦片式可以拆卸的轴承。对曲轴执行检修测量时，如果发现主轴承油膜间隙超出维修极限，则应更换新的主轴承。

以本田 CR-V 轿车 2.4L 发动机为例，按照表 10-5 的操作步骤执行曲轴主轴承更换操作。

表 10-5　本田 CR-V 轿车 2.4L 发动机曲轴主轴承更换操作步骤

步　骤	操 作 方 法
1	拆下发动机下部机体和轴承，如图 10-8 所示
2	用干净的维修用布把主轴颈和轴承擦拭干净
3	在各个主轴颈上放置一条塑料间隙规
4	重新安装轴承和下部机体，按照图 10-9 所示的螺栓紧固顺序将螺栓紧固至 29N·m

步　　骤	操 作 方 法
5	把轴承盖螺栓拧紧 56°
6	再次拆下发动机下部机体和轴承，如图 10-10 所示，测量塑料间隙规最宽部分
7	查找并记录曲轴孔代码，曲轴孔的尺寸是用数字、字母或条码的形式压印在发动机缸体端部的，如图 10-11 所示，把代码记录下来，如果代码被污物或尘土遮盖无法识别，不要用刮刀或钢丝擦磨，要用溶剂或洗涤剂清洁
8	查找并记录主轴颈代码，该代码压印在曲轴上，位置如图 10-12 所示
9	利用曲轴孔代码和主轴颈代码，如图 10-13 所示，选择适当的轴承进行更换

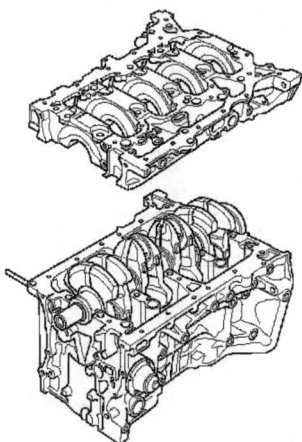

图 10-8　拆下发动机下部机体和轴承

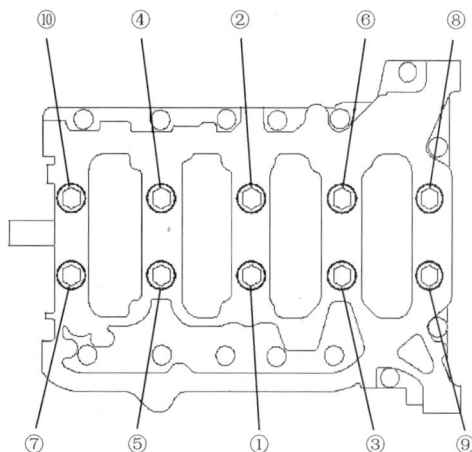

图 10-9　螺栓紧固顺序

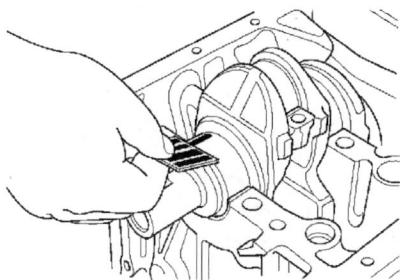

主轴承和轴颈之间的油膜间隙
1号、2号、4号和5号轴颈：
标准值（新）：0.017～0.041mm
维修极限：0.050mm

3号轴颈：
标准值（新）：0.025～0.049mm
维修极限：0.055mm

图 10-10　测量塑料间隙规最宽部分

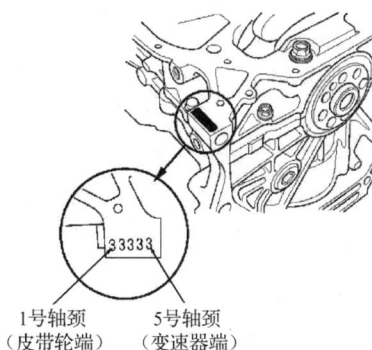

1号轴颈　　　5号轴颈
（皮带轮端）　（变速器端）

图 10-11　曲轴孔代码压印位置识别

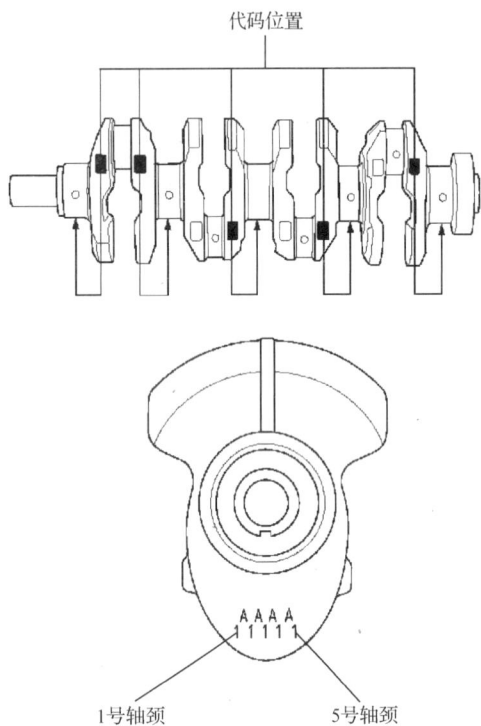

图 10-12　主轴颈代码位置

曲轴孔代码	曲轴孔渐大 →			
	1或A或Ⅰ	2或B或Ⅱ	3或C或Ⅲ	4或D或Ⅳ
主轴颈码	轴承渐小（渐厚）→			
1	粉红色	粉红色/黄色	黄色	绿色
2	粉红色/黄色	黄色	绿色	绿色/棕色
3	黄色	绿色	绿色/棕色	棕色
4	绿色	绿色/棕色	棕色	黑色
5	绿色/棕色	棕色	黑色	黑色/蓝色
6	棕色	黑色	黑色/蓝色	蓝色

主轴颈渐小　轴承渐小（渐厚）

图 10-13　曲轴孔和主轴颈代码规范表

5．检测主轴承座孔的圆度误差

主轴承座孔的圆度误差必须保持在规范范围内，检测时可按照图 10-14 所示，用百分表沿图中所示 A、B、C 三个方向进行测量，在测量数据中记录好最大值和最小值，最大值与最小值的差值的一半即为圆度误差值，将该值与维修手册上的规范值进行比对，即可确认圆度误差是否超出规范。

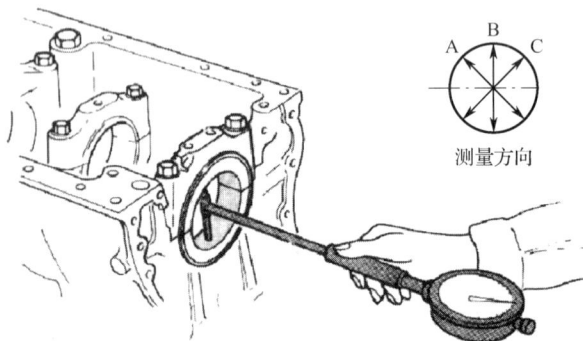

图 10-14　测量主轴承座孔圆度误差

6. 测量连杆轴承与轴颈之间的油膜间隙（以本田 CR-V 轿车 2.4L 发动机为例）

测量连杆轴承与轴颈之间的油膜间隙如表 10-6 所示。

表 10-6　测量连杆轴承与轴颈之间的油膜间隙

步　骤	操 作 方 法
1	拆下连杆盖和连杆轴承
2	用干净的布将轴颈和轴承擦拭干净
3	把塑料间隙规放置在连杆轴颈上
4	重新安装连杆轴承和连杆盖，将紧固螺栓紧固至 20N·m
5	拆下连杆盖和轴承，如图 10-15 所示，测量塑料间隙规最宽部分，得出连杆轴承与轴颈之间的油膜间隙

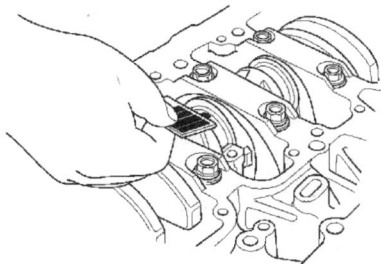

标准值（新）：0.020～0.050mm
维修极限：0.060mm

图 10-15　测量连杆轴承与轴颈之间的
油膜间隙

7. 飞轮检修

（1）飞轮外观检查（见图 10-16）。

（2）测量飞轮轴向圆跳动量。

飞轮组装到曲轴上后，应使用百分表测量飞轮轴向圆跳动量，极限值一般为 0.1～0.2mm。将百分表测头触及飞轮光滑的工作面，如图 10-17 所示，缓慢转动飞轮一周，百分表的读数差即为飞轮工作面的轴向圆跳动量，如果超出极限值，则应更换飞轮。

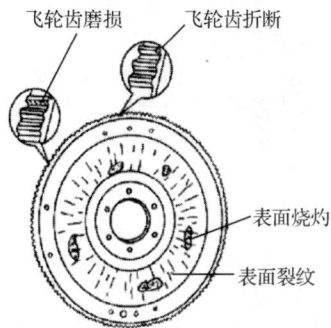

飞轮齿磨损　　飞轮齿折断

表面烧灼

表面裂纹

飞轮的主要缺陷是工作面磨损、齿圈磨损或折断。
飞轮齿圈有断齿或齿端冲击损耗，与起动机齿轮啮合困难时，更换齿圈或飞轮组件。
飞轮工作面有严重的烧灼或磨损沟槽大于0.50mm时，应进行修整，必要时更换飞轮。

图 10-16　飞轮外观检查

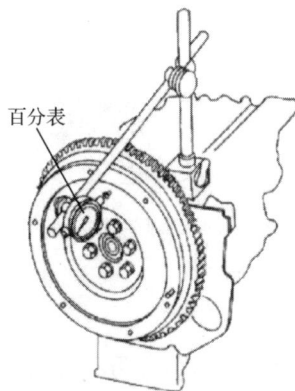

百分表

图 10-17　测量飞轮轴向圆跳动量

第十一天　发动机气门组

任务目标

1. 了解气门组的组成和各组成部件的功能。
2. 了解气门组部件的维修方法。

知识准备

一、发动机气门组的组成

发动机气门组是发动机配气机构的一个组成部分，发动机配气机构的作用是按照发动机的工作顺序和工作循环要求，定时开启和关闭各个气缸的进气门和排气门，使新鲜可燃混合气（汽油发动机）或空气（柴油发动机）得以及时进入气缸，废气得以从气缸及时排出。

气门组由进气门、排气门、气门导管、气门座及气门弹簧等组成，典型的气门部件如图 11-1 所示。

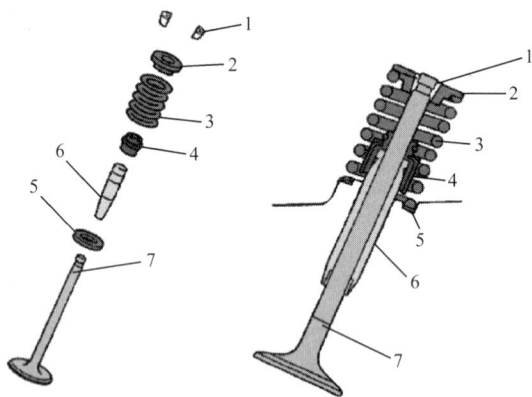

1-气门锁片；2-弹簧定位座；3-气门弹簧；4-气门密封；5-气门弹簧座；6-气门导管；7-气门。

图 11-1　发动机气门部件识别

二、气门组各个部件的功能说明

1. 气门

发动机的气门分为进气门和排气门两种。气门是发动机燃烧室的组成部分之一，是可燃混合气进入和排出燃烧室的开关；从外形上划分，气门可分为气门头部和气门杆部，如图 11-2 所示。

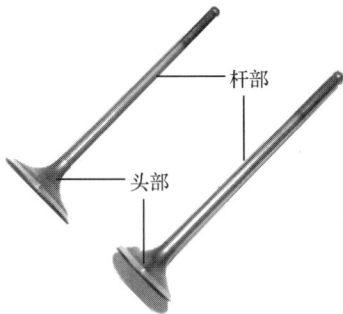

图 11-2　气门

气门的工作环境非常恶劣，不但要承受混合气燃烧所带来的高温、高压，同时也会受到气缸中燃烧生成物的腐蚀，因此进气门一般采用铬钢或铬镍钢制造，排气门一般采用硅铬钢制造，具有很高的强度和刚度，耐腐蚀和耐磨性能也非常好。气门头部有不同的结构形式，如图 11-3 所示。

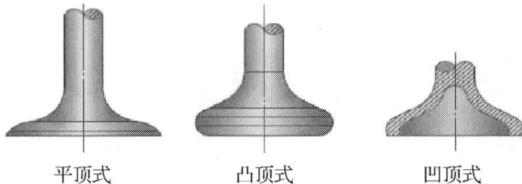

平顶式　　　　凸顶式　　　　凹顶式

平顶式	结构简单，制造方便，吸热面积小，质量也较小，进、排气门都可采用
凸顶式（球面顶）	适用于排气门，因为其强度高，排气阻力小，所以废气的清除效果好，但球形的受力面积大，质量和惯性力大，加工较复杂
凹顶式（喇叭顶）	凹顶头部与杆部的过渡部分具有一定的流线型，可以减少进气阻力，但其顶部受热面积大，故适用于进气门，而不宜用于排气门

图 11-3　气门头部的结构形式

气门的头部直径越大，气门口通道截面就越大，进、排气阻力就越小。由于最大尺寸受到燃烧室结构的限制，考虑到进气阻力比排气阻力对发动机性能影响大得多，因此为了减小进气阻力，进气门直径往往大于排气门。

气门杆部分具备很高的加工精度和较低的粗糙度。气门杆与气门导管保持有正确的配合间隙，以减少磨损和起到良好的导向及散热作用。

2. 气门导管

气门杆套装在气门导管内上下运行，导管本身是一种带肩部或不带肩部的管子，气门导管内径正好与气门杆配合。气门导管一般采用含石墨较多的铸铁或粉末冶金制成，以提高其自润滑性能。

3. 气门弹簧座

气门杆安装在气门导管中，套上气门弹簧，下端用气门弹簧座托住，再装上锁片使气门弹簧座与气门杆下端连在一起，也叫弹簧护圈。

4. 气门弹簧

气门弹簧是一种卷曲式弹簧，套在气门杆外面，下端用气门弹簧座托住，再装上锁片，由于气门弹簧具备张力，因此起到使气门经常关闭的作用。气门弹簧保证气门关闭时能紧密地与气门座和气门座圈贴合，一般采用优质合金钢制成。

5. 气门密封

气门密封是指气门油封，是一种耐油的橡胶密封环，安装在气门杆凹槽中，可以防止过量的机油进入气门杆和气门导管中间。

6. 气门锁片与气门弹簧定位座

气门锁片是用来固定气门弹簧定位座的，使气门弹簧不至于脱落松动。

三、气门锥角的概念

气门锥角是指气门锥面与气门顶平面形成的夹角，如图 11-4 所示，一般为 45°或 30°。

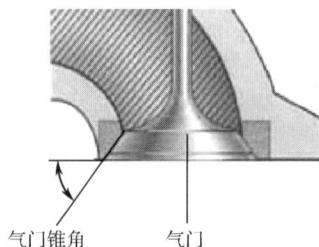

气门锥角的作用：
A．获得较大的气门配合压力，提高密封性和导热性。
B．气门落座时有较好的对中、定位作用。
C．避免气流拐弯过大而降低流速。
D．能挤掉接触面的沉淀物，起自洁作用。

气门锥角　　　气门

图 11-4　气门锥角及其作用

实际操作

1. 气门、气门弹簧和气门油封的拆卸与安装

以本田 CR-V 轿车 2.4L 发动机为例，按照表 11-1 的操作步骤执行气门、气门弹簧和气门油封的拆卸与安装操作。

表 11-1　本田 CR-V 轿车 2.4L 发动机气门、气门弹簧和气门油封的拆卸与安装操作步骤

拆　卸	
步　骤	操 作 方 法
1	拆卸气门和气门弹簧时，要先做好标记，以便安装时可以把各个部件重新安装到原来的位置
2	拆下气缸盖
3	用套筒和塑料锤，轻轻敲击气门座，松开气门锁片，如图 11-5 所示
4	安装气门弹簧压缩器，压缩气门弹簧后，拆下气门锁片，如图 11-6 所示
5	拆下气门弹簧压缩器，把气门弹簧座和气门弹簧拆下
6	安装气门导管油封拆卸器，如图 11-7 所示

续表

拆　卸	
步　骤	操 作 方 法
7	拆下气门油封，如图 11-8 所示

安　装	
步　骤	操 作 方 法
1	在气门杆上涂抹发动机机油，然后将气门插入气门导管中
2	检查气门上下运动是否顺畅
3	把弹簧座安装到气缸盖上
4	用气门油封安装工具安装气门油封。排气门油封带有黑色弹簧，进气门油封带有白色弹簧，安装时不要弄混，如图 11-9 所示
5	安装气门弹簧压缩器，压缩气门弹簧，安装气门锁片
6	拆卸气门弹簧压缩器
7	用塑料锤沿轴线方向敲击气门杆端部 2～3 次，确保气门就位，如图 11-10 所示

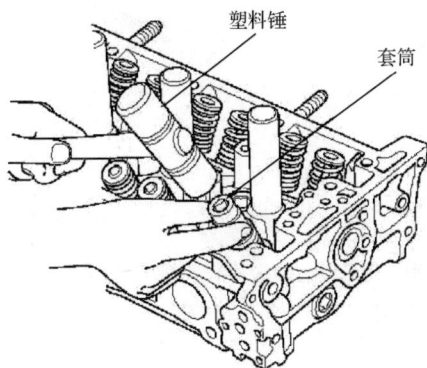

图 11-5　敲击气门座

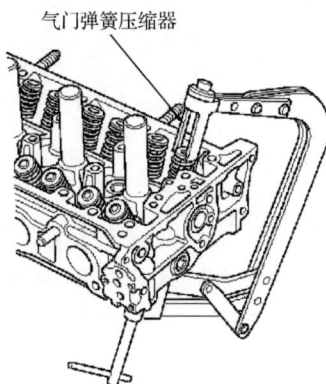

图 11-6　安装气门弹簧压缩器

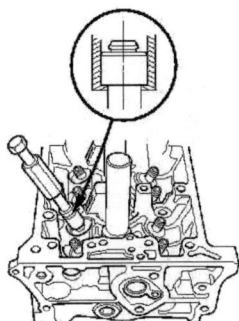

图 11-7　安装气门导管油封拆卸器

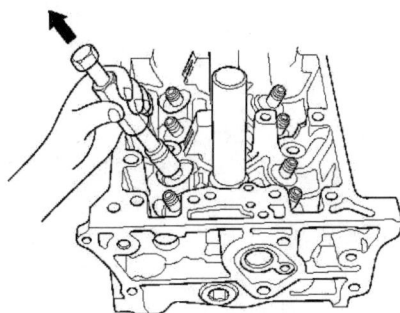

图 11-8　拆下气门油封

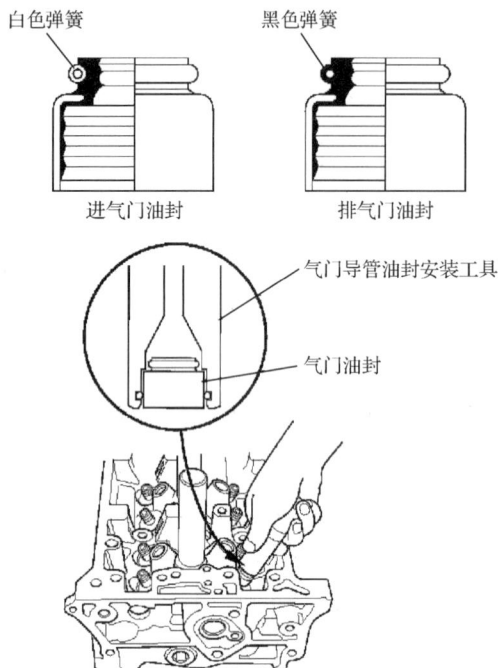

图 11-9　安装气门油封

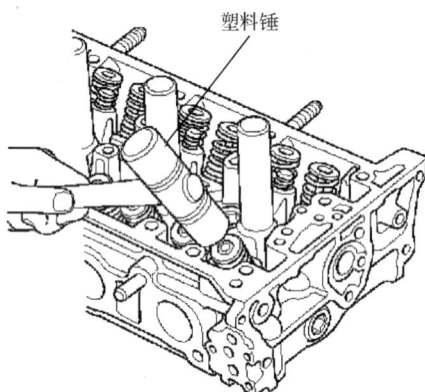

图 11-10　敲击气门杆

2. 气门尺寸检查

以本田 CR-V 轿车 2.4L 发动机为例，按照表 11-2 的操作步骤执行气门尺寸检查操作。

表 11-2　本田 CR-V 轿车 2.4L 发动机气门尺寸检查操作步骤

步　骤	操 作 方 法
1	拆下气门
2	如图 11-11 所示，测量进气门和排气门各个部分的尺寸并与规范值进行对比

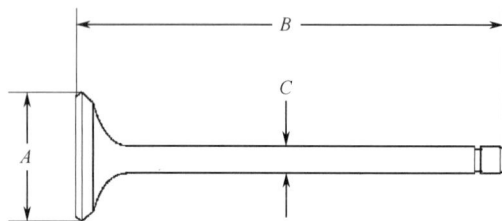

进气门尺寸
A标准值（新）：34.85～35.15mm
B标准值（新）：108.7～109.5mm
C标准值（新）：5.475～5.485mm
C维修极限：5.445mm

排气门尺寸
A标准值（新）：29.85～30.15mm
B标准值（新）：108.3～109.1mm
C标准值（新）：5.450～5.460mm
C维修极限：5.42mm

图 11-11　测量气门尺寸

3．气门杆与气门导管之间的间隙检查

以本田 CR-V 轿车 2.4L 发动机为例，按照表 11-3 的操作步骤执行气门杆与气门导管之间的间隙检查操作。

表 11-3　本田 CR-V 轿车 2.4L 发动机气门杆与气门导管之间的间隙检查操作步骤

步　骤	操 作 方 法
1	拆下气门
2	把气门从气门导管中拉出约 10mm，然后按照图 11-12 所示，摇动气门杆
3	用百分表测量气门杆与气门导管之间的间隙

进气气门杆与气门导管之间的间隙
标准值（新）：0.06～0.11mm
维修极限：0.16mm
排气气门杆与气门导管之间的间隙
标准值（新）：0.11～0.16mm
维修极限：0.22mm

图 11-12　气门杆与气门导管之间的间隙

4．气门导管更换

以本田 CR-V 轿车 2.4L 发动机为例，按照表 11-4 的操作步骤执行气门导管更换操作。

表 11-4　本田 CR-V 轿车 2.4L 发动机气门导管更换操作步骤

步　骤	操 作 方 法
1	如图 11-13 所示，使用空气冲击式气门导管冲头，并对冲头进行改造，使冲头与气门导管直径相符
2	把新的气门导管放入冰箱冷冻室冷冻 1 小时
3	把气缸盖均匀加热，但不要超过 150℃，如图 11-14 所示
4	从凸轮轴侧开始，使用冲头和气手锤将气门导管冲入燃烧室内约 2mm
5	将气缸盖反转，朝气缸盖凸轮轴侧将气门导管冲出，如图 11-15 所示
6	根据需要，一次从冰箱冷冻室中取出一个气门导管
7	在新气门导管外面涂抹一层发动机机油，从气缸盖的凸轮轴侧安装气门导管，如图 11-16 所示，用气门导管冲头按照规范的气门导管安装高度将气门导管冲入，如果要装入全部 16 个气门导管，则需要重复加热气缸盖

续表

步　　骤	操 作 方 法
8	在气门导管铰刀和气门导管上涂抹切削油
9	将铰刀深入气门导管孔全长，沿顺时针方向铰孔，如图 11-17 所示
10	继续沿顺时针方向旋转铰刀，同时将铰刀从孔内拉出
11	使用去污剂和水彻底清洁气门导管，将切削残留去除干净
12	检查气门间隙，确认气门可以顺畅滑入进气门和排气门的气门导管而不卡滞

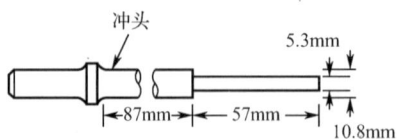

图 11-13　空气冲击式气门导管冲头

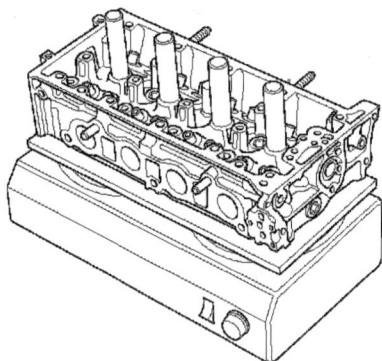

图 11-14　加热气缸盖

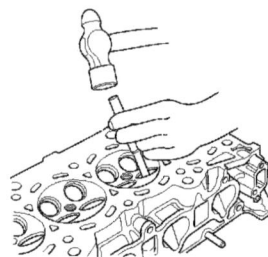

图 11-15　冲出气门导管

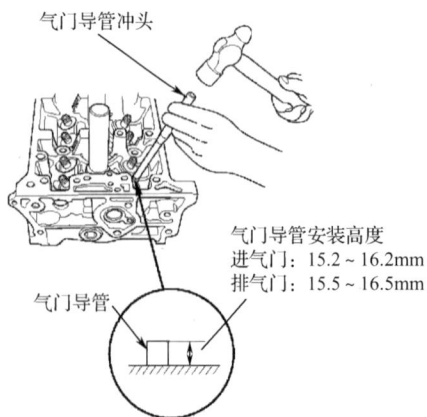

图 11-16　气门导管安装高度

图 11-17　用气门导管铰刀铰孔

5．气门座修整

气缸盖上与气门锥面相贴合的部位称为气门座。气门座温度很高，又要承受频率极高的冲击载荷，气门座的工作面会发生磨损或烧蚀，维修时要根据情况用气门座铰刀对气门座进行修整。以本田 CR-V 轿车 2.4L 发动机为例，按照表 11-5 的操作步骤执行气门座修复操作。

表 11-5　本田 CR-V 轿车 2.4L 发动机气门座修复操作步骤

步　骤	操　作　方　法
1	检查气门杆与气门导管之间的间隙，如果发现气门导管有磨损，应在切削气门座之前进行更换
2	如图 11-18 所示，用气门座铰刀修整气缸盖上的气门座
3	仔细切削出一个 45° 的座，只削去多余的材料，确保气门座光滑、同心
4	用 30° 铰刀铰出气门座上边缘，用 60° 铰刀对上下边缘进行倒角处理，角度如图 11-19 所示，检查气门座宽度：标准值为 1.25～1.55mm；维修极限为 2.0mm
5	使用 45° 铰刀，再次轻微切削一次，将毛刺去掉
6	气门座修整后，检查其表面是否平整：用普鲁士蓝涂抹到气门面上，把气门插入气缸盖原来的位置，然后提起并多次将其快速移向气门座
7	如图 11-20 所示，涂抹普鲁士蓝的气门实际贴合面应在气门座的中央
8	把进气门和排气门插入气缸盖，测量气门杆安装高度，如图 11-21 所示
9	如果气门杆安装高度超出维修极限，则应更换气门并重新检查；如果仍然超出维修极限，则应更换气缸盖

图 11-18　用气门座铰刀修整气门座

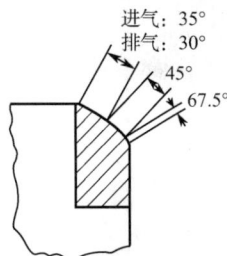

图 11-19　上下边缘倒角

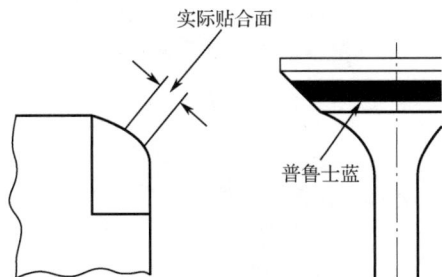

图 11-20　普鲁士蓝涂抹位置及实际贴合面识别

图 11-21　测量气门杆安装高度

第十二天　气门传动组

1. 了解气门传动组的组成和各组成部件的功能。
2. 了解气门传动组部件的维修。

知识准备

一、气门传动组的功能

气门传动组的主要功能就是使进气门和排气门按照配气相位规定的时刻进行开启和关闭，并保证气门有足够的开度。

二、气门传动组的组成

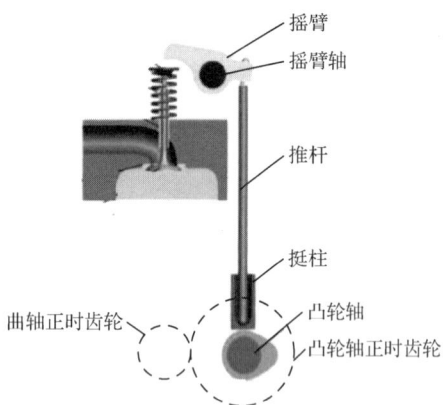

图 12-1　气门传动组的组成

由于发动机气门驱动形式和凸轮轴位置的不同，气门传动组的组成有很大的差异。主要部件包括正时齿轮（或正时链轮和链条，或正时带轮和正时齿带）、凸轮轴、挺柱、推杆、摇臂轴和摇臂等，如图 12-1 所示。

三、气门传动组部件功能说明

1. 凸轮轴

凸轮轴用来驱动和控制各个气缸气门的开启和关闭，使其符合发动机的配气要求。有些汽油发动机还使用凸轮轴来驱动汽油泵、机油泵和分电器。凸轮轴一般采用优质钢、合金铸铁或球墨铸铁制造而成。典型凸轮轴的结构如图 12-2 所示。

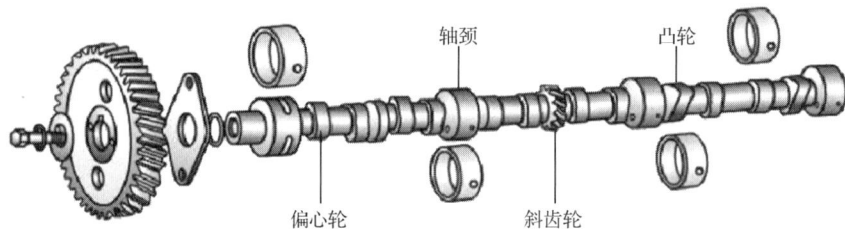

图 12-2　典型凸轮轴的结构

凸轮轴的传动方式有齿轮传动、链条传动、齿形带传动等方式，如图 12-3 所示。

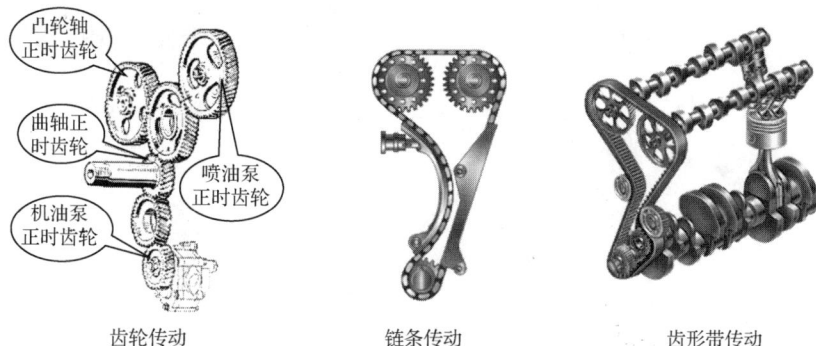

图 12-3　凸轮轴传动方式

2．挺柱

挺柱的作用是把凸轮轴上的凸轮的推力传递给推杆或气门。挺柱工作时，其底面与凸轮接触，由于接触面积小，接触应力较大，因此挺柱的工作面应耐摩擦并给予良好的润滑。挺柱的制造材料有碳钢、合金钢、镍铬合金铸铁和冷激合金铸铁等。挺柱分为两种类型，机械挺柱和液压挺柱。机械挺柱的类型如图 12-4 所示，液压挺柱结构如图 12-5 所示。机械挺柱质量轻，结构简单，在中小型发动机上采用比较广泛；而液压挺柱与机械挺柱相比，可以自动调节挺柱的长度，补偿传动零件的间隙，可以有效减少各个零件的冲击载荷噪声和磨损，广泛适用于高转速汽油发动机，所以配备液压挺柱的发动机不用预留气门间隙。但液压挺柱结构复杂，加工精度高，磨损后无法调整，只能更换新的液压挺柱。

菌形	气门侧置式	
筒形	气门顶置式	
滚轮式	减小摩擦所造成的对挺柱的侧向力。多用于大缸径柴油机	

图 12-4　机械挺柱

液压挺柱　　　　　　　　　　　　液压挺柱结构

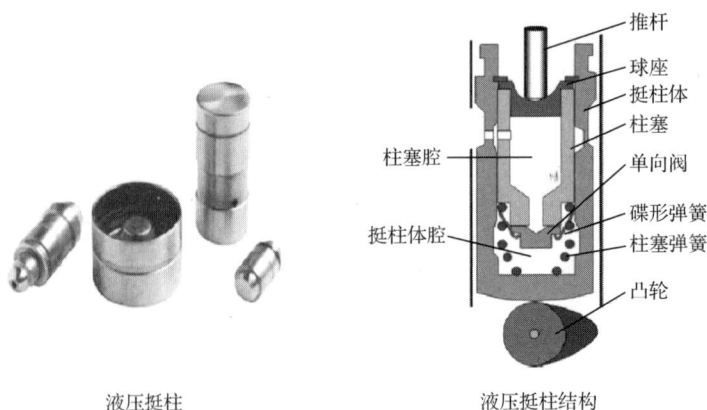

图 12-5　液压挺柱

3. 推杆

推杆如图 12-6 所示。它的功能是把挺柱传递来的推力传给摇臂。推杆一般采用无缝钢管制成，推杆的上下两端焊接和压配有形状不同的端头，下端头通常是圆球形，以便与挺柱的凹球形支座相适应；上端头一般采用凹球形，推杆的上下端头均经过热处理并磨光，来提高其耐磨损性能。

4. 摇臂和摇臂轴

摇臂是上置式气门的驱动部件，摇臂的作用是将推杆（或凸轮）传来的力，改变方向作用于气门端面，使气门开启和关闭。

摇臂轴的作用是支撑摇臂。摇臂和摇臂轴如图 12-7 所示。

图 12-6　推杆

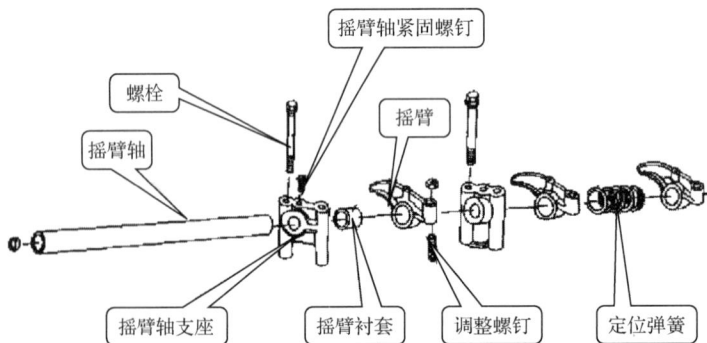

图 12-7　摇臂和摇臂轴

 实际操作

一、检查凸轮轴凸轮高度

通过测量凸轮轴的凸轮高度，将测量值与维修手册上的规范值进行核对，即可得知凸轮是否磨损过度。如果磨损超过允许范围，则应更换凸轮轴。以铃木超级维特拉轿车为例，应按照图 12-8 所示的测量方法用外径千分尺对凸轮轴的凸轮高度执行测量。

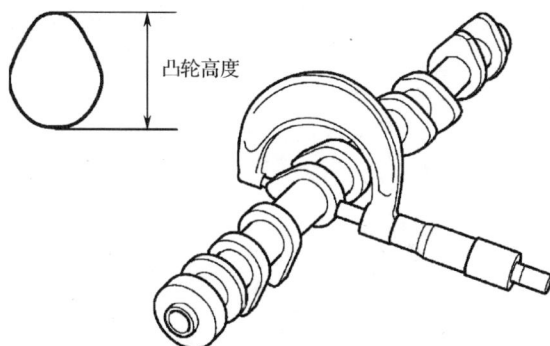

图 12-8　测量凸轮轴凸轮高度

二、凸轮轴轴向间隙检查

凸轮轴的轴向间隙必须保持在规范值内，如果测量中发现轴向间隙超出规范值，就必须更换凸轮轴止推盖（见图 12-9）并重新检查；如果仍然超出规范范围，则必须更换凸轮轴。以本田雅阁轿车 2.0L 发动机为例：测量时用百分表顶着凸轮轴端部，将百分表调零，前后推动凸轮轴，读取百分表测量的轴向间隙，如图 12-10 所示。

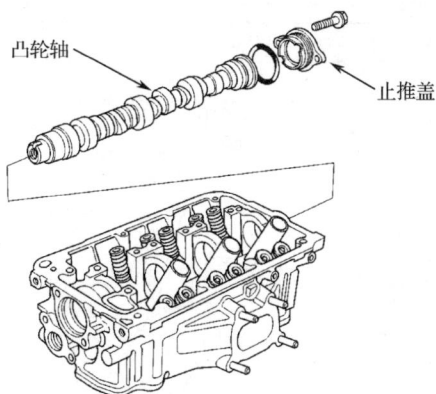

标准（新）：0.05 ~ 0.20mm
使用极限：0.20mm

图 12-9　本田雅阁轿车 2.0L 发动机
凸轮轴和止推盖识别

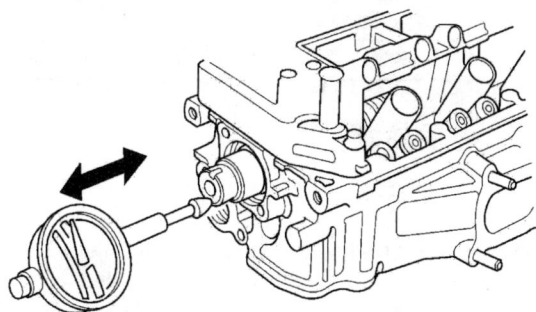

图 12-10　检查凸轮轴的轴向间隙

三、测量凸轮轴全跳动

凸轮轴全跳动量必须保持在规范范围内，如果测量时发现超出规范值，说明凸轮轴已经弯曲，应更换凸轮轴。以本田雅阁轿车 2.0L 发动机为例，将凸轮轴放置在 V 形块上转动，用百分表执行测量，如图 12-11 所示。

四、凸轮轴轴颈油膜间隙检查

以本田雅阁轿车 2.4L 发动机为例，按照表 12-1 的操作步骤执行凸轮轴轴颈油膜间隙检查。

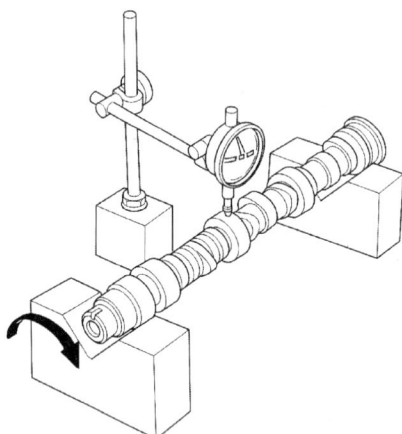

标准（新）：0.03mm（最大）
使用极限：0.04mm

图 12-11　本田雅阁轿车 2.0L 发动机凸轮轴全跳动量检查

表 12-1　本田雅阁轿车 2.4L 发动机凸轮轴轴颈油膜间隙检查操作步骤

步　　骤	操 作 方 法
1	以交叉方式松开凸轮轴支架螺栓，每次松开 2 圈，然后将凸轮轴支架从发动机气缸盖上拆下
2	把凸轮轴从气缸盖中提出，将其清洗干净，检查凸轮，如果发现有凹陷、刮痕或过度磨损，应更换凸轮轴
3	清洁气缸盖中的凸轮轴轴颈表面，然后把凸轮轴放回原位，在每个轴颈上放置一条塑料间隙规，如图 12-12 所示
4	安装凸轮轴支架并将紧固螺栓紧固至规范扭矩
5	拆卸凸轮轴支架，测量每个轴颈上塑料间隙规的最宽部分

五、挺柱的检测

如图 12-13 所示，目视检查机械挺柱工作面是否有裂纹、剥落或磨损条痕，如果有，则应更换新的挺柱。

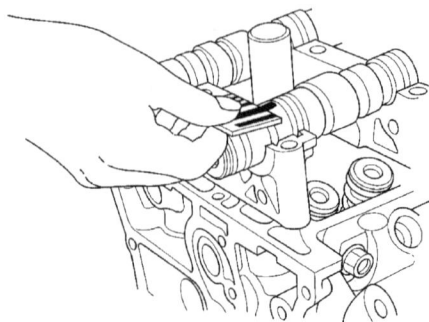

凸轮轴轴颈油膜间隙
标准（新）：
1号轴颈：0.030～0.069mm
2、3、4、5号轴颈：0.060～0.099mm
使用极限：0.15mm

图 12-12　放置塑料间隙规

裂纹

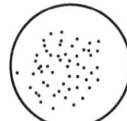

剥落

条痕

图 12-13　挺柱常见损伤

六、摇臂和摇臂轴检查

以本田 CR-V 轿车 2.4L 发动机为例，按照表 12-2 的操作步骤执行摇臂和摇臂轴检查。

表 12-2　CR-V 轿车 2.4L 发动机气门摇臂和摇臂轴检查操作步骤

步　骤	操 作 方 法
1	拆卸摇臂总成
2	分解摇臂总成
3	如图 12-14 所示，测量第一个摇臂轴的直径
4	如图 12-15 所示，把百分表调零成摇臂轴直径值
5	如图 12-16 所示，测量摇臂轴的内径
6	摇臂与轴之间的间隙规范为：进气摇臂与摇臂轴之间应为 0.025～0.052mm；排气摇臂与摇臂轴之间应为 0.018～0.056mm；维修极限值为 0.08mm
7	如图 12-17 所示，检查摇臂活塞，用手按压活塞，如果感觉活塞动作不顺畅，应更换摇臂
8	安装摇臂总成

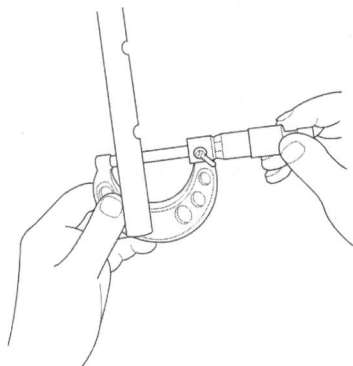

图 12-14　测量第一个摇臂轴的直径

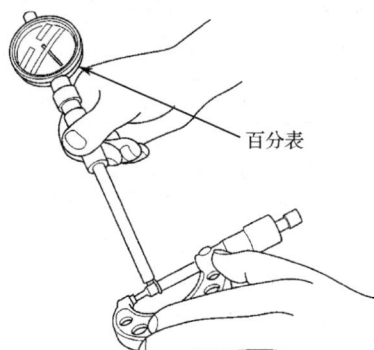

图 12-15　把百分表调零成摇臂轴直径值

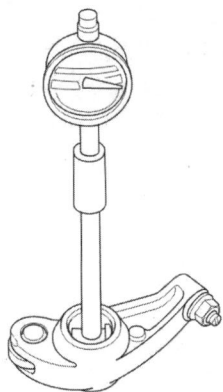

图 12-16　测量摇臂轴内径

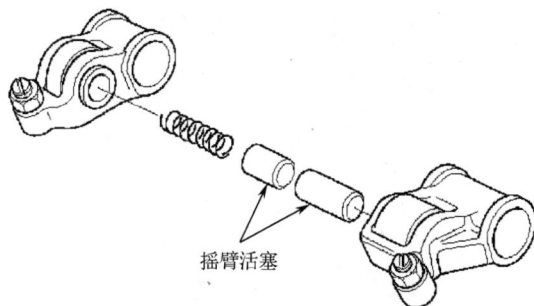

图 12-17　摇臂活塞识别

七、摇臂总成拆卸与安装

以本田雅阁轿车 2.4L 发动机为例，摇臂总成拆卸和安装操作步骤如表 12-3 所示。

表 12-3 本田雅阁轿车 2.4L 发动机摇臂总成拆卸和安装操作步骤

拆　卸	
步　骤	操 作 方 法
1	拆卸凸轮链条
2	如图 12-18 所示，松开摇臂调节螺钉
3	按照图 12-19 所示的螺栓松开顺序，拆卸凸轮轴支架螺栓
4	如图 12-20 所示，拆卸链条导板、凸轮轴支架和凸轮轴
5	如图 12-21 所示，把螺栓插入摇臂轴支架，拆卸摇臂总成
安　装	
步　骤	操 作 方 法
1	如图 12-22 所示，在摇臂轴支架的气缸盖配合面上均匀涂抹液体密封胶，涂抹完毕后应在 5min 内安装部件，否则会影响密封效果
2	如图 12-21 所示，把螺栓插入摇臂轴支架，然后把摇臂总成安装到气缸盖上
3	把凸轮轴放入凸轮轴支架内，在凸轮轴轴颈和凸轮上涂抹发动机机油
4	把凸轮轴支架和链条导板安装到位
5	按照图 12-23 所示紧固顺序将螺栓紧固到规范扭矩：8×1.25mm 螺栓应紧固至 22N·m；6×1.0mm 螺栓应紧固至 12N·m

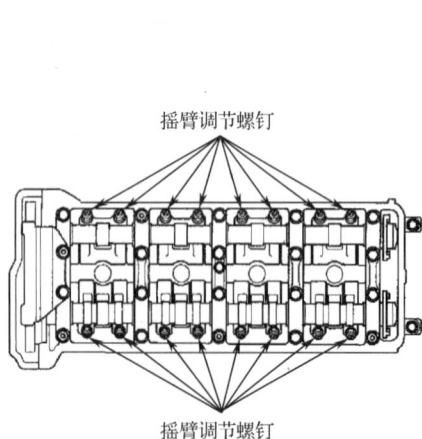

图 12-18 摇臂调节螺钉识别

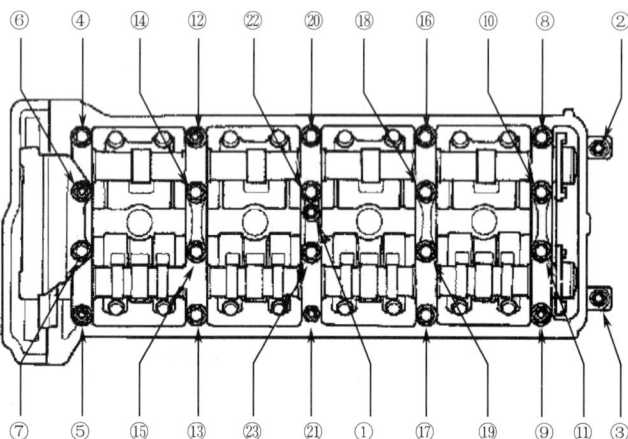

图 12-19 凸轮轴支架螺栓松开顺序

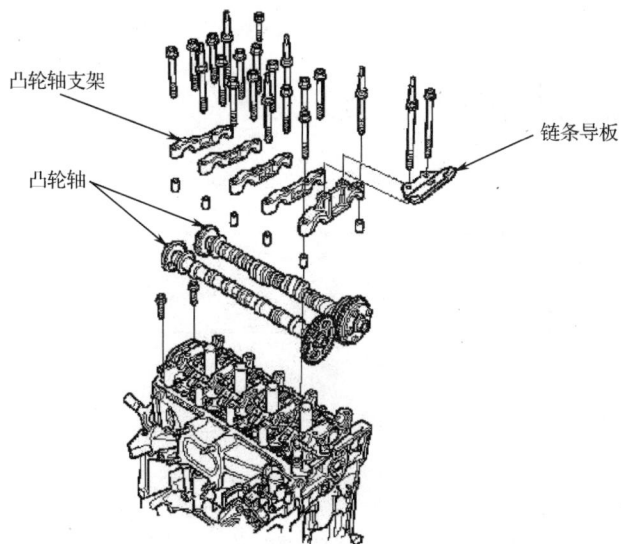

图 12-20　链条导板、凸轮轴支架和凸轮轴识别

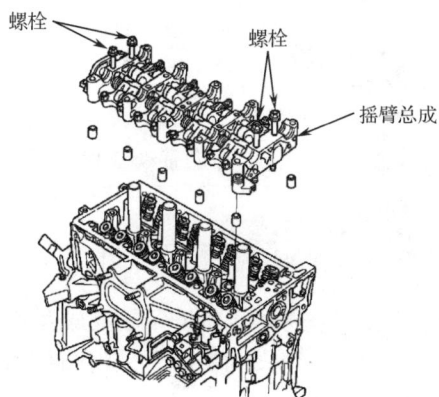

图 12-21　螺栓和摇臂总成识别

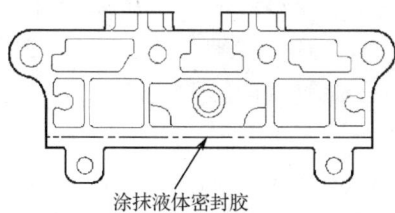

图 12-22　涂抹液体密封胶

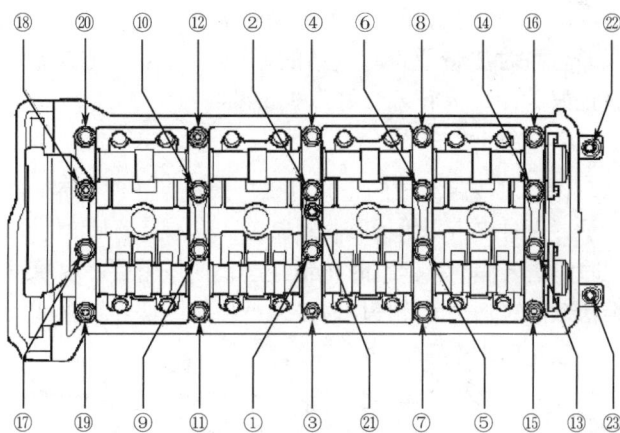

图 12-23　螺栓紧固顺序

第十三天　正时皮带和正时链条

任务目标

1. 了解发动机正时皮带和正时链条的组成及功能。
2. 了解正时皮带和正时链条拆卸、检查和安装的操作方法。

知识准备

正时皮带和正时链条的组成及功能：

现代汽车发动机广泛采用凸轮轴顶置设计，因此凸轮轴的驱动方式一般均采用正时皮带或正时链条。正时皮带（也称正时齿形带）和正时链条均属于气门传动组的组成部件，发动机曲轴是通过正时皮带或正时链条来驱动凸轮轴转动的。当发动机运转时，活塞的行程（上下运动），气门的开启、关闭和点火顺序均要在正时皮带或正时链条的作用下保持同步运转，即通过正时皮带或正时链条的作用，让各个气缸正好做到：当活塞向上运行到上止点时，气门正好关闭，火花塞正好点火。

1. 正时皮带

由正时皮带组成的正时机构一般包括正时皮带、凸轮轴皮带轮和曲轴皮带轮等，如图 13-1 所示。正时皮带采用橡胶材料制成，具有运行噪声小、制造成本低，自身变化量小且易于补偿，同时不需要润滑，但正时皮带经过长期使用后，容易发生橡胶材料硬化、龟裂、剥离、脱离或纤维松散等缺陷，因此使用时必须严格按照保养期限或行驶里程及时更换新的正时皮带。

2. 正时链条

正时链条机构由正时链条、曲轴链轮、凸轮轴链轮、正时链条导轨和正时链条张紧器等组成，如图 13-2 所示。正时链条运转时由于离心力的作用会使链条产生外张的趋势，因此采用链条导轨和链条张紧器来克服离心力的影响。正时链条制造成本高，运转精度好，耐用性远超正时皮带。

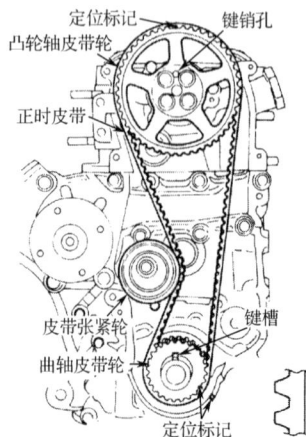

图 13-1　正时皮带的组成

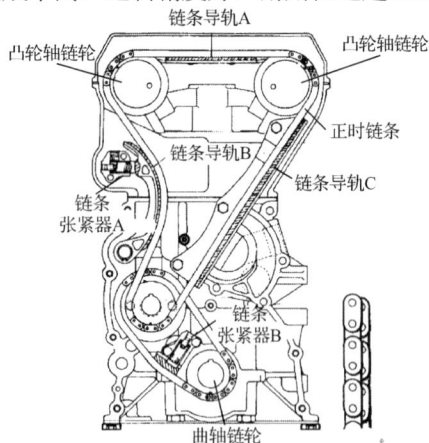

图 13-2　正时链条的组成

一、正时皮带拆装

汽车在使用过程中必须根据行驶里程间隔对发动机的正时皮带或正时链条进行检查、更换和正时校准操作。由于轿车种类繁多，造成正时皮带或正时链条的拆装方法和校准方法各不相同，因此该维修项目维修工应熟练掌握。

以讴歌 MDX 轿车 3.7L 发动机为例。

1．讴歌 MDX 轿车 3.7L V6 发动机正时皮带拆卸步骤

（1）转动曲轴，使白色标记 A 与指针 B 对齐（见图 13-3）。

（2）检查凸轮轴皮带轮上的 1 缸上止点标记 A 是否与正时皮带前罩上的指针 B 对齐（见图 13-4）。

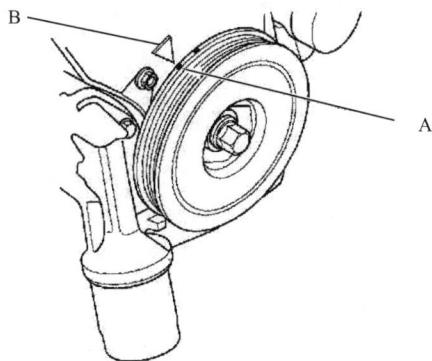

图 13-3　白色标记 A 与指针 B 对齐　　　　图 13-4　上止点标记 A 与指针 B 对齐

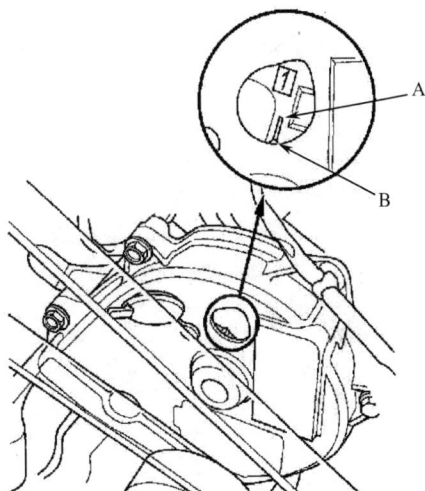

（3）如图 13-5 所示，记清发动机传动皮带的盘绕路径，以便重新安装。

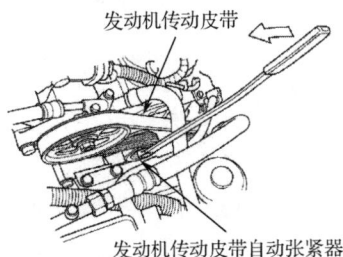

（4）如图 13-6 所示，拆卸发动机传动皮带和传动皮带自动张紧器。

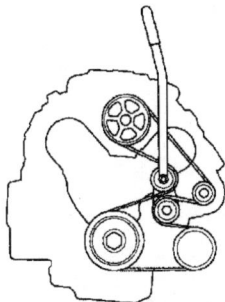

图 13-5　发动机传动皮带盘绕路径　　　　图 13-6　拆卸发动机传动皮带和自动张紧器

（5）为便于拆卸发动机侧支架，可在油底壳处垫上木块，然后用千斤顶把发动机撑起。

（6）把接地线 A 从发动机侧安装支架 B 上拆下（见图 13-7），然后拆下发动机侧安装支架的上半部分。

（7）拆卸正时皮带前部上盖 A 和后部上盖 B（见图 13-8）。

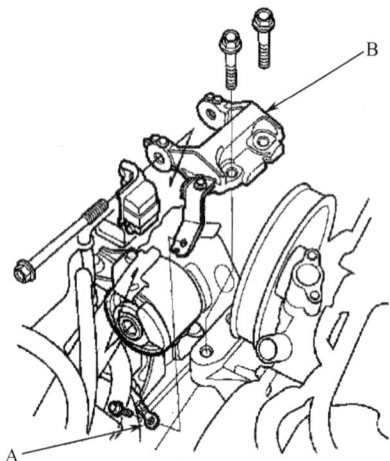

图 13-7　拆下接地线 A 和发动机侧安装支架 B 的上半部分

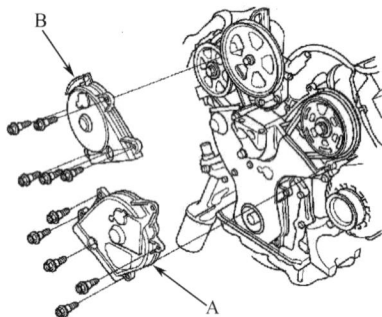

图 13-8　正时皮带前部上盖 A 和后部上盖 B

（8）举升车辆，拆卸右前车轮。

（9）如图 13-9 所示，拆卸挡泥板。

（10）拆卸曲轴皮带轮。

（11）拆卸下盖（见图 13-10）。

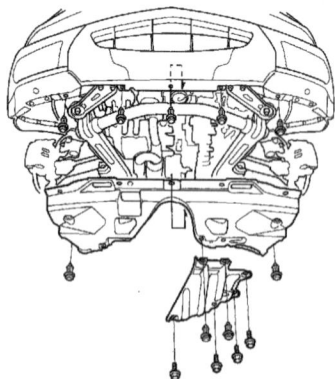

图 13-9　拆卸挡泥板

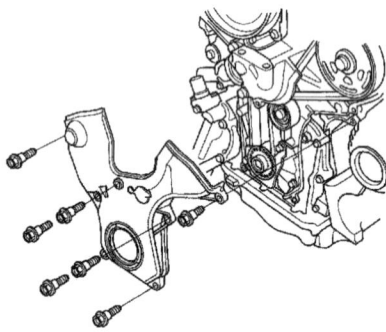

图 13-10　拆卸下盖

（12）如图 13-11 所示，找一只从蓄电池支架上拆下的螺栓，把螺栓的一端打磨成尖头。

（13）如图 13-12 所示，用打磨好的螺栓把正时皮带调节器固定好，并用手把螺栓拧紧。

（14）如图 13-13 所示，拆卸正时皮带导板。

（15）如图 13-14 所示，拆卸发动机侧面安装支架的下半部分。

（16）如图 13-15 所示，拆卸惰轮螺栓 A 和惰轮 B，然后拆下正时皮带。惰轮螺栓是一次性使用的，因此拆下惰轮螺栓后即可废弃不用。

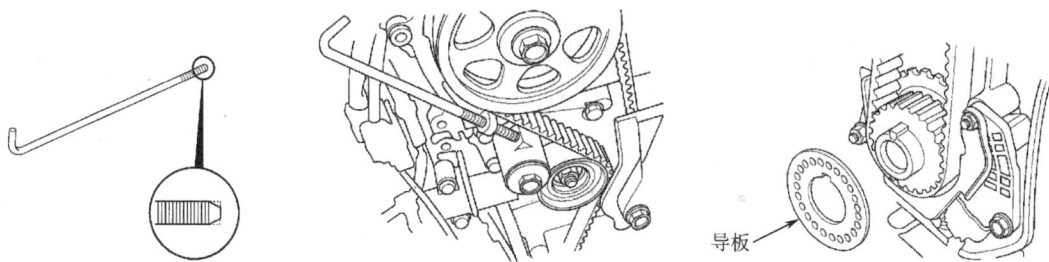

图 13-11　将螺栓打磨成尖头　图 13-12　用螺栓固定正时皮带调节器　图 13-13　拆卸正时皮带导板

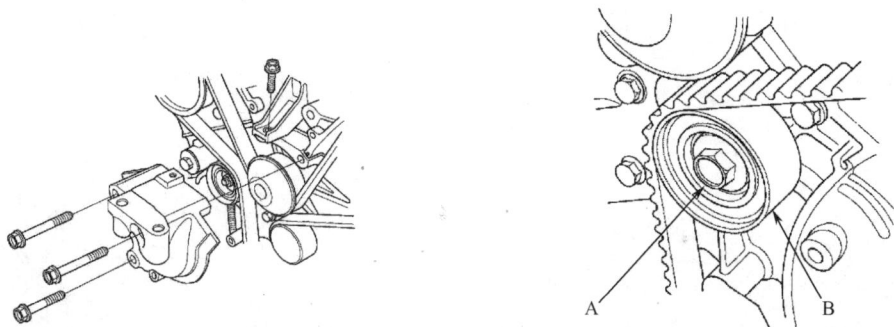

导板

图 13-14　拆卸发动机侧面安装支架的下半部分　　图 13-15　拆卸惰轮螺栓 A 和惰轮 B

2. 讴歌 MDX 轿车 3.7L V6 发动机正时皮带安装步骤

（1）把正时皮带轮、正时皮带导板以及正时皮带上盖和下盖擦拭干净。

（2）如图 13-16 所示，转动正时皮带驱动轮，使驱动轮上的标记 A 与机油盘上的指针 B 对齐。

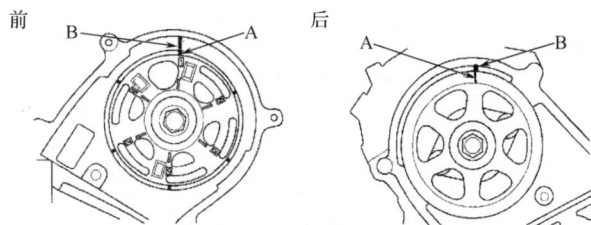

（3）如图 13-17 所示，把凸轮轴带轮上的标记 A 对准后盖上的指针 B，使凸轮轴带轮设置到上止点位置。

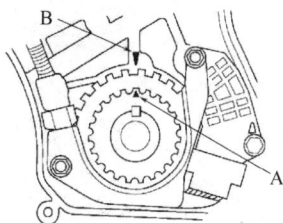

图 13-16　驱动轮标记 A 与指针 B 对齐　　图 13-17　凸轮轴带轮标记 A 对准后盖指针 B

（4）用新的惰轮螺栓把惰轮安装好（先不要把螺栓拧紧），使惰轮能够移动但不会脱落。

（5）如图 13-18 所示，从驱动轮开始，沿逆时针方向安装正时皮带。

（6）如图 13-19 所示，把惰轮螺栓紧固至 45N·m。

（7）如图 13-20 所示，从后盖上把固定正时皮带调节器的螺栓取下。

（8）如图 13-21 所示，安装发动机侧支架下半部分。

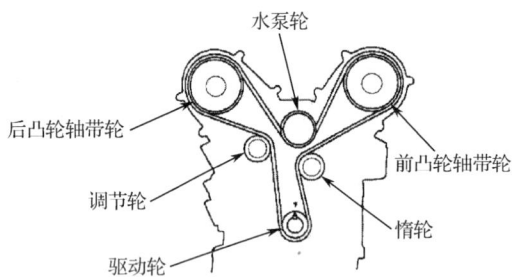

图 13-18　安装正时皮带

图中标注：水泵轮、后凸轮轴带轮、调节轮、驱动轮、前凸轮轴带轮、惰轮

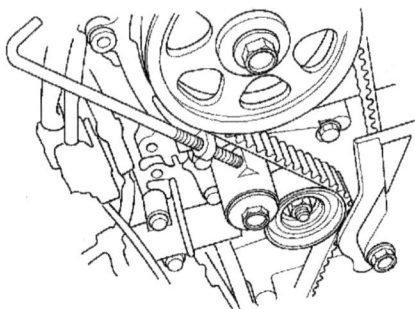

10×1.25 mm
45 N·m

图 13-19　紧固惰轮螺栓

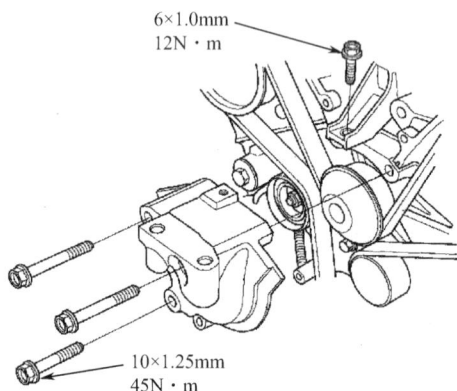

图 13-20　取下螺栓

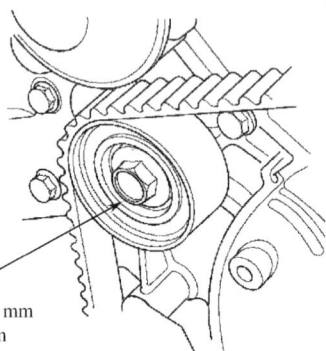

6×1.0mm
12N·m

10×1.25mm
45N·m

图 13-21　安装发动机侧支架下半部分

（9）如图 13-22 所示，安装正时皮带导盘。

（10）如图 13-23 所示，安装下盖。

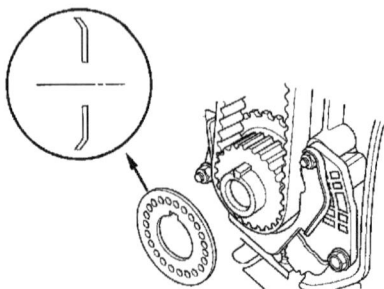

图 13-22　安装正时皮带导盘

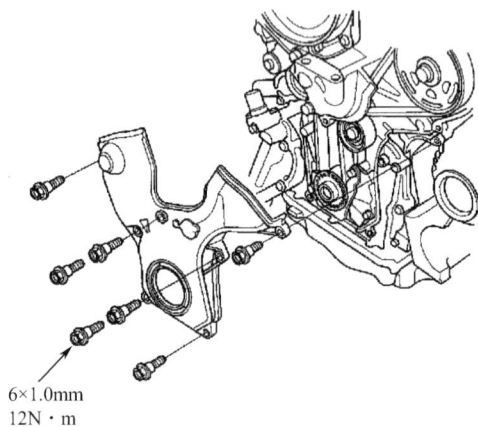

6×1.0mm
12N·m

图 13-23　安装下盖

（11）如图 13-24 所示，安装前部上盖 A 和后部上盖 B。

（12）安装曲轴带轮。

（13）顺时针转动曲轴带轮 5~6 圈，使正时皮带在曲轴带轮上就位。

（14）如图 13-25 所示，转动曲轴带轮，使白色的标记 A 与指针 B 对齐。

6×1.0mm
12N·m

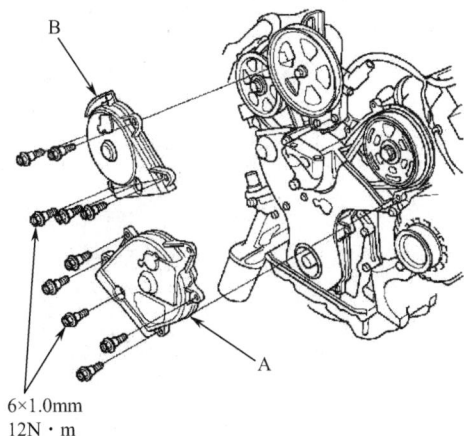

图 13-24　安装前部上盖 A 和后部上盖 B

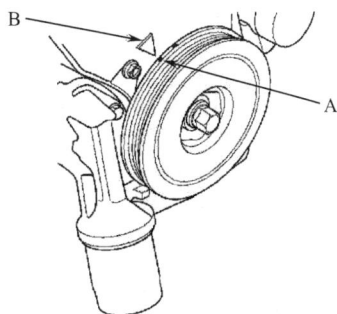

图 13-25　白色标记 A 与指针 B 对齐

（15）如图 13-26 所示，检查凸轮轴带轮上的标记，确认标记已设置在上止点位置。

（16）安装发动机侧面安装支架的上半部分，换装新的安装螺栓 A 并紧固，然后紧固阻尼器的安装螺栓 B（见图 13-27）。

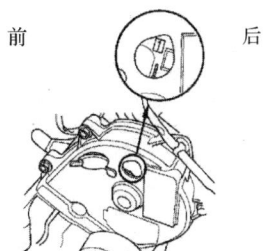

（17）安装接地线 C（见图 13-27）。

换用新螺栓　A
10×1.25mm
44N·m

B
12×1.25mm
54N·m

6×1.0mm
12N·m

C

前　　　后

图 13-26　检查凸轮轴带轮标记

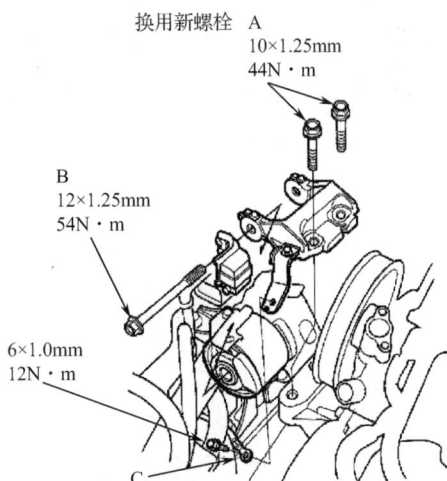

图 13-27　安装发动机侧面安装支架，紧固螺栓并安装接地线 C

（18）安装发动机传动皮带自动张紧器。

（19）安装发动机传动皮带。

（20）如图 13-28 所示，安装挡泥板。

（21）安装右前车轮。

（22）执行曲轴位置学习程序。

① 将故障诊断仪连接到故障诊断连接器上，如图 13-29 所示。

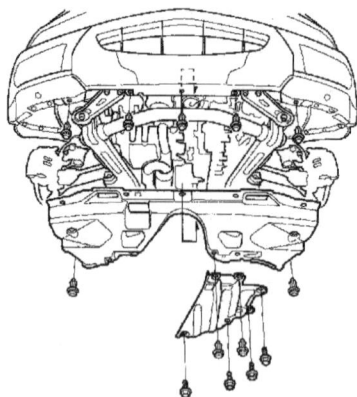

图 13-28　安装挡泥板

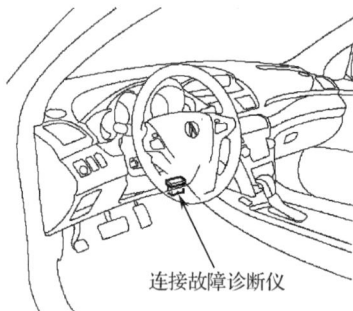

连接故障诊断仪

图 13-29　连接故障诊断仪

② 将点火开关设置到 ON 位置。

③ 在故障诊断仪上的检测项目选项菜单中选择 "CRANK PATTERN LEARNING" 项目，执行操作。

二、正时链条拆装（以纳智捷 7 轿车为例）

1. 纳智捷 7 轿车正时链条拆卸操作步骤

（1）转动曲轴，使 1 缸活塞到达压缩行程上止点位置。

（2）确认凸轮轴链轮上的正时记号位置符合图 13-30 所示的规范位置。

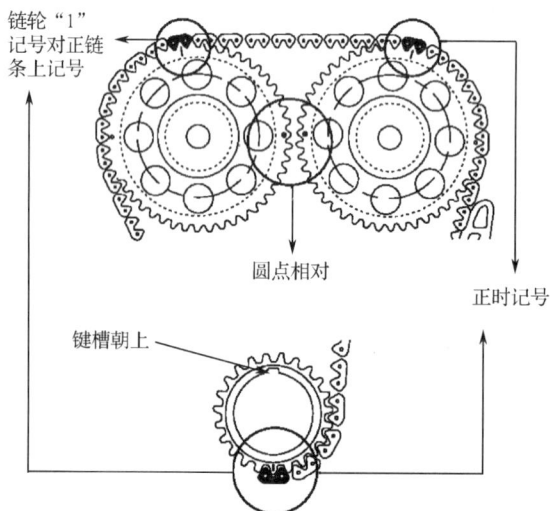

链轮 "1"
记号对正链
条上记号

圆点相对

正时记号

键槽朝上

图 13-30　凸轮轴链轮正时记号

（3）把链条张紧器柱塞端往内推入，插入直径为 0.75mm 的止动销。

（4）如图 13-31 所示，拆卸正时链条张紧器。

（5）如图 13-32 所示，拆卸正时链条导轨（松弛侧）。

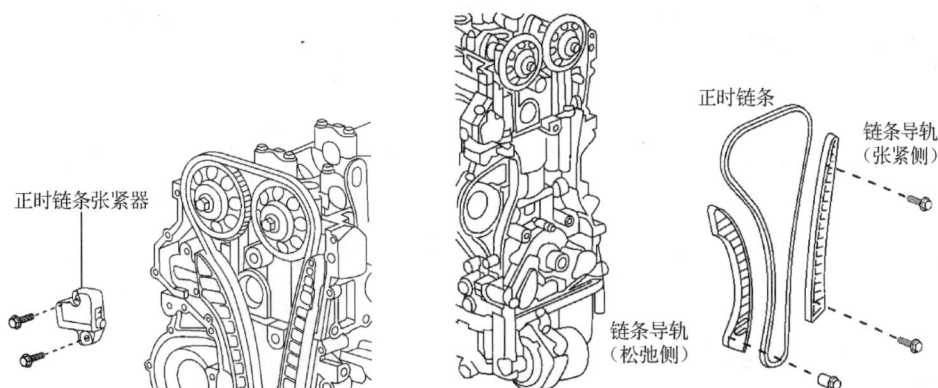

图 13-31 拆卸正时链条张紧器　　　图 13-32 正时链条导轨识别

（6）如图 13-32 所示，拆卸正时链条导轨（张紧侧）。

（7）拆卸正时链条。

2．纳智捷 7 轿车正时链条安装操作步骤

（1）顶开链条张紧器上的单向止挡，把链条张紧器柱塞端往内推入，把直径为 0.75mm 的止动插销插入固定。

（2）如图 13-33 所示，把链条张紧器安装到气缸体上。把张紧器螺栓紧固至 8～10N·m。

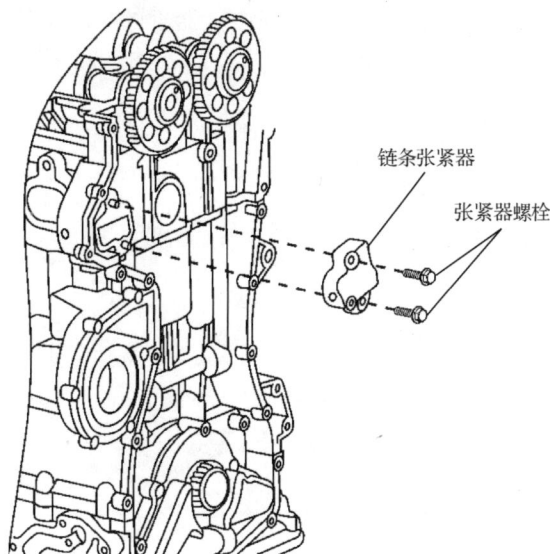

图 13-33 安装链条张紧器

（3）转动凸轮轴，使凸轮轴的正时记号朝上，且进气、排气凸轮轴链轮上的圆点相对，如图 13-30 所示。

（4）转动曲轴，使曲轴链轮键槽记号朝上。

（5）安装正时链条并对准正时记号，如图 13-30 所示。

（6）如图 13-34 所示，把正时链条导轨（张紧侧）安装到气缸体上，螺栓紧固至 8～10N·m。

（7）如图 13-35 所示，把正时链条导轨（松弛侧）安装到气缸体上，螺栓紧固至 8～10N·m。

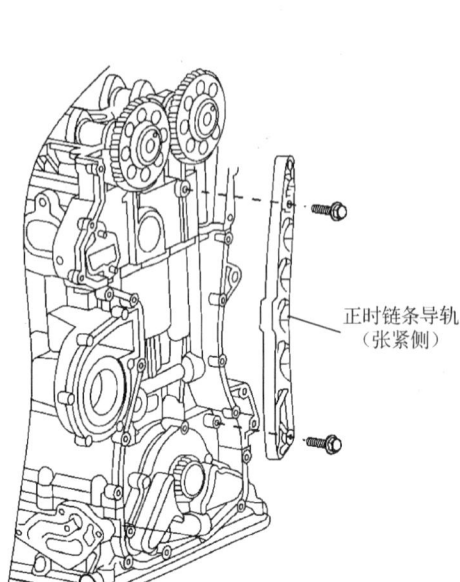
正时链条导轨
（张紧侧）

图 13-34　安装正时链条导轨（张紧侧）

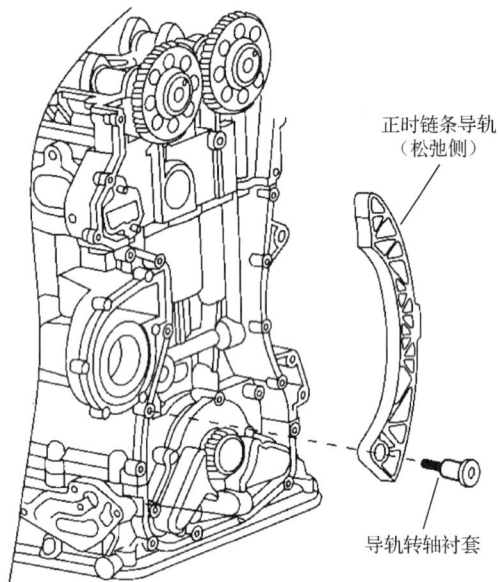
正时链条导轨
（松弛侧）

导轨转轴衬套

图 13-35　安装正时链条导轨（松弛侧）

（8）确认各个正时记号全部对齐后，把插在张紧器上的止动销拔出。

第十四天　发动机冷却系统

任务目标

1. 了解发动机冷却系统的功能和工作过程。
2. 了解发动机冷却系统的组成。
3. 了解发动机冷却系统常见的维修项目。

知识准备

一、发动机冷却系统的功能和工作原理

1. 发动机冷却系统功能

发动机在工作时，可燃混合气在发动机气缸内燃烧做功，产生大量的热，最高温度会达到 2000℃ 以上，如果气缸、气缸盖、活塞、气门及其他相关部件的温度高于安全标准，则这些部件就会因受热过度而损坏。因此发动机冷却系统的作用就是把发动机冷却液循环流动到这些部件上，将受热部件的温度保持在可以接受的程度，防止部件过热损坏。

2. 发动机冷却系统工作原理

发动机的气缸被冷却水套包裹。气缸内混合气燃烧产生的热量通过气缸壁传导至在冷却水套内流动的冷却液，冷却液吸收热量后流入散热器，被通过散热叶片的空气冷却，然后冷却液重新在发动机内循环。一些受热的冷却液在流向散热器的过程中，流进空调系统的加热器芯，使汽车乘客舱保持温暖。

二、发动机冷却系统的组成与功能说明

1. 组成部件

发动机冷却系统由散热器、散热器盖、冷却风扇、储液罐、水泵、节温器等组成，如图 14-1 所示。

2. 部件功能说明

（1）水泵

水泵安装在发动机上，如图 14-2 所示，通过正时皮带与发动机曲轴连接。发动机工作时，曲轴通过正时皮带即可驱动水泵叶轮对发动机冷却液实施加压，使冷却液在冷却系统内加速循环流动。水泵用铝合金制造，也有用树脂制造的。

（2）散热器

散热器结构如图 14-3 所示。散热器主要由上水箱、下水箱和散热器芯构成。发动机冷却液从发动机流入上水箱，然后流经散热器芯至下水箱，冷却液在下水箱重新返回发动机。流

经散热器的冷却液被外来空气冷却。散热器上配备有散热器盖，其工作原理如图 14-4 所示。

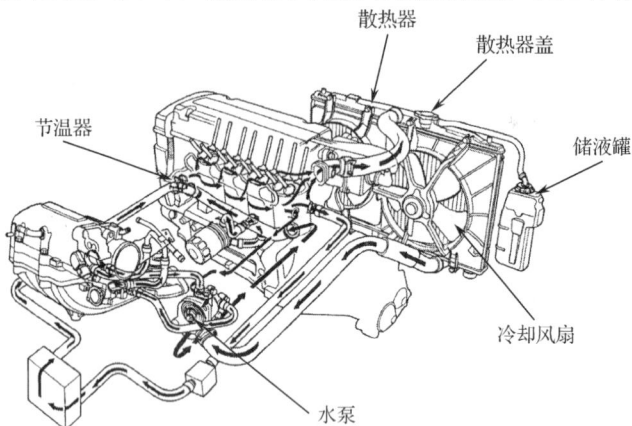

图 14-1　发动机冷却系统的组成

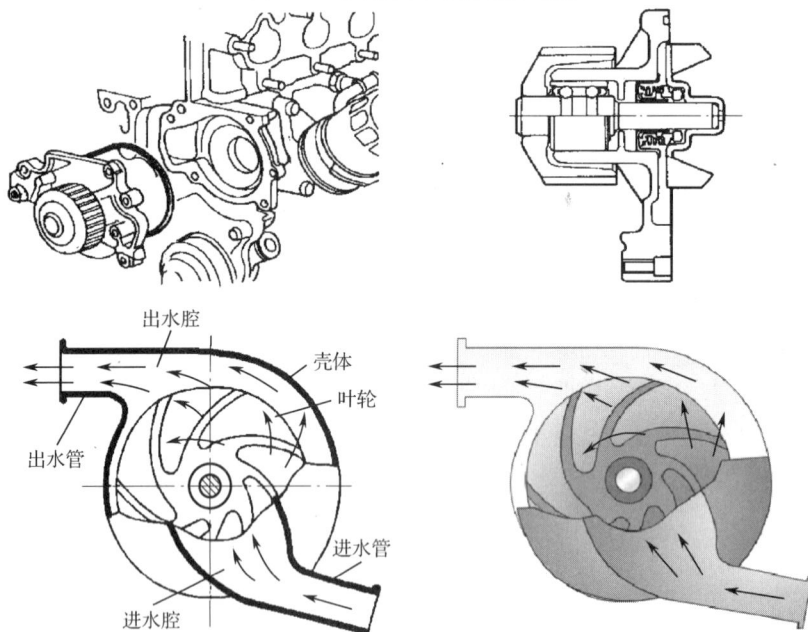

图 14-2　水泵安装位置与构造

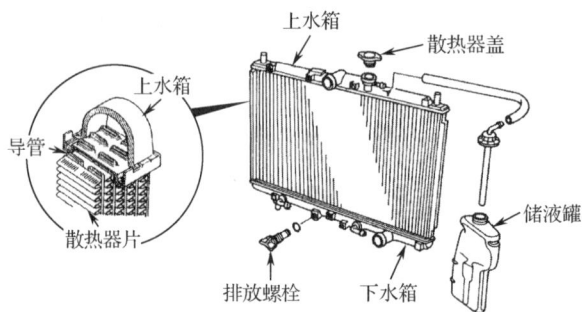

图 14-3　散热器结构

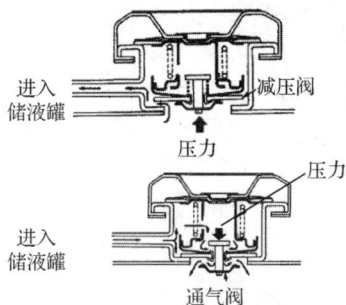

发动机运转时，如果系统内的压力增加到超过预定压力时，减压阀开启，释放压力。
发动机停止运转时，压力逐渐降低。如不控制压力，降低的压力会在冷却系统内产生真空，导致散热器变形。这时，通气阀开启，进行必要的控制。

图 14-4　散热器盖工作原理

散热器连接有冷却液储液罐。冷却液储液罐的功能如图 14-5 所示。

（3）冷却风扇

冷却风扇一般安装在散热器上，如图 14-6 所示。现代轿车广泛采用电动冷却风扇，可根据发动机不同的工况和使用条件，调节发动机的散热能力。当发动机负荷很大、需要增强冷却能力时，电动冷却风扇会切换到高速运转状态，使尽可能多的空气通过散热器进行散热冷却；当发动机负荷较低时，冷却风扇会切换到低速运转状态。

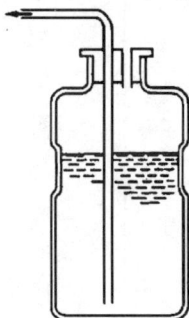

● 作用是调节冷却系统内的冷却液流量。
● 当散热器盖的减压阀开启时，冷却液将以气体的形式释放至储液罐。
● 如果通气阀开启，冷却液将被真空吸回散热器。
● 储液罐由塑料制成，从外部就可以检查出冷却液的液位。

图 14-5　冷却液储液罐的功能

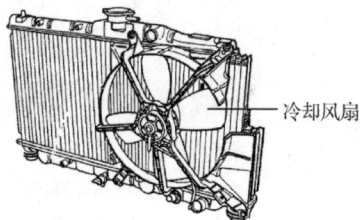

冷却风扇

图 14-6　冷却风扇

（4）节温器

节温器通常安装在发动机冷却液的进口或出口位置，可以自动把冷却液保持在某一温度，为了使发动机发挥最佳性能，理想的发动机冷却液温度是 80～90℃。为了保持合适的温度，当汽车发动机冷却液温度较低时，为了使发动机迅速加热，冷却液就停止在散热器中循环。只有当发动机冷却液温度升高了，才开始在散热器中循环。节温器的作用就是通过改变散热器中冷却液的循环流量来使发动机冷却液温度保持在合适的范围。节温器构造如图 14-7 所示。当发动机冷却液温度较低时，节温器关闭，阻断了发动机冷却液流入散热器的通道，使得冷却液只在气缸和气缸盖的冷却水套中流动；随着发动机运行，冷却液温度不断升高，节温器中的蜡球受热融化，体积膨胀，产生的压力推动芯轴活塞，芯轴活塞克服弹簧的弹力，打开阀门，冷却液得以流入散热器，如图 14-8 所示。

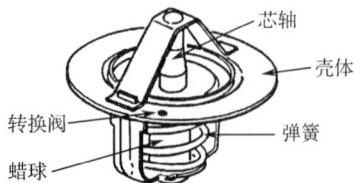

图 14-7 节温器构造

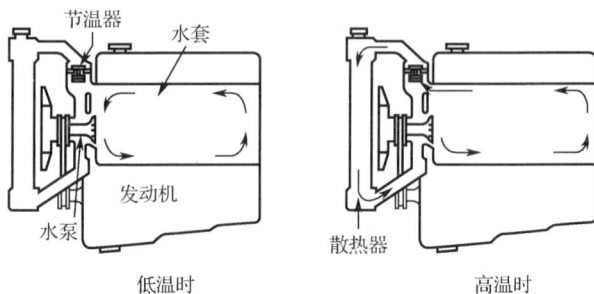

图 14-8 节温器对冷却液循环流量的控制

实际操作

1. 散热器检测

以本田飞度轿车为例，按照表 14-1 的操作步骤执行散热器检测操作。

表 14-1 本田飞度发动机散热器检测操作

步　　骤	操　作　方　法
1	检测散热器时，发动机必须处于冷机状态，先拆下散热器盖，确认发动机冷却液高度位于散热器冷却液加注口颈部，然后按照图 14-9 所示，安装压力测试器
2	用压力测试器施加 93～123kPa 的压力
3	检查是否有压力下降现象
4	如果发现压力出现下降，说明散热器已经丧失良好的密封性能，必须进行维修或更换

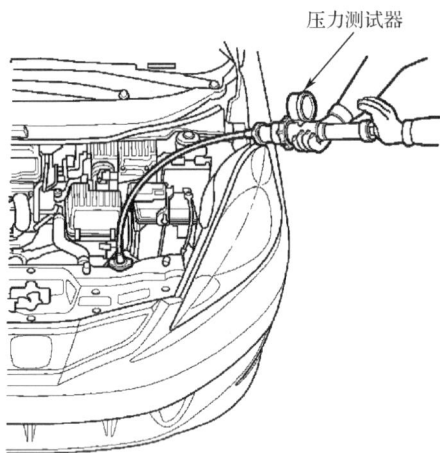

图 14-9 用压力测试器检测散热器

2. 散热器盖检测

散热器盖能起到良好的密封作用，可以使发动机冷却系统保持一定的压力，不但可以提高发动机冷却液的沸点，还能防止冷却液蒸发流失。在维护发动机冷却系统时，要检查发动机散热器盖的密封性能。以本田雅阁轿车 2.4L 发动机为例，按照表 14-2 的操作步骤执行散热器盖检测操作。

表 14-2 本田雅阁轿车 2.4L 发动机散热器盖检测操作

步　　骤	操　作　方　法
1	检测散热器盖时，发动机必须处于冷机状态，先拆下散热器盖，用发动机冷却液涂抹到散热器盖密封处，然后按照图 14-10 所示，安装压力测试器
2	用压力测试器施加 93～123kPa 的压力
3	检查是否有压力下降现象
4	如果发现压力出现下降，说明散热器盖已经丧失良好的密封性能，必须更换散热器盖

3. 发动机冷却液液位检查与更换（以讴歌 MDX 轿车为例）

如图 14-11 所示，检查发动机舱内的发动机冷却液储液罐液位高度，液位应位于 MAX 和 MIN 标记之间的范围。

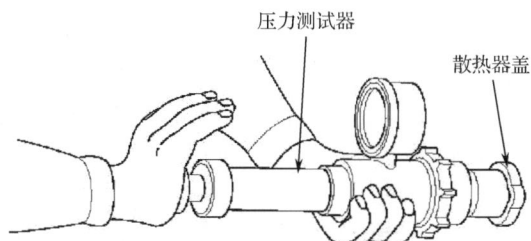

图 14-10　检测散热器盖

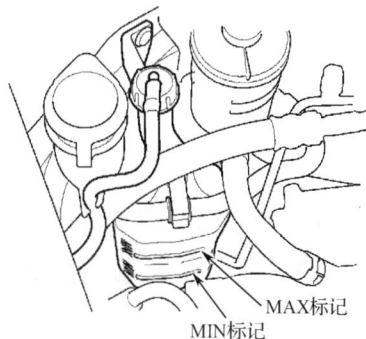

图 14-11　检查发动机冷却液液位

发动机冷却液更换操作步骤如表 14-3 所示。

表 14-3　发动机冷却液更换操作步骤

步　骤	操 作 方 法
1	发动机保持冷态，拆下发动机散热器盖
2	拆下挡泥板
3	如图 14-12 所示，松开散热器上的泄放塞，排出冷却液
4	如图 14-13 所示，在气缸体后部的冷却液泄放塞处连接软管，松开泄放塞，使发动机气缸内的冷却液从软管排出，冷却液排净后，拧紧泄放塞，拆下软管
5	拧紧散热器上的泄放塞
6	安装挡泥板
7	拆下冷却液储液罐，排净储液罐中的冷却液后重新加注冷却液至 MAX 标记处
8	起动发动机，使发动机转速保持在 1500r/min，直至发动机冷却风扇转动，确认散热器节温器开启
9	关闭发动机，检查冷却液液位，必要时予以添加
10	把车内空调设置成最大制冷状态，起动发动机，转速保持在 1500r/min，运行 5min，关闭发动机
11	检查冷却液液位，必要时予以添加
12	把车内空调设置成最大制热状态，起动发动机，转速保持在 1500r/min，运行 5min，关闭发动机
13	检查冷却液液位，必要时予以添加
14	把车内空调设置成最大制冷状态，起动发动机，转速保持在 1500r/min，运行 3min，关闭发动机
15	检查冷却液液位，必要时予以添加
16	把车内空调设置成最大制热状态，起动发动机，转速保持在 1500r/min，运行 3min，关闭发动机
17	检查冷却液液位，必要时予以添加
18	重复步骤 14～17，直至冷却液液位不再变化为止

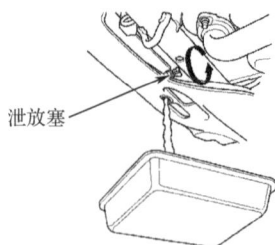

泄放塞

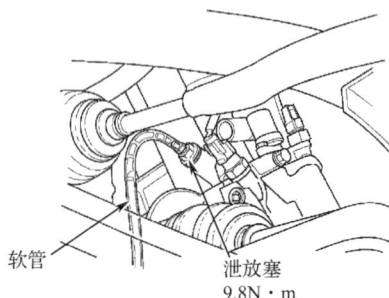

软管

泄放塞
9.8N·m

图 14-12 松开散热器冷却液泄放塞　　　图 14-13 松开气缸体后部的冷却液泄放塞

4．节温器检测（以丰田凯美瑞轿车为例）

丰田凯美瑞轿车节温器检测操作步骤如表 14-4 所示。

表 14-4 丰田凯美瑞轿车节温器检测操作步骤

步骤	操 作 方 法
1	把节温器拆下，凯美瑞轿车节温器壳体上标记有节温器开启的温度规范值，如图 14-14 所示
2	如图 14-15 所示，把节温器浸入水中，将水加热，同时用温度计查看水温
3	当水温加热到 80～84℃时，节温器阀门应开启，如果阀门不开启，则说明节温器已经损坏，应更换新的节温器
4	如果节温器阀门在规定的温度范围内开启，则按照图 14-16 所示检测节温器阀门升程：当把水加热到 95℃时，节温器阀门升程应达到 10mm 或更高。如果检测时发现升程不符合规范值，则应更换新的节温器
5	检查在水温低于 77℃时，节温器阀门是否完全关闭，如果不能完全关闭，则说明节温器发生故障，应更换新的节温器

82℃　　　82℃

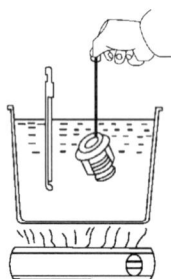

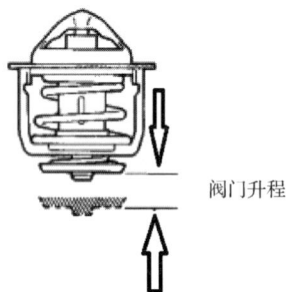

阀门升程

图 14-14 节温器开启温度规范值　　图 14-15 检测节温器　　图 14-16 节温器阀门升程检测

5．水泵检测与更换

（1）水泵检测

水泵的作用是泵送发动机冷却液，使冷却液在冷却管路内形成循环流动的液流。维护时，要检查水泵轮是否转动顺畅。以本田雅阁轿车 2.4L 发动机为例，按照表 14-5 的操作步骤执行水泵检测操作。

（2）水泵更换

维护时，如果发现水泵轮运转不畅，应予以更换。以本田雅阁轿车 2.4L 发动机为例，按照表 14-6 的操作步骤执行水泵更换操作。

表 14-5　本田雅阁轿车 2.4L 发动机水泵检测操作步骤

步　　骤	操　作　方　法
1	如图 14-17 所示，拆下发动机传动皮带
2	逆时针转动水泵轮，检查水泵轮是否转动顺畅，如果不能顺畅转动，则更换水泵
3	如果转动水泵轮时，发现从水泵出水孔处（见图 14-18）出现少量泄漏，这属于正常现象
4	重新把发动机传动皮带安装好

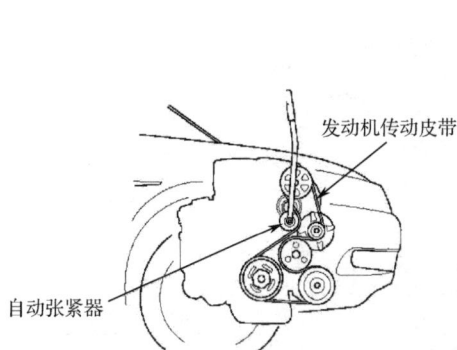

图 14-17　拆下发动机传动皮带

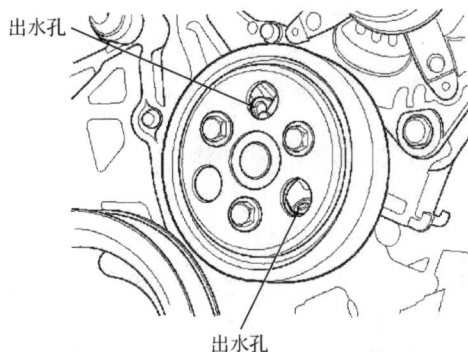

图 14-18　水泵出水孔识别

表 14-6　本田雅阁轿车 2.4L 发动机水泵更换操作步骤

步　　骤	操　作　方　法
1	拆卸发动机传动皮带
2	排空发动机冷却液
3	拆卸发动机曲轴皮带轮
4	如图 14-19 所示，拆下紧固水泵的 6 个螺栓
5	检查并清洁 O 形密封凹槽以及与水道的配合面
6	按照与拆卸相反的顺序，换装新的 O 形密封圈，安装水泵
7	安装发动机曲轴皮带轮
8	重新加注发动机冷却液

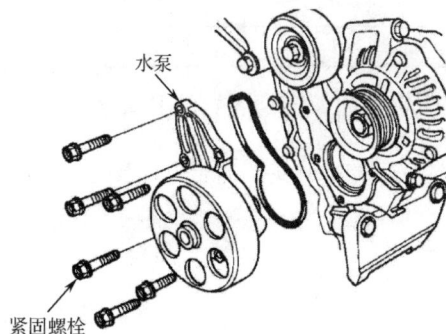

图 14-19　水泵紧固螺栓识别

第十五天　发动机润滑系统

任务目标

1. 了解发动机润滑系统的作用与组成。
2. 了解发动机润滑系统常见的维修项目。

知识准备

一、发动机润滑系统的作用

发动机润滑系统的作用如表 15-1 所示。

表 15-1　发动机润滑系统的作用

作　用	说　明
润滑作用	润滑运动零件表面，减小摩擦阻力和磨损，减小发动机功率消耗
清洗作用	发动机机油在润滑系统内循环流动，清洗摩擦表面，带走磨屑和其他异物
冷却作用	发动机机油在润滑系统内循环流动，带走摩擦产生的热量
密封作用	在运动零件之间形成油膜，提高零件的密封性，防止漏气或漏油
防锈蚀作用	在零件表面形成油膜，对零件表面起到防锈蚀的保护作用
减振缓冲作用	在运动零件表面形成油膜，吸收冲击振动，起到减振缓冲的作用

二、发动机润滑系统的组成

发动机润滑系统的组成如图 15-1 所示。

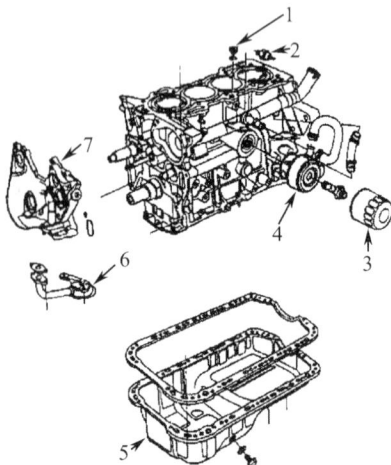

1-机油控制节流阀；2-机油压力开关；3-机油滤清器；4-机油散热器；5-油底壳；6-集滤器；7-机油泵。

图 15-1　发动机润滑系统的组成（以本田车系为例）

1. 机油控制节流阀

机油控制节流阀用来调节气缸体流至气缸盖的机油压力，如图 15-2 所示。

2. 机油压力开关

机油压力开关一般安装在机油滤清器的后段，如图 15-3 所示。如果机油压力低于规范值，机油压力开关即接通仪表板上的机油压力过低报警指示灯，向汽车驾驶员发出机油压力过低的警报。

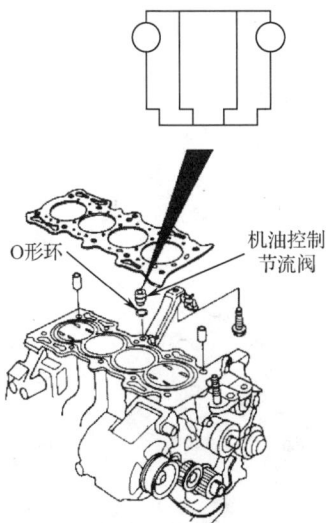

图 15-2　机油控制节流阀

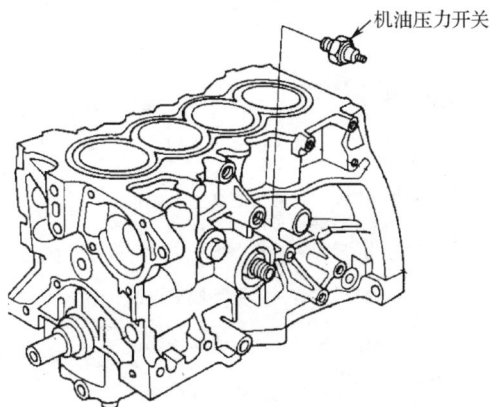

图 15-3　机油压力开关

3. 机油滤清器

机油滤清器的作用是过滤机油泵泵送来的发动机机油，过滤掉机油中的金属碎屑和积炭渣。机油滤清器构造如图 15-4 所示。机油滤清器在进油口位置设置有单向阀，可以防止发动机停机时，聚积在滤芯周围的污染物流回发动机。发动机工作时，机油泵泵送机油，机油推开进油口处的单向阀进入滤清器滤芯外围四周，通过滤芯的过滤，机油从出油口排出。如果滤清器滤芯堵塞，滤芯内侧和外侧就会产生压力差，等压力差达到设定值时，旁通阀开启，此时机油便不通过滤芯过滤就被送至被润滑零件，这样虽然防止了因滤芯堵塞而造成润滑不良，但是送至零件的机油却是未经过滤的机油，因此必须定期更换机油滤清器。

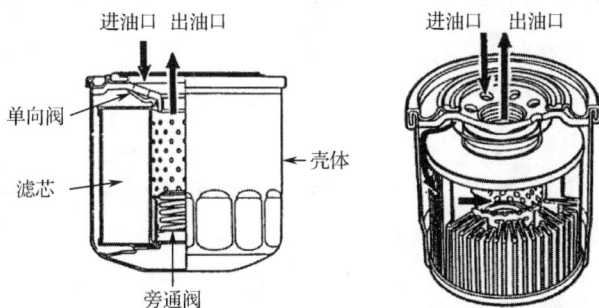

图 15-4　机油滤清器构造

4．机油散热器

发动机冷却液通过机油散热器循环流动，吸收机油散发的热量。机油散热器中配备的单向阀可以在发动机高速运转时调节机油的流程。机油散热器结构如图 15-5 所示。

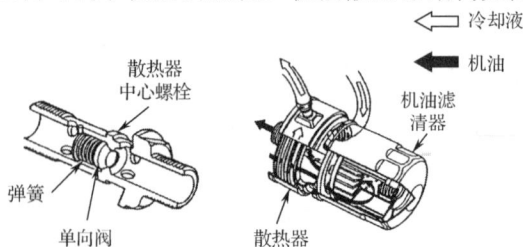

图 15-5　机油散热器结构

5．油底壳和集滤器

油底壳和集滤器的作用和结构如图 15-6 所示。

- 油底壳构成发动机底部。发动机运转时，机油通过滤网从油底壳被吸收，并且使发动机的运动部件润滑之后，流回油底壳。
- 发动机不运转时，机油停留在油底壳内。
- 放油螺栓安装在油底壳的底部，放油时使用。
- 集滤器是一张网，防止大粒异物颗粒进入机油泵。
- 隔板防止油底壳内的机油由于惯性四处移动，从而使集滤器暴露，使空气进入油道。

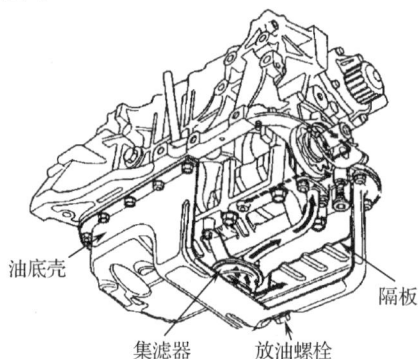

图 15-6　油底壳和集滤器的作用和结构

6．机油泵

机油泵负责泵送发动机机油，其结构如图 15-7 所示。

- 由一个内转子和一个外转子组成。
- 机油泵安装在缸体内，转子偏心装配，以便增大入口侧和减小出口侧内外转子之间的空间。这种容积的改变形成了所要求的泵送作用。
- 内转子直接由曲轴驱动。
- 机油泵产生发动机润滑所需要的压力。

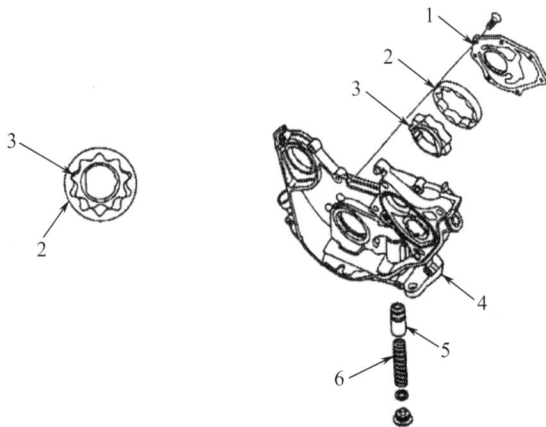

1-盖；2-外转子；3-内转子；4-机油泵外壳；5-安全阀；6-弹簧。

图 15-7　机油泵结构

实际操作

1. 发动机机油油位检查

以英菲尼迪 QX56 轿车为例，发动机机油油位检查如表 15-2 所示。

表 15-2 发动机机油油位检查

步　骤	操 作 方 法
1	把车停放在平坦的地面上，如果发动机刚刚起动过，则需要关闭发动机，等待 10min 以上，再开始执行发动机机油油位检查
2	打开发动机罩，抽出发动机机油尺，用抹布把油尺擦拭干净
3	把油尺重新插入，再重新抽出，检查油尺上的机油油位
4	发动机机油油位处于图 15-8 中 A 所示的合理范围，如果油位高度低于图中 L 字母，应予以添加；如果高于油尺上的 H 字母，应泄放机油，使机油油位达到合理范围

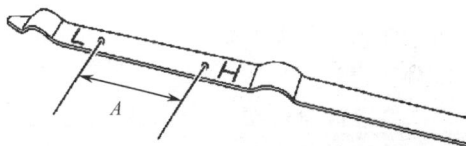

图 15-8 发动机机油油位合理范围

2. 发动机机油更换

以英菲尼迪 QX56 轿车为例，发动机机油更换操作步骤如表 15-3 所示。

表 15-3 发动机机油更换操作步骤

步　骤	操 作 方 法
1	把车停放在平坦地面上，起动发动机，确认发动机机油没有泄漏迹象
2	关闭发动机，等待 10min，拆下机油滤清器盖
3	如图 15-9 所示，用扳手拆卸发动机机油泄放塞，排放发动机机油
4	如果要更换发动机机油滤清器，则执行步骤 4～7。如图 15-10 所示，用机油滤清器扳手拧松机油滤清器，用手把机油滤清器拆下
5	用干净的抹布把机油滤清器的安装面擦拭干净
6	在新机油滤清器的密封部位上涂抹一层干净的发动机机油，如图 15-11 所示
7	沿顺时针方向把机油滤清器紧固到 15～21N·m
8	把机油泄放塞擦拭干净，换上新的密封垫圈，用扳手把泄放塞紧固到 29～39N·m
9	添加新的发动机机油

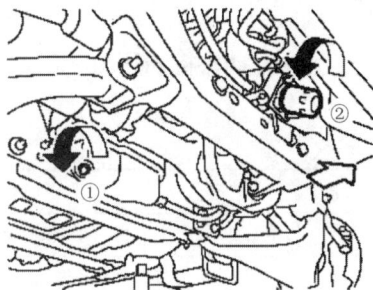

1-发动机机油泄放塞；2-发动机机油滤清器。

图 15-9 机油泄放塞和机油滤清器识别

117

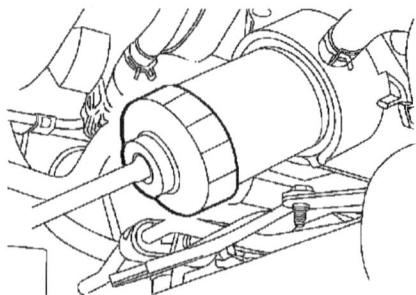

图 15-10　用机油滤清器扳手拧松机油滤清器　　　图 15-11　在密封部位涂抹干净的发动机机油

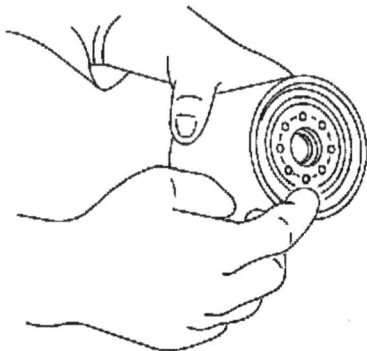

3．发动机机油更换提示归零（以英菲尼迪 QX56 轿车为例）

当车辆的行驶里程达到发动机机油更换设定的里程时，仪表板显示屏会显示图 15-12 所示的提示信息，提示驾驶员及时更换发动机机油。机油更换完毕后，可起动车辆，使发动机怠速运行，反复按动图 15-13 中的按钮 A，切换到图 15-14 中的"SETTING（设定）"菜单，使用图 15-13 中的按钮 B，选定"MAINTENANCE"选项，进入"MAINTENANCE"选项后，选择子菜单中的"OIL"选项，即可执行发动机机油更换提示归零操作。

图 15-12　更换发动机机油提示信息　　　图 15-13　按钮识别　　　图 15-14　设定功能选项识别

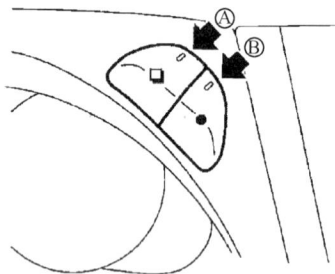

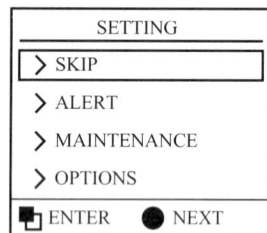

4．测量发动机机油压力（以本田雅阁轿车为例，见表 15-4）

表 15-4　雅阁轿车发动机机油压力测量方法

步　骤	操 作 方 法
1	如果发动机运行时，仪表板上的机油压力报警灯闪亮，应及时检查机油油位
2	如果油位正常，则参照图 15-15 所示，拆卸机油压力开关，连接发动机机油压力表
3	起动发动机，查看机油压力表的测量值，如果压力表没有显示机油压力，则应立即关闭发动机
4	使发动机达到正常运行温度（发动机的冷却风扇起动 2 次）
5	查看机油压力表的测量值，在怠速状态下，机油压力应为 70kPa 以上；当发动机转速达到 3000r/min 时，机油压力至少应为 300kPa
6	如果测量值不符合规范值，则应检查机油滤网是否堵塞、检查机油泵是否工作不良

机油压力测量接头

机油压力表

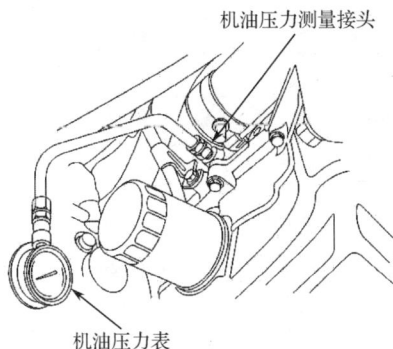

图 15-15　用机油压力表测量发动机机油压力

5. 机油泵检测（以讴歌车系 ZDX 轿车为例）

（1）如图 15-16 所示，拆下机油泵。

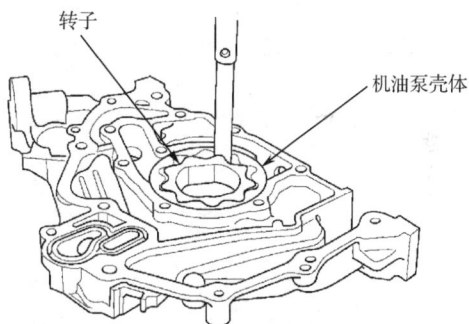

（2）如图 15-17 所示，用测隙规测量机油泵转子与机油泵壳体之间的间隙。如果间隙超过 0.12mm，则应更换新的发动机机油泵。

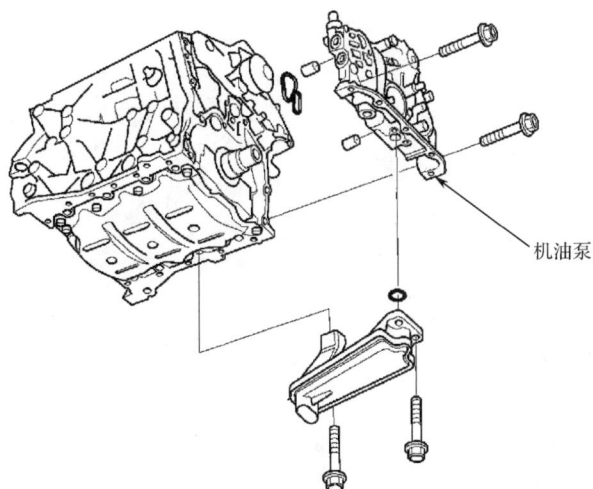

机油泵

转子

机油泵壳体

图 15-16　拆下机油泵　　　　　　　图 15-17　测量机油泵转子与壳体之间的间隙

6. 润滑系统常见故障分析（见表 15-5）

表 15-5　润滑系统常见故障分析

故 障 现 象	可能的故障原因
机油压力过低	机油油量不足
	机油黏度过低，应核查汽车使用手册或维修手册，确认使用的发动机机油符合黏度规范
	机油滤清器被污物堵塞
	机油泵故障
	发动机曲轴主轴承、连杆轴承或凸轮轴轴承磨损，导致配合间隙增大，机油从间隙处泄漏
	机油压力表指示不正确

续表

故 障 现 象	可能的故障原因
机油压力过高	机油含有杂质、机油滤清器芯有沥青或胶质物沉积，影响机油流动，使机油循环流动阻力增大，导致机油压力过高
	使用的机油黏度不符合规范，如果选用黏度过高的发动机机油，会导致流动性差，造成机油压力过高，应核查汽车使用手册或维修手册，确认使用的发动机机油符合黏度规范
	机油限压阀卡滞在关闭位置，无法进行泄压，因而导致机油压力过高
机油变质	发动机机件磨损，导致金属碎屑混入发动机机油，引起发动机机油质量变坏
	发动机空气滤清器滤芯未能及时更换，导致过滤效果差，使大量含有灰尘的空气进去曲轴箱，混入发动机机油内，引发机油变质
	发动机冷却系统发生泄漏，导致冷却液进入曲轴箱，冷却液与机油混合后导致机油变质
机油消耗量过高	曲轴前端或后端、气门室盖、正时齿轮盖或机油油管接头处发生泄漏
	活塞环边隙、背隙或开口间隙过大，导致机油消耗过大
	活塞与发动机气缸壁之间的间隙过大，或气门杆与气门导管磨损过度，导致机油进入燃烧室

第十六天 发动机进气系统

任务目标

1. 了解发动机进气系统的功能和组成。
2. 了解发动机进气系统常见的维修项目。

知识准备

一、发动机进气系统的作用

（1）保证发动机获得足够的洁净空气，进而保证发动机功率的正常发挥。
（2）使进气均匀地分配到各个气缸。

二、发动机进气系统的组成与各部件功能说明

1. 组成部件

发动机进气系统主要由空气滤清器、进气软管（进气总管）、节气门体和进气歧管等组成，如图 16-1 所示。

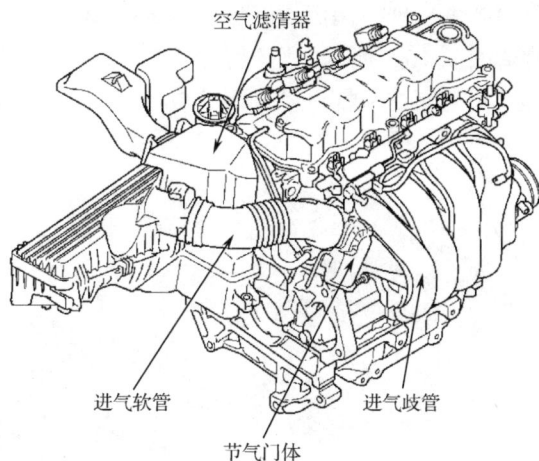

图 16-1 发动机进气系统的组成

2. 各部件功能说明

（1）空气滤清器

空气滤清器的作用是清除流向进气歧管空气中的尘土和沙粒，以减少发动机气缸、活塞或活塞环的磨损，提高发动机的使用寿命。空气滤清器可大致分为三种：油浴式空气滤清器、

纸滤芯式空气滤清器和离心式空气滤清器。

油浴式空气滤清器的构造如图 16-2 所示。它由滤清器盖、滤芯和外壳组成，在壳体底部，存储有发动机机油，当含有灰尘的空气进入后，空气中的灰尘被滤清器底部的机油黏附，空气再经滤芯过滤后即可变为洁净的空气输送给发动机，如图 16-3 所示。

● 用于在多尘条件下工作的发动机上。
● 滤芯多为金属丝，清洗后可重复使用。

图 16-2　油浴式空气滤清器的构造

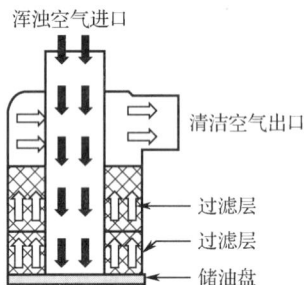

图 16-3　油浴式空气滤清器空气过滤示意图

纸滤芯式空气滤清器的构造如图 16-4 所示。纸质滤芯分为两种：一种是干式滤芯，这种滤芯采用表面面积较大的滤纸或无纺布经多次折叠制成；另一种是湿式滤芯，即在滤芯上涂覆有一层黏油，从而对灰尘有更好的吸附作用。干式滤芯使用一段时间变得脏污后，可以用压缩空气将沉积在滤芯中的灰尘清理干净后继续使用；湿式滤芯只能定期更换。

离心式空气滤清器构造如图 16-5 所示，空气流入后，滤清器内的翅片产生气涡离心力，灰尘由于离心力的作用落入积尘箱，空气再经过滤芯过滤后送往进气歧管。

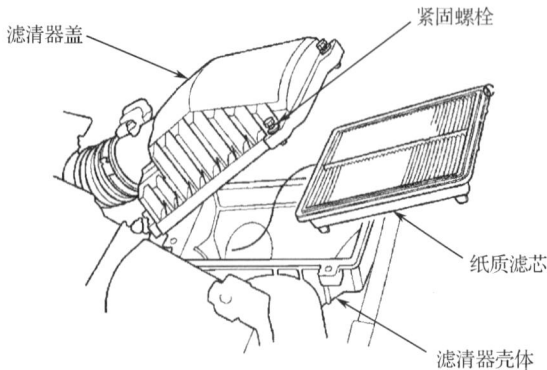

图 16-4　纸滤芯式空气滤清器的构造

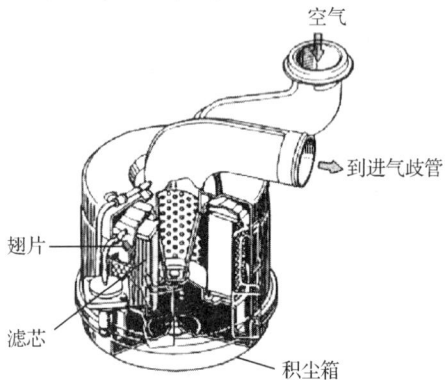

图 16-5　离心式空气滤清器构造

（2）节气门体

节气门由车内的加速踏板和节气门拉索协同控制，是用来调节发动机可燃混合气气量的。踩下加速踏板，节气门拉索带动节气门，使节气门开度增大，吸入的可燃混合气增加，发动机输出功率也随之增加，如图 16-6 所示。

（3）进气歧管

进气歧管也称为吸气歧管，是用来把可燃混合气均匀地送至各个气缸的，如图16-7所示。在设计时，进气歧管内气体通道的长度应尽可能相等；为了减小气体流动阻力，提高进气能力，进气歧管的内壁应光滑。

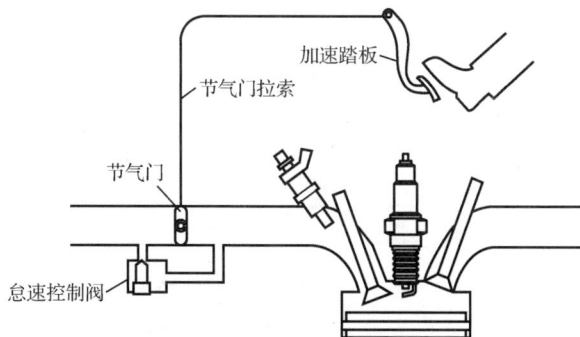

图16-6　节气门控制

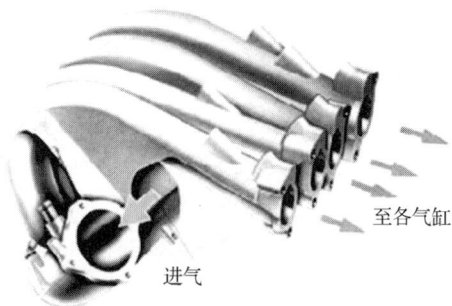

图16-7　进气歧管

实际操作

1. 空气滤清器检查（以奥迪A3轿车为例）

空气滤清器的组成如图16-8和表16-1所示。维护时，应彻底检查并清理滤清器的各个部件，如果发现部件损坏，则应及时更换。

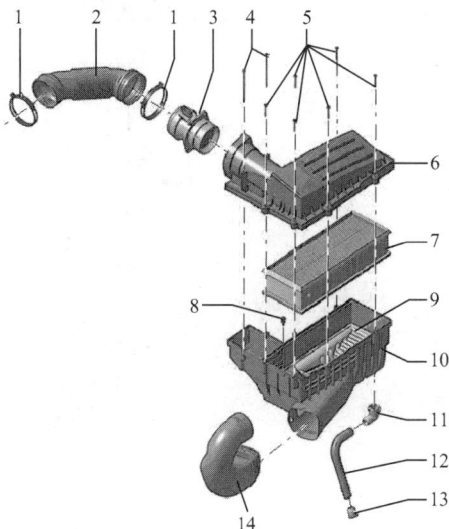

图16-8　空气滤清器的组成

表16-1　空气滤清器部件名称及维护项目

序号	部 件 名 称	维 护 项 目
1	弹簧式卡夹	
2	进气管	检查并清理进气管内的脏污
3	进气流量传感器	
4	发动机空气滤清器上段固定螺栓	紧固力矩1.5N·m
5	发动机空气滤清器上段固定螺栓	紧固力矩1.5N·m
6	发动机空气滤清器上段	
7	发动机空气滤清器	
8	发动机空气滤清器下段固定螺栓	
9	防雪滤网	
10	发动机空气滤清器壳体底部	检查并清理壳体底部沉积的脏污、盐分
11	排水管连接	检查连接是否牢固严密
12	排水管	清洁
13	截止阀	清洁
14	进气导管	检查并清理沉积的脏污

2．空气滤清器滤芯检查与更换

如图 16-9 所示，断开空气滤清器壳体，取出滤芯，查看滤芯是否脏污。如果滤芯内只沉积有少量尘土，可用压缩空气将尘土吹除（见图 16-10），然后将滤芯装回空气滤清器；如果过于脏污，则更换新的滤芯。

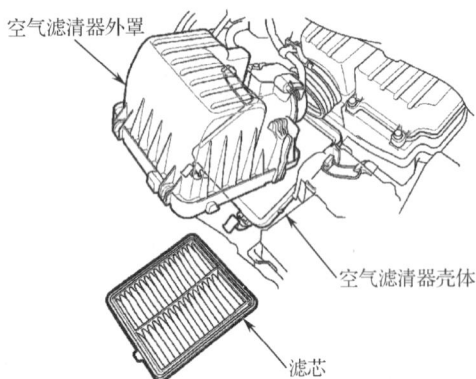

图 16-9　检查空气滤清器滤芯

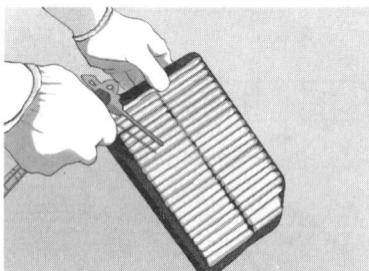

图 16-10　用压缩空气清洁滤芯

3．进气软管检查

检查进气软管是否存在破损和变形，如果有，则应更换新的进气软管。如图 16-11 所示，检查进气软管的卡箍是否松动，如果松动，应及时紧固，使进气软管连接牢靠紧密，不发生漏气。检查进气歧管是否漏气时，可使用一个带有雾化头的水瓶，起动发动机后，用水瓶在怀疑有漏气的区域喷少许水，观察发动机转速是否有变化，如果喷水后发动机转速变化明显，则说明该区域存在漏气现象，应及时修补或更换新的进气软管。

图 16-11　检查进气软管卡箍

4．进气歧管拆卸与安装

检查进气歧管时，如果发现歧管有裂纹或结合面损坏，则应更换进气歧管。以本田飞度轿车为例，该车发动机进气歧管部件如图 16-12 所示，其拆装和安装操作步骤如表 16-2 所示。

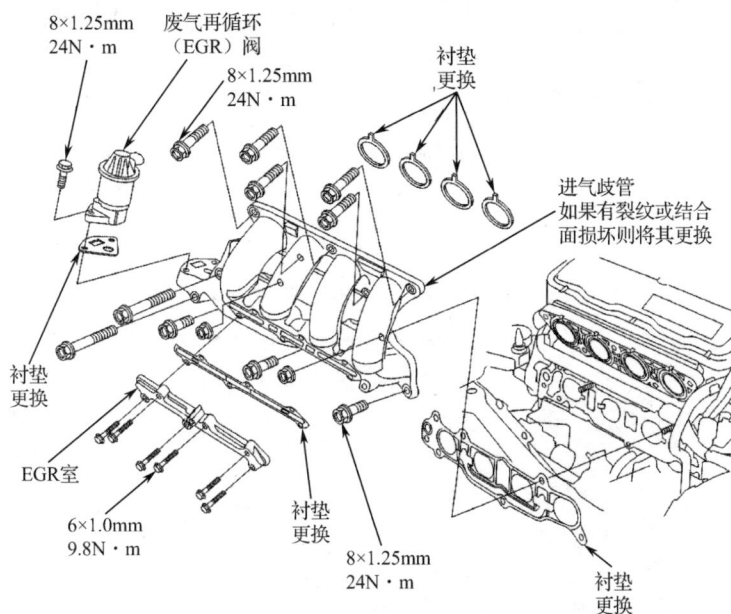

图 16-12　飞度轿车进气歧管部件识别

表 16-2　飞度轿车进气歧管拆卸与安装操作步骤

拆　卸	
步　骤	操 作 方 法
1	如图 16-13 所示，拆下线束托架安装螺栓，将线束托架拆下
2	如图 16-13 所示，拆下曲轴箱强制通风软管
3	断开废气再循环阀插接器
4	拆下发动机机油油尺
5	如图 16-14 所示，拆下进气歧管
安　装	
步　骤	操 作 方 法
1	如图 16-15 所示，换装新的密封衬垫，安装进气歧管
2	安装发动机机油油尺
3	连接废气再循环阀插接器
4	安装曲轴箱强制通风软管和线束托架

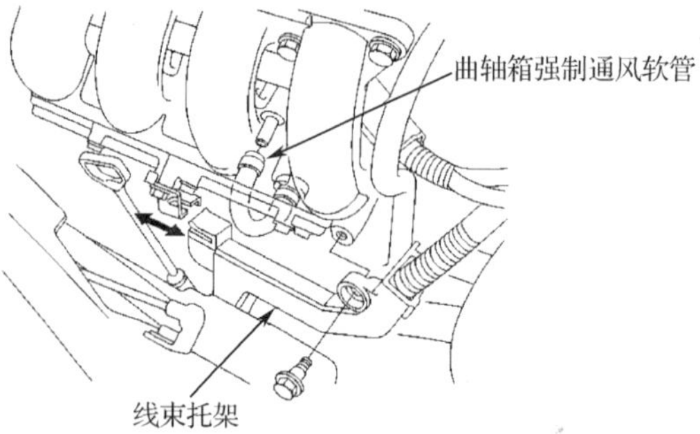

曲轴箱强制通风软管

线束托架

图 16-13　线束托架和曲轴箱曲轴通风软管识别

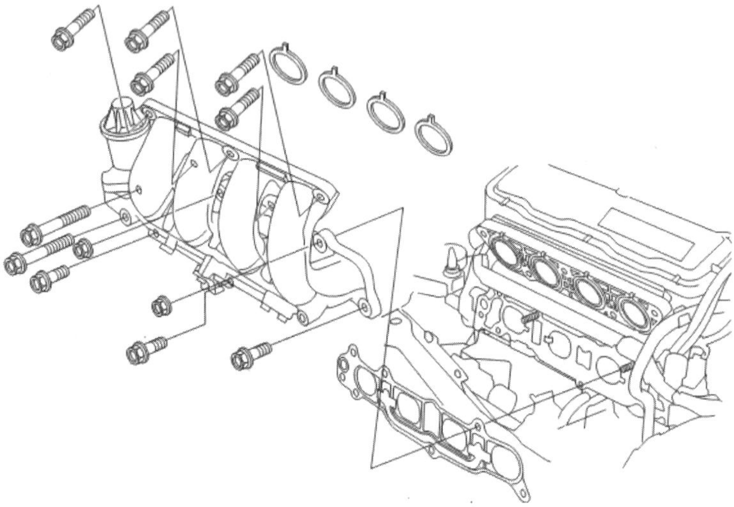

图 16-14　拆下进气歧管

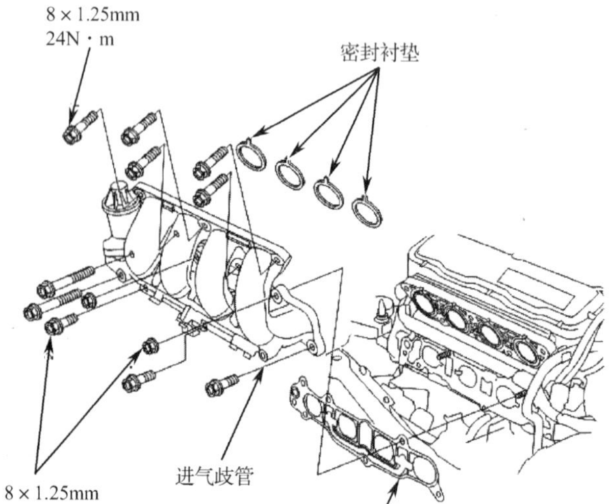

8×1.25mm
24N·m

密封衬垫

8×1.25mm
24N·m

进气歧管

密封衬垫

图 16-15　安装新的密封衬垫

5. 节气门清洗（以上海通用车系为例，见表 16-3）

表 16-3 节气门清洗操作步骤

步 骤	操 作 方 法
1	发动机点火开关设置到 OFF 状态
2	断开节气门位置传感器线束连接器，如图 16-16 所示，拆下固定节气门的螺栓，拆下节气门
3	检查节气门体阀片是否有积炭等脏污沉积，如图 16-17 所示
4	用清洗剂喷涂清洗，如图 16-18 所示，然后用干净的布擦拭干净，如图 16-19 所示
5	重新安装节气门，连接好节气门位置传感器线束连接器
6	查阅维修手册，如果需要执行匹配操作，按照维修手册上的匹配步骤执行相关操作

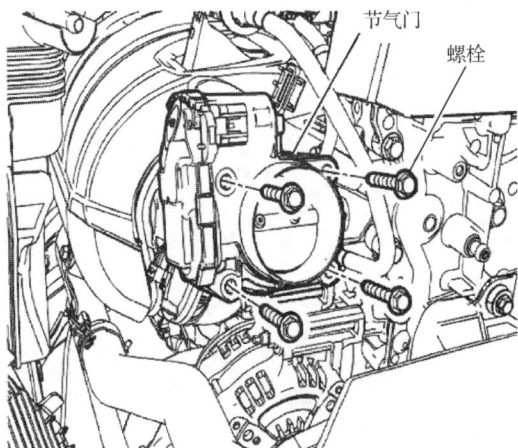

图 16-16 节气门固定螺栓识别

图 16-17 积炭严重的节气门体阀片

图 16-18 用清洗剂清洗节气门

图 16-19 清洗干净的节气门

第十七天　发动机排气系统

任务目标

1. 了解发动机排气系统的功能和组成。
2. 了解发动机排气系统常见维修项目。

知识准备

发动机排气系统的功能和组成：

发动机运行时，燃油和空气组合而成的混合气在气缸燃烧后形成废气，发动机排气系统的作用就是汇集各个气缸的废气，降低废气的温度和压力，消除废气中残余的火星，减小排气噪声，将废气顺利地排放出去。排气系统的主要组成部件包括曲轴箱强制通风系统、排气歧管、三元催化反应器、排气总管和消声器等，如图 17-1 所示。

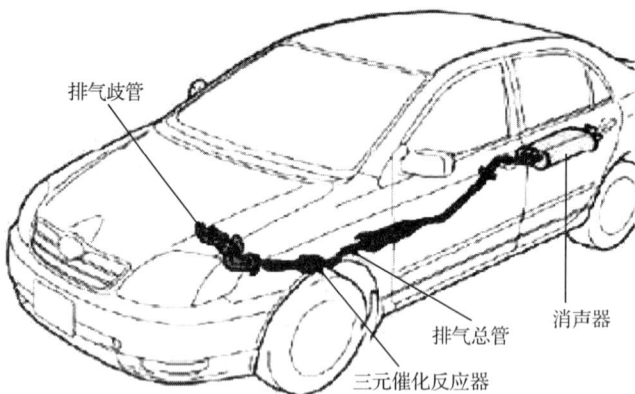

图 17-1　典型的发动机排气系统的组成

1. 曲轴箱强制通风系统的作用和结构

发动机燃烧室内的混合气和燃烧后的废气会顺着活塞和气缸体的内壁进入曲轴箱内，这些气体进入曲轴箱后会稀释和污染发动机机油，造成机油润滑能力下降，还会使曲轴箱内的压力升高，降低发动机转速；出于环境保护的原因，不能将这些气体直接排入大气，因此现代汽车上一般都配备曲轴箱强制通风系统，把进入曲轴箱的气体导入发动机的进气歧管，使其重新燃烧，曲轴箱强制通风系统配备有通气软管和曲轴箱强制通风阀，如图 17-2 所示。通风阀负责控制曲轴箱内的气体流入进气管并防止气体或火焰反向流动，通风阀的结构如图 17-3 所示。

发动机工况不同，通风阀的开度也不同。当发动机不工作时，通风阀处于关闭状态；当发动机怠速或减速时，通风阀略微开启；当车辆处于正常行驶状态，发动机处于中等负荷时，通风阀开启，开度增大；当发动机处于大负荷工作时，通风阀处于全开状态，如图17-4所示。

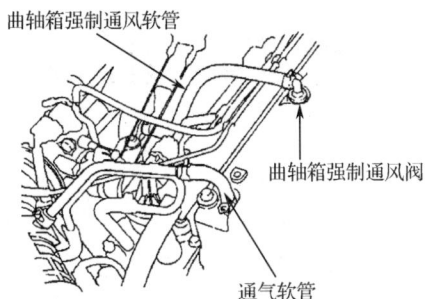

图17-2　曲轴箱强制通风系统的组成

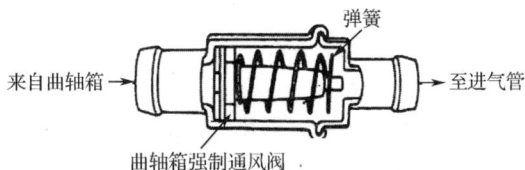

图17-3　曲轴箱强制通风阀的结构

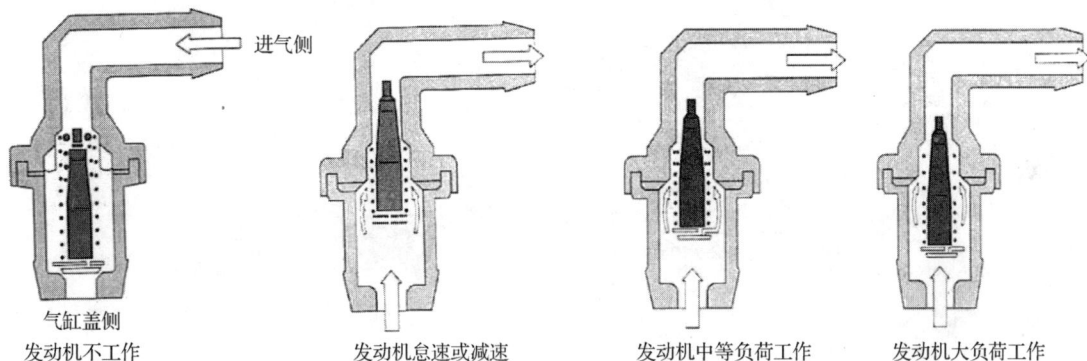

发动机不工作　　发动机怠速或减速　　发动机中等负荷工作　　发动机大负荷工作

图17-4　通风阀在不同工况下的开度变化

　　如果曲轴箱强制通风系统工作不正常，则会导致有害的窜气停留在发动机内引起腐蚀，加速磨损，因而缩短发动机寿命，还会使发动机出现起动困难、怠速不稳、加速无力或机油损耗过大的故障，因此如果维护中发现发动机有以上症状，要仔细检查曲轴箱强制通风系统是否工作正常。

2. 排气歧管的功能

　　排气歧管的功能是把各个气缸排出的废气收集起来并以最小的阻力将废气通过排气管排出，排气歧管在设计时应使各个气缸排出的废气互不干扰，为了尽可能减小排气阻力，排气歧管一般采用不锈钢等材料制成，内壁非常光滑，如图17-5所示。

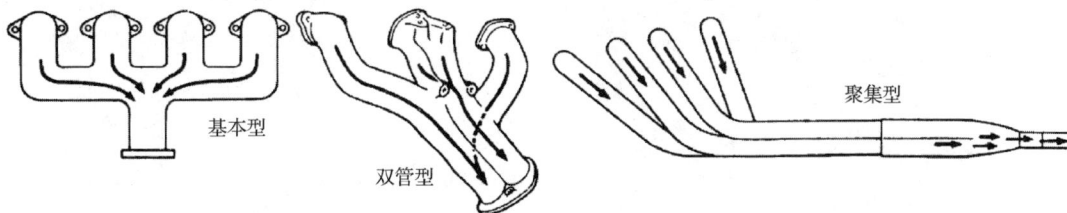

图17-5　排气歧管

3．三元催化反应器

三元催化反应器安装在汽车排气管上，可对汽车排气中的 HC（碳氢化合物）、CO（一氧化碳）和 NO_x（氮氧化合物）进行催化反应，生成 CO_2（二氧化碳）、H_2O（水）和 N_2（氮气）排出，这样就大大降低了汽车废气对环境的污染。三元催化反应器构造如图 17-6 所示。

4．消声器

如果发动机气缸内燃烧做功产生的废气直接从气缸排放到空气中，废气就会快速膨胀导致发出巨大的爆破噪声，因此在排气总管后安装了消声器，既能允许发动机排气气流通过，又能有效地降低发动机排气噪声。消声器使废气逐渐膨胀冷却来减少噪声，其构造如图 17-7 所示。

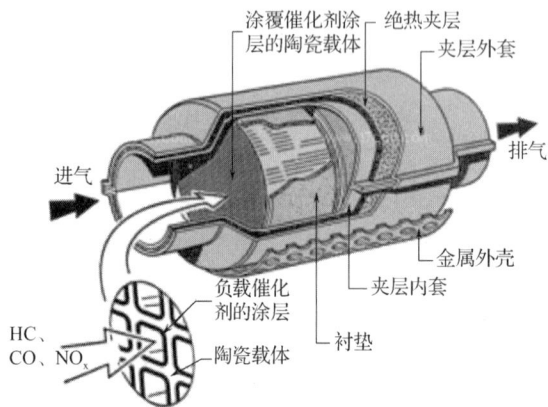

图 17-6　三元催化反应器构造

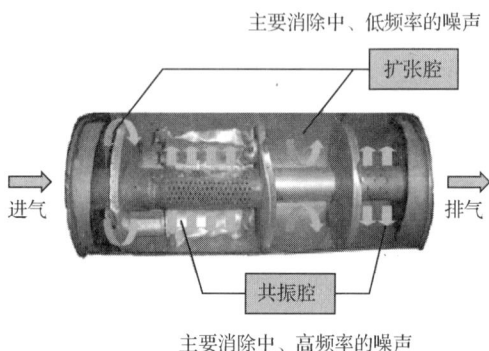

图 17-7　消声器构造

实际操作

1．排气歧管检查与更换操作步骤（以悍马 H3 轿车为例）

（1）如图 17-8 所示，拆下排气歧管固定螺栓，将排气歧管拆下。

（2）如图 17-9 所示，拆下排气歧管密封垫，将密封垫废弃。

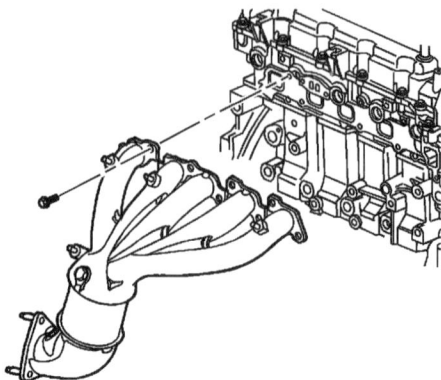

图 17-8　排气歧管固定螺栓

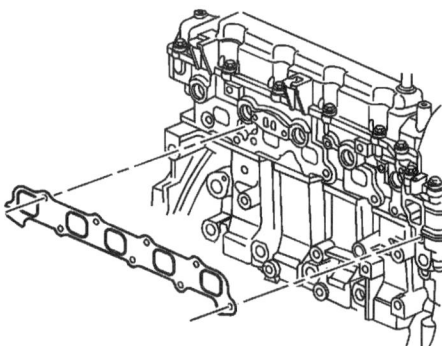

图 17-9　排气歧管密封垫识别

（3）拆下排气歧管后，将排气歧管清洁干净，检查排气歧管是否有裂纹或损伤。

（4）如图 17-10 所示，用平尺和测隙规检查排气歧管的安装面是否平直。如果测量值超过维修极限，则应更换排气歧管。

（5）把排气歧管螺栓的螺纹孔清理干净，涂抹螺纹胶。

（6）把新的排气歧管密封垫安装到气缸盖上。

（7）把排气歧管放置到气缸盖处，按照图 17-11 所示的螺栓紧固顺序，用扭矩扳手把排气歧管固定螺栓紧固至 20N·m。

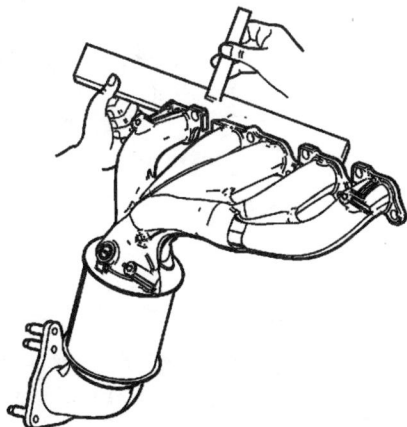

图 17-10 检查排气歧管安装面是否平直   图 17-11 排气歧管固定螺栓紧固顺序

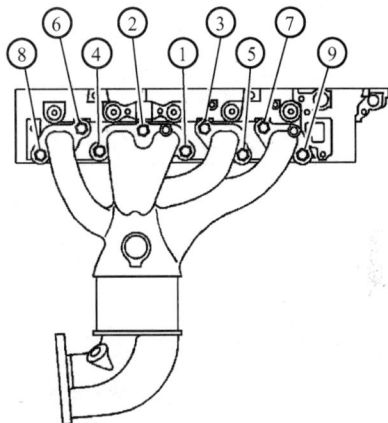

2．三元催化反应器检修

（1）用举升机举升车辆。

（2）在车底借助照明设备仔细观察三元催化反应器壳体，查看是否有壳体破损现象，如果有，则应更换新的三元催化反应器。

（3）用橡皮锤轻轻敲击三元催化反应器，听其内部是否有散碎物体落下的"咔哒"声，如果有，则说明三元催化反应器内部催化物质剥落或蜂窝陶瓷体破损，应立即更换新的三元催化反应器。

（4）将车辆从举升机上降下，起动发动机，用非接触式红外温度计测量三元催化反应器入口温度和出口温度，如果三元催化反应器工作正常，出口温度应高于进口的温度 20%～25%。

3．曲轴箱强制通风（PCV）阀检修（以本田飞度轿车为例）

（1）打开发动机盖罩，如图 17-12 所示，找到曲轴箱强制通风阀的安装位置。

（2）如图 17-13 所示，拆下线束托架。

（3）如图 17-14 所示，检查 PCV 阀、软管和软管连接处是否发生泄漏或堵塞。

（4）起动发动机怠速运行，如图 17-15 所示，用钳子夹紧 PCV 阀与进气歧管之间的软管，如果 PCV 阀工作正常，应能听到"咔哒"声。如果听不到，应检查 PCV 阀密封垫圈是否断裂或损坏，如果垫圈正常，应更换 PCV 阀。

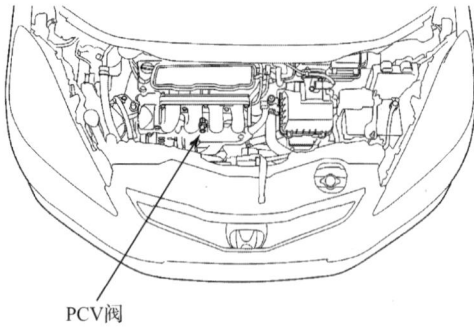

图 17-12 曲轴箱强制通风阀的安装位置

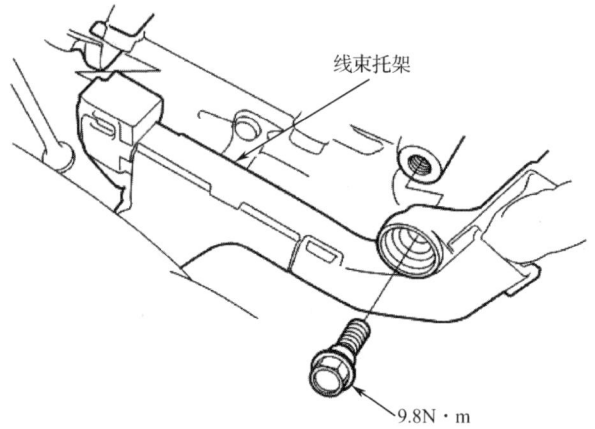

图 17-13 线束托架

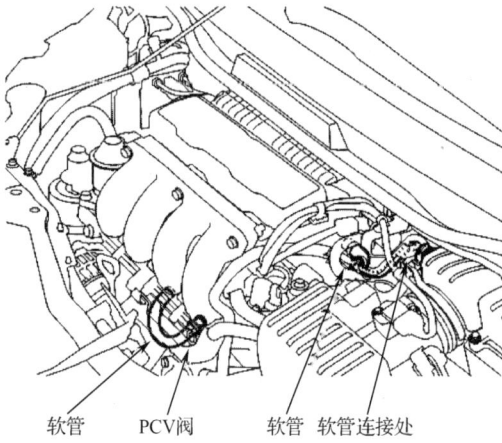

图 17-14 检查 PCV 阀、软管和软管连接处

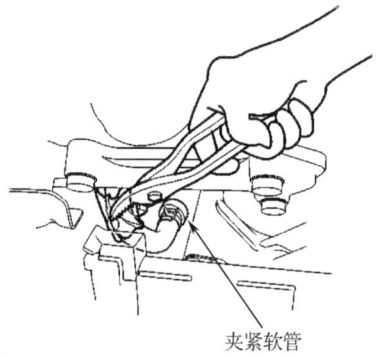

图 17-15 夹紧软管

第十八天 制动系统（上）

任务目标

1. 了解汽车制动液的类型和制动液更换操作方法。
2. 了解汽车制动系统的组成。
3. 了解盘式制动系统常见的维修项目。

知识准备

一、汽车制动液

汽车制动液（Brake Fluid），又名机动车辆制动液、机动车制动液、刹车油或刹车液，是用于汽车液压制动系统中传递压力，使车轮制动器实现制动作用的一种功能性液体。对汽车制动液的性能要求是：黏温性好，凝固点低，低温流动性好；沸点高，高温下不产生气阻；使用过程中品质变化小，并不引起金属件和橡胶件的腐蚀和变质。制动液在使用一定的时间后，会出现沸点降低、污染及不同程度的氧化变质，所以应根据气候、环境条件、季节变化及工况及时检查其质量性能，及时更换。在普通驾驶环境下，制动液在使用两年或 50000km 后就应更换。

制动液分为三种类型：醇型、矿油型和合成型。其中醇型与矿油型已经淘汰，目前汽车上使用的制动液一般为合成型。醇型制动液是由低碳醇类和蓖麻油配制而成的。在寒冷地区，用蓖麻油 34%、丙三醇（甘油）13%、乙醇 53%配制成的制动液，在-35℃左右仍能保证正常制动。虽然醇型制动液价格低廉，但由于其高低温性能均差，沸点低，易产生气阻，所以容易引发交通事故。我国自 1990 年 5 月起就已明令淘汰。矿油型制动液是用精制的轻柴油馏分加入稠化剂和其他添加剂配制而成的。这种制动液温度适应性较醇型好，工作温度范围为-70～150℃。它的使用性能良好，但由于其对天然橡胶有溶胀作用，故在使用本制动液以前应将制动系统的所有皮碗、软管更换成耐油橡胶制品，以免受到腐蚀而使制动失灵。中国的矿油型制动液分 7 号和 9 号两种，7 号用于严寒地区，9 号用于气温不低于-25℃的地区。各种制动液不可混存和混用，否则会出现分层而失去作用。合成型为人工合成的制动液，是由聚醚、水溶性聚酯和硅油等为主体，加入润滑剂和添加剂组成的。其使用性能良好，工作温度可高达 200℃以上。它对橡胶和金属的腐蚀作用均很小，适合于高速、大功率、重负荷和制动频繁的汽车使用，因此成为目前使用最多最广的一种制动液。

合成型制动液又分为醇醚型、酯型和硅油型三大类型，但使用最多的是醇醚型和酯型。

（1）醇醚型。常见于 DOT3 制动液。醇醚型的化学成分为低聚乙二醇或丙二醇。低聚乙二醇或丙二醇具有较强的亲水性，DOT3 制动液每年能通过制动系统的微孔或密封部位吸收 2%（体积百分数）的水分，所以在使用或储存的过程中其含水量会逐渐增高。由于制动液的沸点会随着水分含量的增高而降低，所以其制动性能会随之下降，驾驶员踩下制动踏板时往往会感觉制动踏板发软，因此需要两年或行驶 50000km 后就要及时更换。DOT3 制动液属于有机溶液，因此添加或更换 DOT3 制动液时要注意，千万不要把制动液滴落在汽车油漆表面，这样会使汽车漆层褪色。

（2）酯型。常见于 DOT4 制动液和 DOT5.1 制动液。酯型是在醇醚型的基础上添加大量的硼酸酯而成的；硼酸酯则是由低聚乙二醇或丙二醇通过和硼酸的酯化反应而成的。硼酸酯的沸点比低聚乙二醇或丙二醇更高，所以其制动性能更好。硼酸酯还具有较强的抗湿能力，它能分解所吸收的水分，从而减缓了由于吸水而导致的沸点下降。所以酯型性能比醇醚型更好，当然价格也更高。DOT4 制动液的价格大约是 DOT3 制动液的 2 倍。使用 DOT3 制动液的车辆也可换用 DOT4 制动液，但是使用时不要把两种制动液混合在一起使用，而是应该先把 DOT3 制动液清除干净，然后换用 DOT4 制动液。DOT5.1 制动液的颜色呈琥珀色，是一种重制动负荷下制动的制动液。其沸点温度可达 260℃，可与 DOT3 和 DOT4 制动液混合使用。

（3）硅油型。常见于 DOT5 制动液。硅油型的化学成分为聚二甲基硅氧烷。它的沸点在这三类中是最高的，所以价格也最贵。DOT5 制动液的价格大约是 DOT3 制动液的 4 倍。由于聚二甲基硅氧烷具有很强的疏水性，它几乎完全不吸水。然而，正由于它对水分极强的排斥能力，进入其管道内的水分不能与其混溶，而以水相存在。因为相对于制动液而言，水的沸点极低，所以不混溶的水分会导致制动性能的急剧下降。因此，硅油型的应用范围较窄。这种制动液不能和其他类型的制动液混合使用，如果制动系统要使用 DOT5 制动液，则必须先用 DOT5 制动液彻底清洗整个制动系统，然后充满 DOT5 制动液。所谓的 DOT3 和 DOT4 和 DOT5 是指美国联邦政府运输部 DOT（Department of Transportation）对汽车制动液制定的标准，DOT 将制动液分为四类：DOT3、DOT4、DOT5 和 DOT5.1。目前在进口轿车上使用最广的制动液就是 DOT3 和 DOT4 制动液。DOT（美国联邦政府运输部）建立的制动液标准如表 18-1 所示。

表 18-1 DOT（美国联邦政府运输部）制动液规格标准

参　　数	单　位	类　　型			
		DOT3	DOT4	DOT5	DOT5.1
干沸点	℃	205	230	260	260
湿沸点	℃	140	155	180	180

我国现行的制动液标准 GB12981—2003《机动车辆制动液》为强制性标准，共有 14 项技术指标要求，分别是外观、平衡回流沸点、湿平衡回流沸点、运动黏度（100℃、-40℃）、pH 值、液体稳定性、腐蚀性、低温流动性和外观、蒸发性、容水性、液体相容性、抗氧化性、橡胶相容性、行程模拟性能。

（1）外观

制动液的外观应清澈透明、无杂质、无沉淀和悬浮物。该指标是辨别制动液是否合格的一个最为简便的方法，也是制动液最基本的指标。

（2）平衡回流沸点

平衡回流沸点是指在规定试验条件下测得的制动液的沸腾温度。平衡回流沸点越高，制动液的高温性能才有可能越好。但并不是所有平衡回流沸点高的制动液一定具有优良的高温性能，只有在平衡回流沸点和湿平衡回流沸点都高的情况下，制动液才具有良好的高温性能。

（3）湿平衡回流沸点

湿平衡回流沸点是指在规定的试验条件下，加入一定量水分后测得的平衡回流沸点，它是衡量制动液吸收一定水分情况下的耐高温性能指标。湿平衡回流沸点越高，在使用过程中的耐高温性能越好。由于合成制动液在储存和使用过程中，容易吸收空气中的水分，因此湿平衡回流沸点指标相对于平衡回流沸点，更能反映制动液在实际使用过程中的耐高温性能。

（4）运动黏度

运动黏度是液体石油产品的主要性能指标之一。为了保证制动液在使用过程中当温度升高到一定程度时，仍能保证其具有良好的润滑和密封性能，同时防止在高温条件下的渗漏，标准要求 100℃运动黏度应不小于 1.5mm²/s。-40℃低温运动黏度是汽车制动液的重要低温性能指标，它反映产品在低温条件下的流动性大小，该指标直接关系到车辆在低温条件下的制动性能。低温黏度越小，制动越灵敏；低温黏度越大，制动就越迟缓，甚至导致制动失灵。

（5）pH 值

制动液在储存和使用过程中会发生氧化，生成一定量的酸性物质，为了使其具有适当的中和酸性物质的能力，减小对金属的腐蚀性，制动液应具有一定的碱性和储备碱度，标准要求 pH 值为 7.0～11.5。

（6）液体稳定性

制动液的液体稳定性包括高温稳定性和化学稳定性两项指标。该指标主要用来反映制动液在一定试验条件下的物理和化学稳定性能。

（7）腐蚀性

汽车制动系统中与制动液接触的金属管路和零部件较多，并涉及多种金属元素，为了保证这些零部件不被破坏，制动液必须具有优良的金属防护性能，以减少和控制车辆制动系统金属腐蚀现象的发生，确保其长期正常、可靠工作，保证车辆行驶安全。

（8）低温流动性和外观

制动液的低温流动性能和外观指标主要用来评定制动液的低温稳定性。制动液除要能在较高气温条件下保证车辆制动系统正常工作外，还需要在低温条件下确保制动系统操作灵活、制动刹车可靠，保证行车安全。

（9）蒸发性

制动液的蒸发性能指标是控制制动液在一定温度条件下蒸发损失大小的指标，该指标对于制动液的润滑性能、使用寿命和保证制动液在较高温度条件下使用时，制动系统正常、可靠工作都具有重要意义，是制动液的一项重要高温性能指标。

（10）容水性

容水性指标主要用来评定水分对制动液性能的影响，即在标准规定条件下观察其是否分层、是否有沉淀物及透明度等现象。制动液在储存一定时间后，由于其对金属包装罐焊料的侵蚀作用而产生铅盐，在进行容水性试验时，铅盐化合物会水解生成沉淀物。

（11）液体相容性

主要用来评定制动液与其他同类型的制动液混合后，是否分层、沉淀等，以考察制动液产品之间的物理和化学相容性。虽然不同制动液生产厂家的产品其液体相容性试验均能符合要求，但不同品牌的制动液产品仍应避免混合使用，以防因产品混合改变制动液的配方组成而对其使用性能产生不利影响。

（12）抗氧化性

制动液在常温条件下是比较稳定的，但受高温和金属催化等因素的影响，会促使其氧化变质，因此要求制动液具有优良的抗氧化性，它决定制动液在储存和使用过程中是否容易氧化变质，是决定制动液储存期和使用寿命的重要因素。抗氧化性越好，则越不易氧化变质，储存期和使用期就越长。

（13）橡胶相容性

在汽车制动系统中，为了保证制动液不渗漏，并传递制动能量，使用了多种橡胶部件。制动液直接与这些橡胶部件相接触，为了保证这些橡胶部件正常工作不引起过度的软化、溶胀、溶解、固化和收缩，要求制动液具有良好的橡胶适应性能。

（14）行程模拟性能

行程模拟试验是利用制动系统模拟装置，评定制动液的润滑性能和材料适应性能的一种实验室试验方法。与理化性能和使用性能试验的试验条件相比，试验条件更接近于制动液的实际使用条件。因此，其试验结果更能说明制动液的实际使用性能，且该方法相对实际行车试验简便易行，试验时间短、费用低，试验结果重复性好。因此，制动液行程模拟试验是制动液性能检验中最重要的实际使用性能试验。

接修不同类型的车辆时，要查询接修车型的维修手册和使用手册，严格按照手册上的类型要求选择类型合适的制动液进行更换操作。维修厂在采购制动液时，要优先选择用金属容器密封存储的制动液，因为金属容器密封性比塑料容器要好，因此使用金属容器封装的制动液吸收水分的可能性要低于使用塑料容器封装的制动液。

二、汽车制动系统的组成

汽车制动系统主要由行车制动器和驻车制动器组成，如图18-1所示。行车制动器是通过踩踏制动踏板以液压方式进行操纵的，在车辆行驶中需要减速或制动时使用；驻车制动器则是通过驻车制动杆或踏板以机械方式操纵的，用于停车时使车辆固定不动。

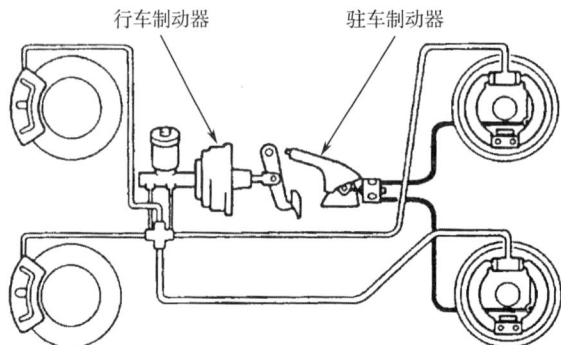

图18-1 行车制动器和驻车制动器

目前家用轿车所使用的行车制动器均为液压制动型行车制动器，主要由制动踏板、制动助力器、制动总泵、比例阀、制动钳、制动盘等组成，如图 18-2 所示。制动系统部件功能说明如表 18-2 所示。

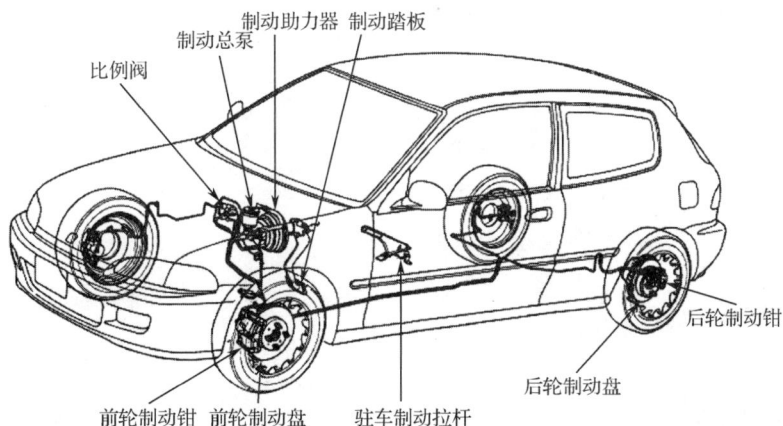

图 18-2　轿车制动系统的组成

表 18-2　制动系统部件功能说明

部 件 名 称	功 能 说 明
制动踏板	制动力施动元件，驾驶员踩下制动踏板，踩踏力通过制动总泵转换为液压力，作用到制动系统上
制动助力器	安装在制动踏板和制动总泵之间，利用真空压力与大气压力之间的气压差及活塞面积差产生制动助力效果，从而将小的制动踏板压力放大为较大的制动力
制动总泵	踩下制动踏板时，制动助力器输出杆推动活塞，驱动制动总泵产生液压制动压力并将液压压力施加到制动管路中
比例阀	踩下制动踏板制动时，由于行驶惯性，车辆前轮制动器制动负荷要高于后轮制动器（发动机前置的车辆尤其如此），这样就使得前轮制动器不太容易发生抱死，而后轮制动器由于制动负荷较低更容易发生抱死，后轮抱死将导致车辆发生甩尾，因此采用比例阀来对前后轮制动器的制动压力进行调节，确保达到良好的制动效果

三、盘式制动器的组成

行车制动器分为盘式制动器和鼓式制动器。盘式制动器由制动盘、制动钳和 2 个制动摩擦片组成，如图 18-3 所示。制动摩擦片固定在制动卡钳内，主油缸产生的制动液压被传递到制动钳，制动钳则使制动摩擦片压紧制动盘进行制动。制动摩擦产生的热量从制动盘的开口处排出，如图 18-4 所示。盘式制动器的制动盘暴露在外，可迅速把制动时产生的摩擦热量散发掉，因此高速行驶时重复制动的制动性能很好，能够提供稳定的制动力。

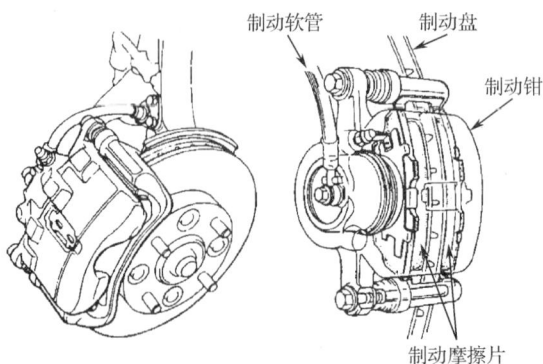

图 18-3　盘式制动器部件识别

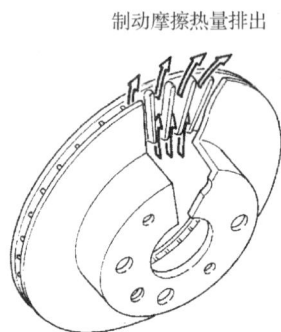

图 18-4　制动摩擦热量排出

实际操作

一、制动液检查与测试

1．制动液液面高度检查

检查制动液储液罐内的液面高度，正常情况下，制动液储液罐内的液面高度应在 MAX 和 MIN 标记之间，如图 18-5 所示。

2．制动液颜色鉴别

将接修车辆上的制动液颜色与新制动液颜色对照，如果发现接修车辆上的制动液颜色发黑、浑浊，则应予以更换。

3．制动液试纸测试

所谓试纸就是制动液水分检测测试纸，这种测试纸含有特定的指示剂，将试纸放进被测车辆的制动液中，试纸会随制动液含水量的不同而呈现不同的颜色，维修工通过查看试纸上的颜色，即可判定制动液中含水量的高低。

4．制动液沸点测试

沸点测试就是使用制动液沸点测试仪测试制动液沸点是否符合规范。制动液沸点仪功能结构大同小异，一般由两部分组成：一是带加热室的便携探头，用于吸取或浸蘸样品；二是温度传感器，用于检测并显示热场温度，如图 18-6 所示。将仪器探头浸入制动液液面下一定深度，制动液由底部孔进入加热室。由于加热室内顶部存量空气及液位控制孔的存在，加热室内制动液液面恰好保持在温度传感器下方。由直流电池供给的电加热丝，能迅速将加热室里制动液加热至沸腾，在液面上方形成蒸气层，液体沸腾时液气两相平衡，温度传感器所检测到的温度将不再上升，恒定在某一数值范围，通过显示屏可看出所测制动液沸点。

沸点法测试便捷直观，用户根据显示结果可迅速判断制动液是否失效。沸点检测仪加热时间为 30～90s，探头需完全冷却后方可再次测试。对于高沸点样品，沸点检测仪重复性较差，推荐检测 2 次以上。

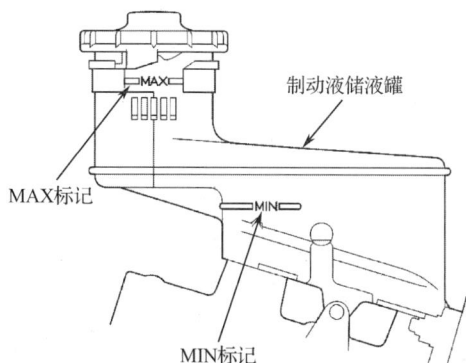

图 18-5　制动液液面高度标记识别（讴歌 MDX 轿车）

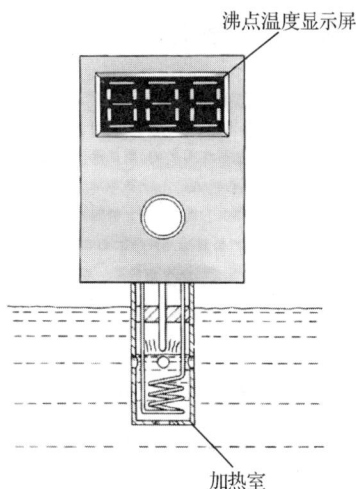

图 18-6　使用制动液沸点测试仪检测制动液沸点

5．制动液污染检查

如果制动液中混入了其他油液，比如发动机机油、动力转向油液、自动变速器油液等，就会造成制动系统的橡胶元件膨胀而使制动系统失效，因此维护车辆时要仔细检查制动液是否被污染。维修工可打开制动主缸上的盖子，查看橡胶膜片是否膨胀或变形，如果膨胀或变形，则说明制动液很有可能已经被污染。测量制动液污染时，可使用一个泡沫聚苯乙烯杯子，在杯子中放入水，在制动储液罐中抽取少量制动液放入杯中，如果制动液未被污染，放入的制动液就会完全融入水中；如果制动液被污染，混入的油液便会漂浮在杯子中的水面上。确认制动液被污染后，应放出所有的制动液并冲洗，制动系统中的所有橡胶元件也应全部更换。

6．制动液更换

维护时，应根据车辆行驶里程或时间间隔定期更换车辆的制动液，操作步骤如表 18-3 所示。

表 18-3　车辆制动液更换操作步骤

步　　骤	操 作 方 法
1	将车辆置于地沟上或用举升机举起
2	两名技师配合操作，一位技师在车下，摘掉放油口上的橡胶防尘帽，将预备透明软管两端分别装在放油口和废油收集瓶中，之后用扳手沿逆时针方向松开放油口螺塞，同时车上的另一位技师反复踩制动踏板。此时，制动液会从放油口喷出，查看制动液储液罐内的液面，要随液面下降添加新制动液，待出油清亮后拧紧放油口螺塞
3	车上的技师反复踩动制动踏板，然后踩下踏板不要松开。车下的技师松开放油口螺塞，待制动液喷净后拧紧并通知车上人松开制动踏板。以上操作反复数次直到放出的制动液中无气泡。查看制动液储液罐内的液面，要随液面下降添加新制动液
4	对其他车轮重复步骤 1～3 的操作
5	四个车轮更换完成后路试，如发现制动踏板发软，不灵敏，请重复步骤 3 进行放气操作

二、盘式制动系统检修

1. 检查盘式制动器制动摩擦片厚度（以讴歌 ZDX 轿车为例，见表 18-4）

表 18-4　ZDX 轿车制动摩擦片厚度检查操作步骤

步　骤	操　作　方　法
1	举升并支撑住车辆
2	拆下汽车的 2 个前轮
3	如图 18-7 所示，测量制动盘内侧制动摩擦片和制动盘外侧制动摩擦片的厚度，如果低于 1.6mm，说明制动摩擦片磨损过度，应更换新的制动摩擦片
4	拆下汽车的 2 个后轮
5	如图 18-8 所示，测量制动盘内侧制动摩擦片和制动盘外侧制动摩擦片的厚度，如果低于 1.0mm，说明制动摩擦片磨损过度，应更换新的制动摩擦片

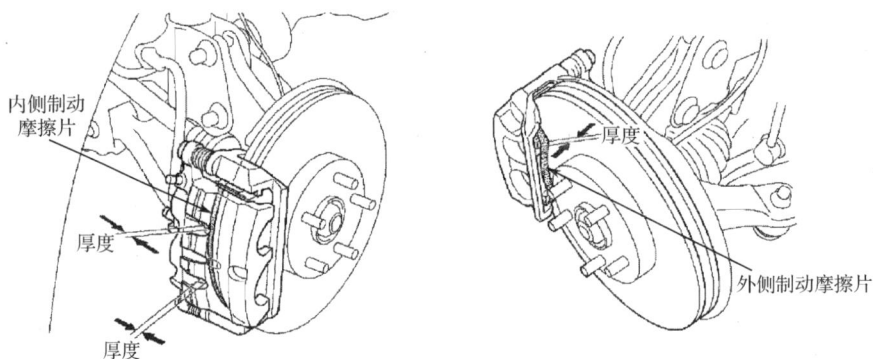

图 18-7　测量前轮制动器制动摩擦片厚度

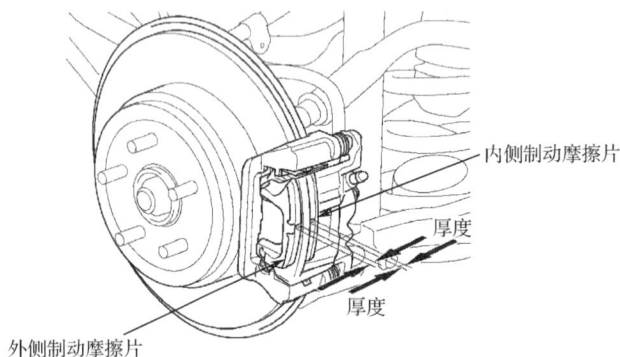

图 18-8　测量后轮制动器制动摩擦片厚度

2. 制动盘跳动量检查

制动盘的跳动量必须符合规范，否则会影响制动效果。以讴歌 ZDX 轿车为例，该车前制动盘跳动量检查操作步骤如表 18-5 所示。

表 18-5　ZDX 轿车前制动盘跳动量检查操作步骤

步　骤	操　作　方　法
1	举升车辆前部，将安全支架放置在正确位置支撑车辆
2	拆下前车轮
3	拆下制动摩擦片
4	检查前制动盘表面是否有损坏或裂纹，将前制动盘彻底清洁并清除制动盘上的所有铁锈
5	如图 18-9 所示，安装合适的平垫圈和车轮螺母，将车轮螺母紧固至规定的力矩，使制动盘紧靠轮毂
6	把百分表对着制动盘放置，在距离制动盘外缘 10mm 处，测量前制动盘跳动量，维修极限为 0.04mm
7	如果测量值超出维修极限，应用车床对制动盘表面执行修整。修整时，前制动盘最小厚度不能低于 26mm，如果制动盘厚度小于 26mm，则必须更换新的前制动盘
8	如果测量值符合规范，则安装制动摩擦片
9	清理制动盘和车轮内侧的接合面，然后安装前轮

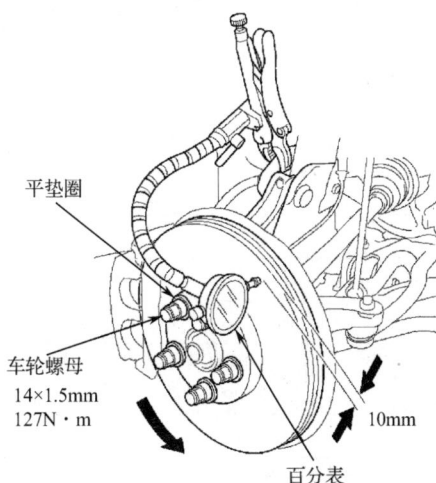

图 18-9　测量前制动盘跳动量

3．制动盘厚度和平整度检查

以讴歌 ZDX 轿车为例，该车前制动盘厚度和平整度检查操作步骤如表 18-6 所示。

表 18-6　ZDX 轿车前制动盘厚度和平整度检查操作步骤

步　骤	操　作　方　法
1	举升车辆前部，将安全支架放置在正确位置支撑车辆
2	拆下前车轮
3	拆下制动摩擦片
4	如图 18-10 所示，在制动盘上大约间隔 45°，距离制动盘外缘 10mm 的 8 个测量点上，使用螺旋测微计测量制动盘厚度，如果测量值低于制动盘表面维修极限，则更换制动盘
5	检查制动盘平整度，把 8 个测量点的测量值加以对比，最大允许差值不能超过 0.015mm
6	如果制动盘平整度超出维修极限，应用车床对制动盘表面执行修整。修整时，前制动盘最小厚度不能低于 26mm，如果制动盘厚度小于 26mm，则必须更换新的前制动盘
7	安装制动摩擦片
8	清理制动盘和车轮内侧的接合面，然后安装前轮

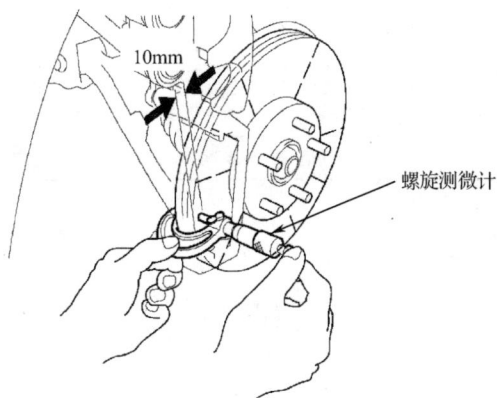

图 18-10　测量前制动盘厚度和平整度

4．制动摩擦片更换

如果在检修中发现制动摩擦片已经磨损过度，则应及时更换新的制动摩擦片。以本田飞度轿车为例，该车前轮制动器制动摩擦片的更换步骤如表 18-7 所示。

表 18-7　飞度轿车前轮制动器制动摩擦片更换操作步骤

步　骤	操 作 方 法
1	从制动总泵中排出一些制动液
2	举升车辆前部，将安全支架放置在正确位置支撑车辆
3	拆下前车轮
4	如图 18-11 所示，拆下制动软管安装螺栓
5	如图 18-11 所示，用扳手固定住制动钳销，拆下法兰螺栓，沿图中箭头所示方向将制动钳向上转出，检查制动软管和制动钳销护套是否损坏和老化
6	如图 18-12 所示，拆下制动摩擦片垫片和制动摩擦片
7	如图 18-13 所示，拆下制动摩擦片夹持器
8	如图 18-13 所示，彻底清洁制动钳托架，检查并确认制动钳销能平稳移进和移出
9	检查制动盘，确认制动盘没有裂纹或损坏
10	安装制动摩擦片夹持器
11	如图 18-14 所示，把制动钳活塞压缩工具 A 安装到制动钳 B 钳体上
12	用制动钳活塞压缩工具压缩活塞，把制动钳安装到制动摩擦片上
13	拆下制动钳活塞压缩工具
14	如图 18-15 所示，在垫片、制动摩擦片背面和图中箭头所示部位涂抹二硫化钼 M77 润滑脂，但操作时要注意不要让润滑脂沾到制动盘和制动摩擦片表面
15	安装垫片和制动摩擦片，将磨损指示器置于内侧上部
16	如图 18-16 所示，将制动钳沿箭头所示方向转下，用扳手固定住制动钳销，安装法兰螺栓
17	安装制动软管安装螺栓
18	清理制动盘和车轮内侧的接合面，然后安装前轮
19	踩踏制动踏板数次，若有必要，添加制动液

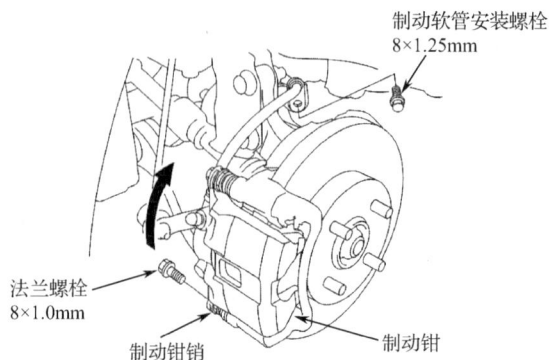

图 18-11　拆下制动软管安装螺栓

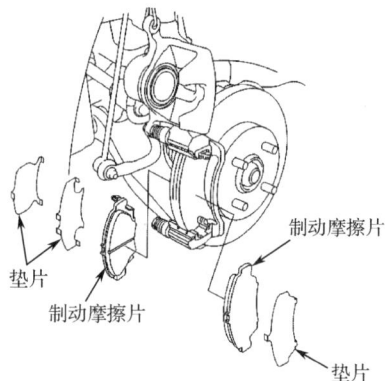

图 18-12　垫片和制动摩擦片

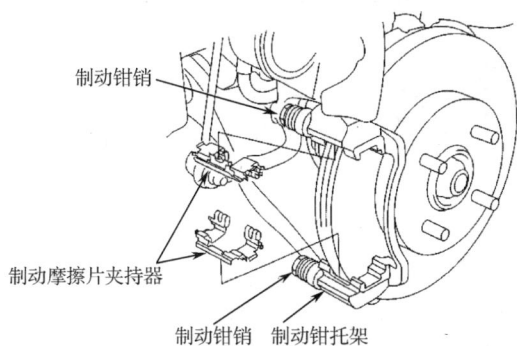

图 18-13　拆下制动摩擦片夹持器

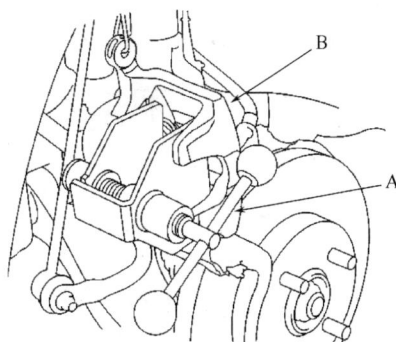

制动钳销

制动摩擦片夹持器

制动钳销　制动钳托架

图 18-14　安装制动钳活塞压缩工具

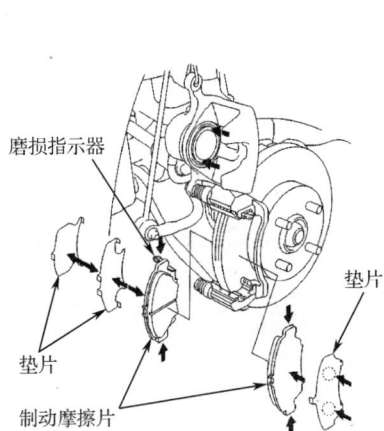

B

A

磨损指示器

垫片

垫片

制动摩擦片

图 18-15　在垫片和制动摩擦片背面涂抹润滑脂

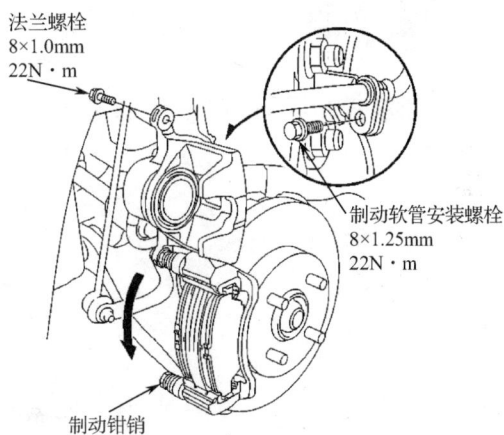

法兰螺栓
8×1.0mm
22N·m

制动软管安装螺栓
8×1.25mm
22N·m

制动钳销

图 18-16　安装制动软管安装螺栓

第十九天 制动系统（下）

任务目标

1. 了解鼓式制动器。
2. 了解驻车制动器。
3. 了解鼓式制动器和驻车制动器常见的维修项目。

知识准备

一、鼓式制动器的结构和工作原理

1．结构

鼓式制动器主要由背板、制动蹄、制动分泵等组成，如图 19-1 所示。

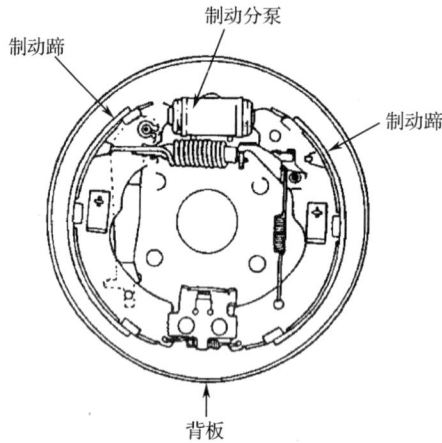

图 19-1　鼓式制动器的结构

2．各个部件的功能说明（见表 19-1）

表 19-1　鼓式制动器各个组成部件的功能说明

部件名称	功能说明
背板	用来安装鼓式制动器的各个部件，容纳鼓式制动器部件并防止部件被路面飞溅的泥水污染。根据所受制动力矩的大小可分为冲压背板和铸造背板
制动分泵	制动分泵也叫轮缸，安装在制动器背板上，车辆制动时，制动分泵的活塞向外移动，推动制动蹄压紧制动鼓，从而实现制动
制动蹄	制动蹄上安装有制动摩擦片，车辆制动时，轮缸施加压力，推动制动蹄与制动鼓内表面产生摩擦来实施制动

二、驻车制动器

1．驻车制动器的功用

驻车制动器的功用是防止车辆停止行驶后产生滑溜；使车辆在坡道上顺利起步；在车辆的行车制动器失效后临时使用或配合行车制动器进行紧急制动。

2．驻车制动器的类型

（1）按照操纵形式划分

① 拉杆操纵式驻车制动器（见图 19-2）。

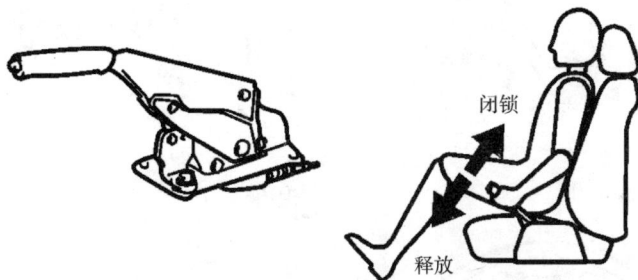

图 19-2　拉杆操纵式驻车制动器

② 手柄操纵式驻车制动器（见图 19-3）。

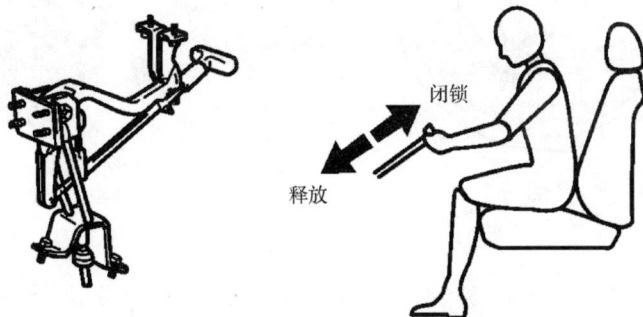

图 19-3　手柄操纵式驻车制动器

③ 踏板操纵式驻车制动器（见图 19-4）。

（2）按照驻车制动器的结构类型划分

① 鼓式制动器。

使用驻车制动器拉索连接鼓式制动器的制动蹄连杆进行驻车制动，如图 19-5 所示。

② 盘式制动器。

使用驻车制动器拉索，连接制动连杆，推动活塞压紧盘式制动器的制动衬块（制动摩擦片）进行驻车制动，如图 19-6 所示。

③ 专门驻车制动器。

这种驻车制动器是在盘式制动器中央安装驻车制动鼓来对车轮进行驻车制动的，如图 19-7 所示。

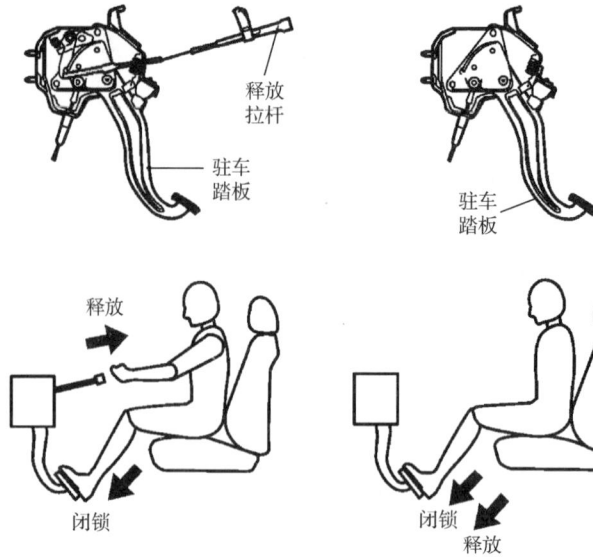

图 19-4　踏板操纵式驻车制动器

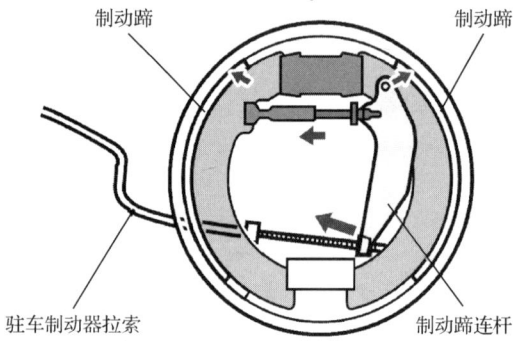

图 19-5　鼓式制动器

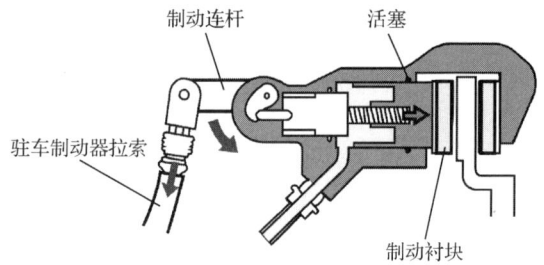

图 19-6　盘式制动器

④ 中央制动器。

这种制动器是在汽车的变速器与传动轴之间安装鼓式驻车制动器来进行驻车制动的，一般用于公交车或货车，安装位置一般选择在差速器前，如图 19-8 所示。

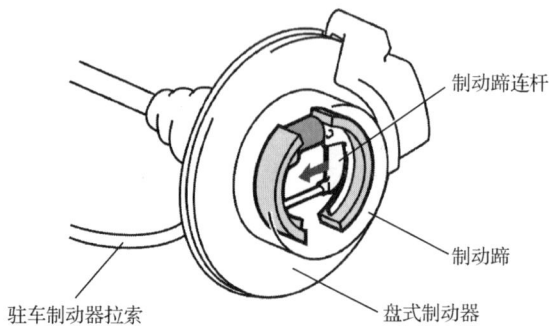

图 19-7　专门驻车制动器

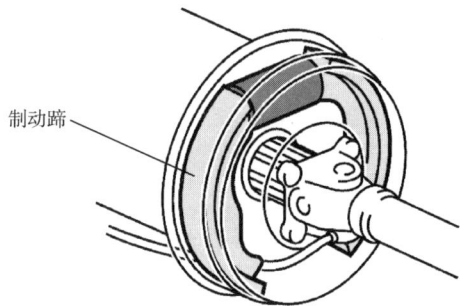

图 19-8　中央制动器

实际操作

1．踏板式驻车制动检测与调节（以讴歌 ZDX 轿车为例）

（1）如图 19-9 所示，在驻车制动器踏板上施加 294N 的压力，如果驻车制动器正常，应发出 8～10 次咔哒声后锁止。

（2）如果检测结果不在 8～10 次咔哒声的范围内，应进行调节。

● 举升并支撑好车辆。

● 彻底释放驻车制动器踏板。

● 压下制动器踏板，使踏板发出 1 次咔哒声。

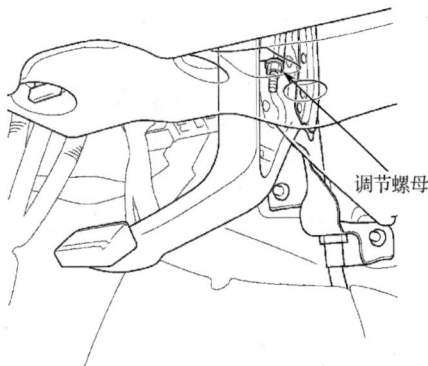

● 如图 19-10 所示，紧固驻车制动器调节螺母，直至转动车辆后轮时，驻车制动器产生轻微拖滞。

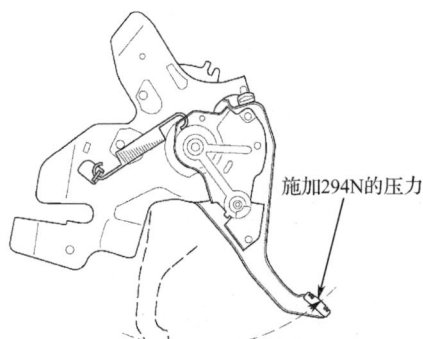

图 19-9　检测驻车制动器　　　　　图 19-10　驻车制动器调节螺母

● 彻底释放驻车制动器踏板。确认再次转动后轮时，驻车制动器不发生拖滞。

2．驻车制动蹄拆卸（以讴歌 ZDX 轿车为例，见表 19-2）

表 19-2　驻车制动蹄拆卸操作步骤

步　　骤	操 作 方 法
1	举升并支撑住车辆
2	拆卸后车轮
3	释放驻车制动器，拆下后轮制动盘
4	如图 19-11 所示，拆下上部的回位弹簧，拆下制动蹄导板
5	如图 19-12 所示，推动固定销护圈，转动固定销，将固定销拆下
6	如图 19-13 所示，拆卸支柱和制动杆弹簧
7	如图 19-14 所示，拆下底部回位弹簧，拆下前部制动蹄和调节器
8	如图 19-15 所示，从制动连杆上断开驻车制动拉索，拆下后部制动蹄
9	如图 19-16 所示，拆下卡环、垫圈，从制动蹄上拆下制动连杆

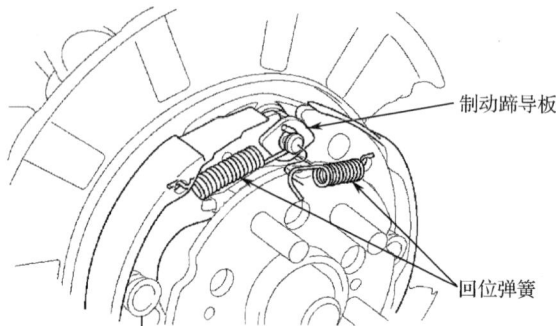

图 19-11　回位弹簧和制动蹄导板识别

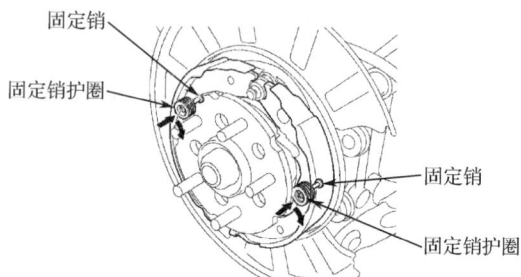

图 19-12　固定销和固定销护圈识别

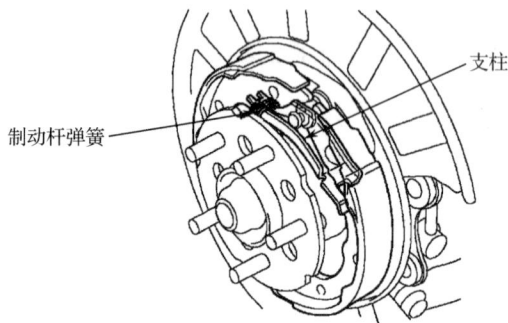

图 19-13　支柱和制动杆弹簧识别

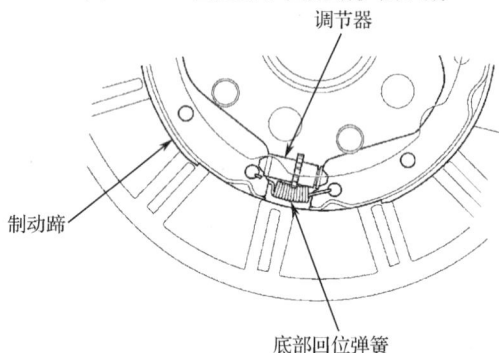

图 19-14　底部回位弹簧、制动蹄和调节器识别

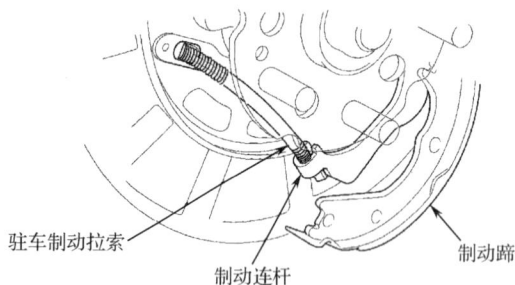

图 19-15　驻车制动拉索、制动连杆、制动蹄识别

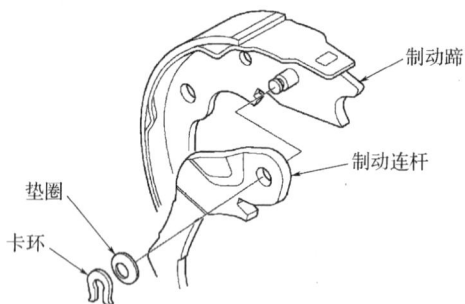

图 19-16　卡环、垫圈、制动连杆和制动蹄识别

3. 制动鼓直径检测（以科鲁兹轿车检测为例，见表 19-3）

表 19-3　科鲁兹轿车鼓式制动器制动鼓直径检测操作步骤

步　骤	操 作 方 法
1	拆卸制动鼓
2	用工业酒精清洁制动鼓的制动蹄摩擦片接触面
3	如图 19-17 所示，用精度为千分之一英寸级的千分尺测量并记录制动鼓圆周均匀分布的 4 个点或更多个点的最大直径
4	把测量结果的最大值与维修手册上的规范值进行比对，如果超过维修极限，应更换制动鼓
5	如果测量结果符合规范，可将制动鼓重新安装好

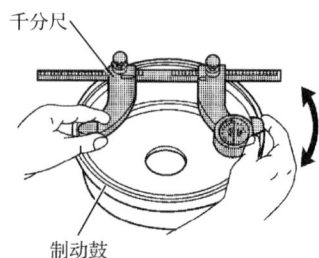

图 19-17　测量制动鼓直径

4. 制动鼓磨损检查（以科鲁兹轿车检测为例，见表 19-4）

表 19-4　科鲁兹轿车鼓式制动器制动鼓磨损检查操作步骤

步　　骤	操 作 方 法
1	拆卸制动鼓
2	检查制动鼓的制动表面是否有锈蚀或点蚀，如果有轻微的锈蚀，可以用砂轮清除干净；检查制动鼓的制动表面是否有裂纹
3	如图 19-17 所示，用精度为千分之一英寸级的千分尺测量并记录制动鼓表面的划痕深度
4	把测量结果与维修手册上的规范值进行比对，如果划痕深度超过维修极限，应更换制动鼓

5. 检测制动鼓径向跳动量（以科鲁兹轿车检测为例，见表 19-5）

表 19-5　检测制动鼓径向跳动量操作步骤

步　　骤	操 作 方 法
1	拆卸制动鼓
2	把制动鼓放置在制动器车床上
3	如图 19-18 所示，转动制动鼓，用千分表测量制动鼓的径向跳动
4	将测量值与维修手册上的规范值进行比对，如果超过维修极限，应更换制动鼓或对制动鼓执行表面修整

6. 测量鼓式制动器的制动蹄摩擦片厚度

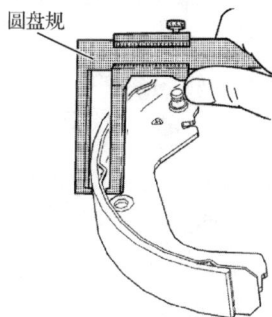

如图 19-19 所示，用圆盘规测量制动蹄制动摩擦片厚度。如果厚度低于规范值，应更换新的制动摩擦片。

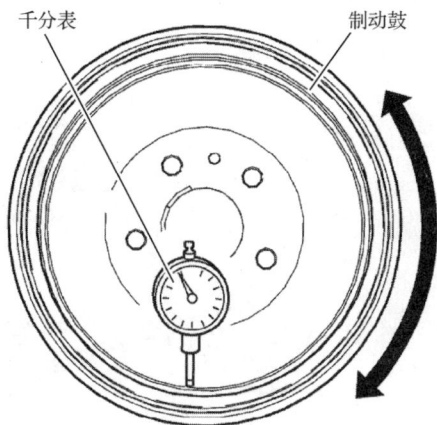

图 19-18　测量制动鼓径向跳动量　　　　图 19-19　测量制动蹄制动摩擦片厚度

第二十天 转 向 系 统

任务目标

1. 了解汽车转向系统的作用和类型。
2. 了解汽车转向系统的组成。
3. 了解汽车转向系统常见的维修项目。

知识准备

一、汽车转向系统的作用

汽车转向系统的作用就是让驾驶员通过使前轮转向来控制车辆的方向。一个运行正常、功能良好的转向系统必须满足如下要求。

（1）良好的敏捷性。当车辆在狭窄、崎岖的道路上拐弯时，转向系统必须能保证敏捷、容易和平稳地转动前轮。

（2）良好的转向作用力。为了得到良好的转向效果和路面感觉，转向系统的转向器应在车速低时使转向力变轻，车速高时使转向力变重。

（3）平稳恢复。车辆转向时，驾驶员应牢牢掌握住方向盘，当转向结束，驾驶员放松方向盘所用的力时，方向盘应平稳恢复原位，即车辆前轮恢复到正前方的位置。

（4）将路面冲击减低到最小。不允许出现由于路面不平而导致方向盘控制失灵或反冲等现象。

二、汽车转向系统的类型

汽车转向系统分为机械转向系统和动力转向系统两大类。

1. 机械转向系统

以驾驶员的体力作为转向能源，转向传力部件都是机械的，如图 20-1 所示。这种转向系统结构简单，制造成本低，但随着技术的进步，目前机械转向系统已经很少采用了。

2. 动力转向系统

动力转向系统也可称为助力转向系统，具体可分为液压助力式转向系统和电动助力式转向系统。动力转向系统使车辆转向操作更容易、更轻快，因此现代汽车广泛配备了动力转向系统。

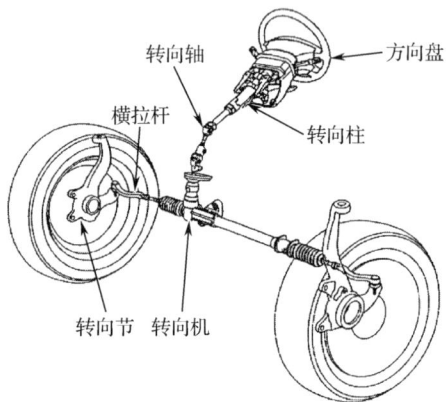

图 20-1　机械转向系统

（1）液压助力式转向系统

液压助力式转向系统的组成和部件功能如图 20-2 所示。

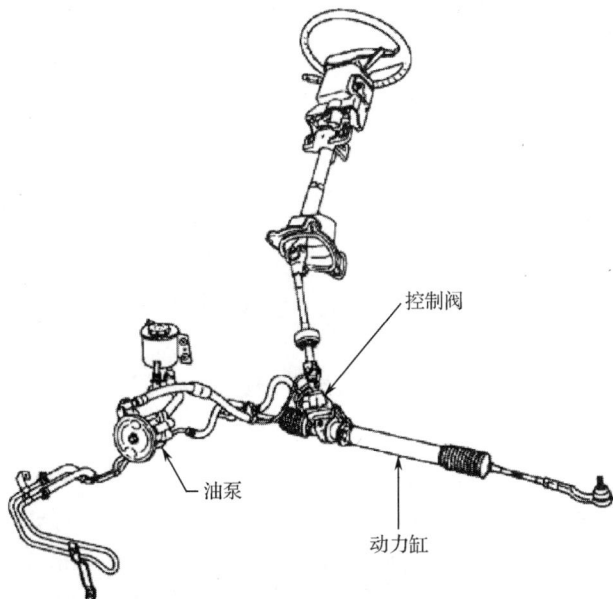

控制阀

油泵

动力缸

油泵：动力转向油泵由发动机驱动。它为操作动力转向系统提供必要的油压。
控制阀：控制阀调节动力转向系统。阀开度控制通向系统的油压。压力方向
（左侧或右侧）也由阀控制。
动力缸：动力缸接收油压，为转向传动机构提供助力。

图 20-2 液压助力式转向系统的组成和部件功能

（2）电动助力式转向系统

电动助力式转向系统采用电动机为转向系统提供助力，这种转向系统使用扭矩传感器检测道路阻力和方向盘的转动方向，将相应的信号传送给电动助力式转向系统的电控单元，电控单元根据扭矩传感器信号和轮速传感器信号，判定所需的电流并将其传送至电动机，电动机转动，驱动齿轮轴，驾驶员使用很小的力量就可容易地进行转向操作。其组成部件如图 20-3 所示。

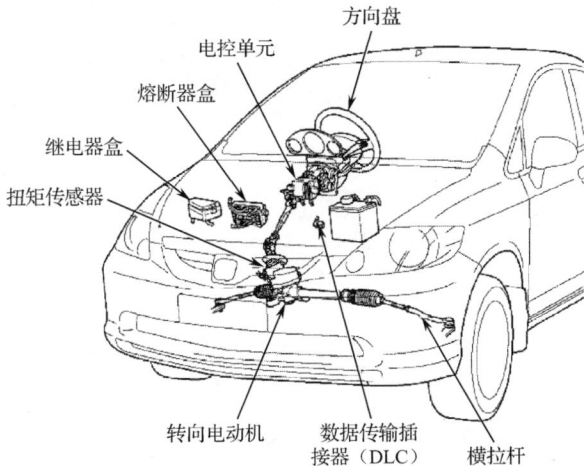

方向盘

电控单元

熔断器盒

继电器盒

扭矩传感器

转向电动机

数据传输插
接器（DLC）

横拉杆

图 20-3 电动助力式转向系统的组成

三、转向系统部件功能说明

1. 方向盘

方向盘用来进行转向操纵。方向盘的组成如图 20-4 所示。

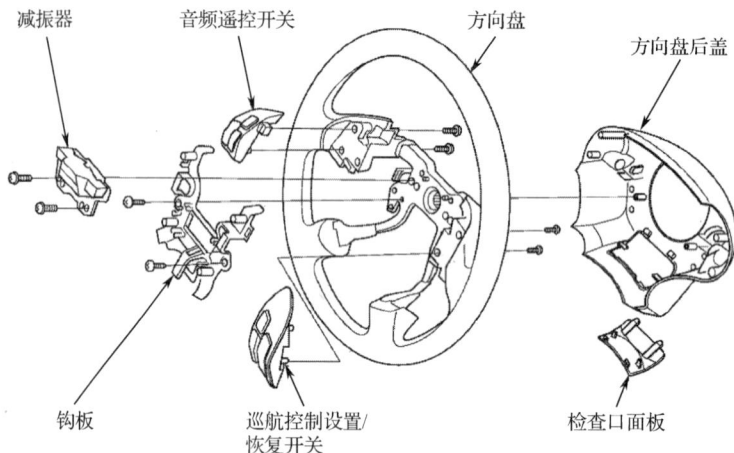

图 20-4 方向盘的组成

2. 转向柱和转向轴

转向柱用来连接方向盘和转向器。转向柱管内安装有转向轴，转向轴通常由上轴和下轴构成，通过安全销相连接，将方向盘的转动传递到转向器。转向柱和转向轴如图 20-5 所示。

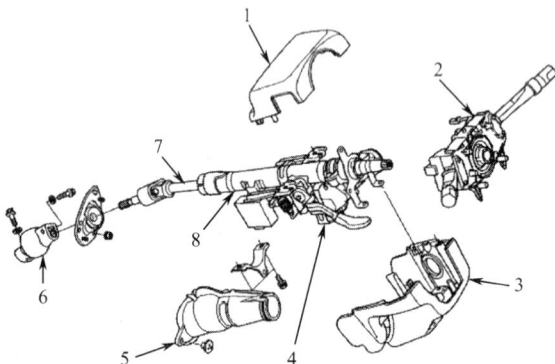

1-转向柱上盖；2-组合开关；3-转向柱下盖；4-倾斜调节杆；5-万向节盖；6-万向节；7-转向轴；8-转向柱。

图 20-5 转向柱和转向轴

3. 转向器

转向器有两种类型：一种是齿轮齿条式转向器，它重量轻、结构简单、制造成本低，广泛应用于乘用车；一种是循环球式转向器，可靠性高，受轮胎反冲力影响较小，在商用车上使用较多。

（1）循环球式转向器

这种转向器构造如图 20-6 所示，在转向器螺杆和螺母之间有几个球，当方向盘转动时，螺杆使球转动，然后移动螺母，最后使齿扇转动，这种转向器摩擦损失非常小，因此可靠性高。

（2）齿轮齿条式转向器

这种转向器在转向轴末端安装有一个小齿轮，与齿条啮合，用来改变前轮转动方向。转向运动响应性非常好，结构简单，如图 20-7 所示。

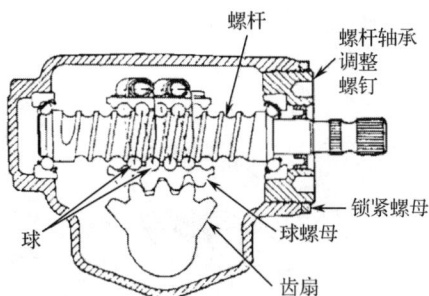

图 20-6　循环球式转向器

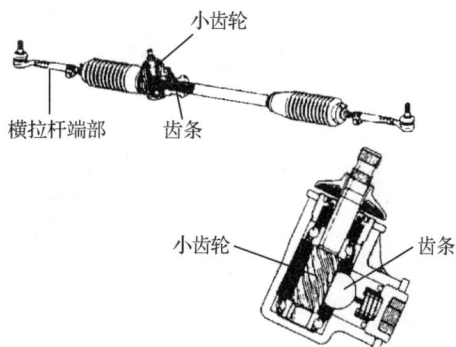

图 20-7　齿轮齿条式转向器

4．转向节与横拉杆

转向节和横拉杆的作用是把转向器的运动传递给左前和右前车轮，如图 20-8 所示。齿条的横向移动通过横拉杆传递到转向节臂上，使左右转向节围绕连接上下悬架臂的连接点转动，从而使车轮向左或向右转动。球头连接件的作用是补偿因悬架移动和转向操作而造成的垂直和轴向移动。

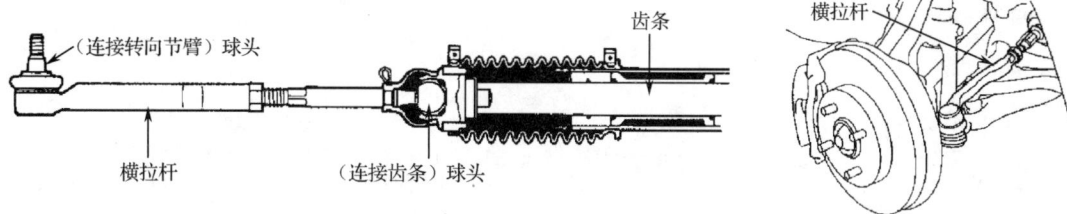

图 20-8　转向节与横拉杆

实际操作

1．检查传动皮带

液压动力转向系统是由发动机传动皮带带动运转的，在检查时，要目视检查发动机传动皮带是否出现裂纹或龟裂等现象，如图 20-9 所示，如果发现有裂纹，则要及时更换新的发动机传动皮带。

2．检查方向盘自由行程（以丰田凯美瑞轿车为例，见表 20-1）

表 20-1　方向盘自由行程检查操作步骤

步　　骤	操　作　方　法
1	把车辆停放好，使前轮朝向正前方
2	如图 20-10 所示，向左和向右轻轻转动方向盘，测量其最大自由行程
3	将测量值与维修手册上的规范值进行比对，如果超过 30mm 的规范值，应检查转向柱和转向轴

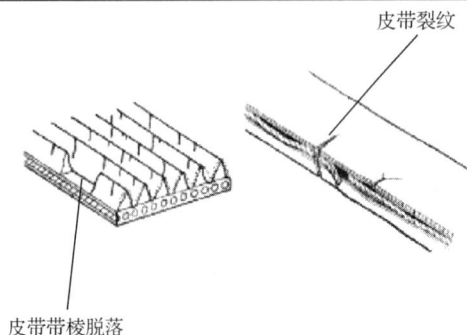

图 20-9　发动机传动皮带上的裂纹或损伤

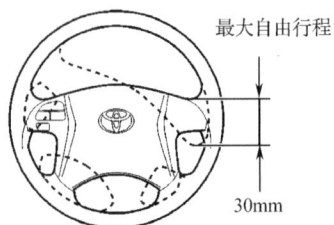

图 20-10　检查方向盘自由行程

3．检查动力转向液储液罐液位

如图 20-11 所示，定期检查动力转向液储液罐液位，确保液位在上限和下限标记之间。如果低于下限标记，应及时添加动力转向液。

4．更换动力转向液

（1）把动力转向液储液罐从固定架上取下，举起储液罐，如图 20-12 所示，断开储液罐上的回流管。

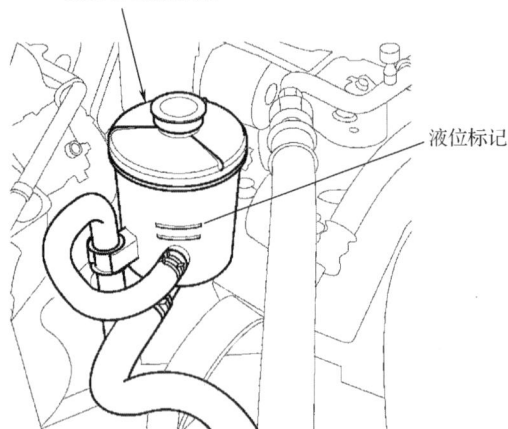

图 20-11　检查动力转向液储液罐液位

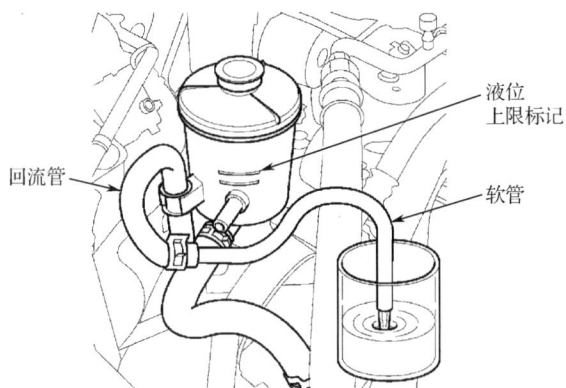

图 20-12　更换动力转向液

（2）在回流管上连接一根软管，将储液罐内的动力转向液排出到容器中。操作时要小心，不要让动力转向液滴落到车漆上。

（3）起动发动机怠速运行，把方向盘向左和向右转动到极限位置，重复数次，直至动力转向液彻底排放干净为止。然后立即关闭发动机。

（4）把回流管重新连接好。

（5）添加新的动力转向液，直至液位达到储液罐的上限标记。

（6）起动发动机，使发动机以快怠速运行，把方向盘向左和向右转动到极限位置，重复数次，将动力转向系统中的空气排放干净。

（7）再次检查动力转向液液位，确认符合规范。

5．转向柱倾斜力检查（本田讴歌 TL 轿车，见表 20-2）

表 20-2　转向柱倾斜力检查操作步骤

步　骤	操 作 方 法
1	使方向盘处于正中位置，完全松开转向锁止杆
2	如图 20-13 所示，把弹簧秤连接到方向盘最高点上，将转向柱倾斜到最低位置
3	笔直向上拉弹簧秤，等转向柱开始移动时读取弹簧秤的测量值
4	把弹簧秤连接到方向盘最低点上
5	笔直向下拉弹簧秤，等转向柱开始移动时读取弹簧秤的测量值
6	倾斜力标准值为 70N，如果测量值高于规范值，应更换转向柱

6．转向柱伸缩力测试（本田飞度轿车，见表 20-3）

表 20-3　转向柱伸缩力检查操作步骤

步　骤	操 作 方 法
1	使方向盘处于正中位置，完全松开转向锁止杆
2	如图 20-14 所示，把弹簧秤连接到方向盘中心点上
3	拉弹簧秤，等转向柱开始移动时读取弹簧秤的测量值
4	伸缩力标准值为 116N，如果测量值高于规范值，应更换转向柱

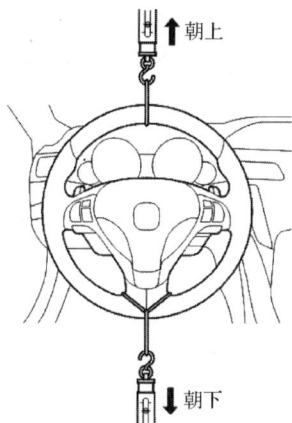

图 20-13　测量转向柱倾斜力　　　图 20-14　测量转向柱伸缩力

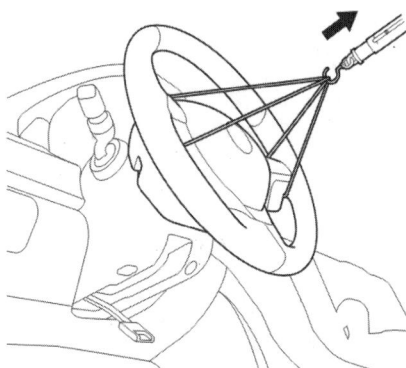

7. 动力转向油泵压力检查（本田车系，见表20-4）

表20-4　动力转向油泵压力检查操作步骤

步　骤	操 作 方 法
1	如图20-15所示，把油压测试表和测试表接头适配器安装到转向油泵上
2	如图20-16所示，把截止阀完全开启
3	如图20-16所示，把压力控制阀完全开启
4	起动发动机并怠速运行，使动力转向液温度达到70℃
5	在发动机怠速运行时，测量油压，如果油泵工作正常，压力应不高于1500kPa。如果压力过高，应检查压力控制阀
6	将发动机转速升高到3500r/min，测量油压，如果油泵工作正常，压力应至少为1500kPa。如果压力过低，应维修或更换油泵

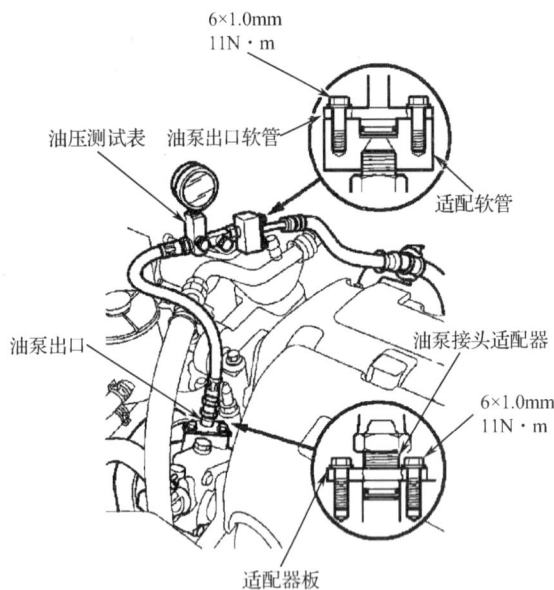

图 20-15　安装油压测试表　　　　图 20-16　截止阀和压力控制阀识别

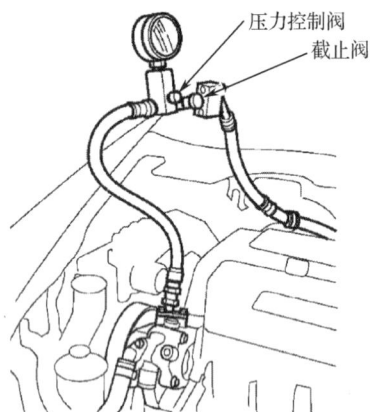

第二十一天 离 合 器

任务目标

1. 了解离合器的功能和组成。
2. 了解离合器常见的维修项目和实际操作。

知识准备

1. 离合器的功能

离合器是使汽车发动机与传动系分离或接合的一个总成,安装在汽车发动机与变速器之间,用来切断和传递发动机传向传动系的动力。离合器主要有三大功能:

(1) 使发动机与传动系逐渐接合,保证车辆平稳起步。

(2) 暂时切断发动机的动力传动,保证变速器换挡平稳。

(3) 限制所传递的扭矩,防止汽车传动系过载。

一个运行正常、功能良好的离合器必须能满足如下要求:

(1) 既能可靠地传递发动机最大扭矩,又能防止传动系过载。

(2) 接合时平顺柔和,使车辆能平稳起步,减小冲击。

(3) 分离时迅速彻底,使变速器换挡平顺,发动机起动顺利。

(4) 旋转部分的平衡性好,从动部分的转动惯量小。

(5) 具备良好的通风散热能力,防止离合器温度过高。

(6) 操作灵活轻便,减轻驾驶员的疲劳。

2. 离合器的组成

离合器一般由飞轮、压盘、离合器盘、分离轴承、离合器踏板等组成,可分为以下四个部分。

(1) 主动部分:飞轮、离合器盖、压盘。主动部分与发动机飞轮相连。

(2) 从动部分:从动盘(也称作离合器盘)、从动轴。从动部分与变速器相连。

(3) 压紧机构:压紧弹簧(通常为膜片式弹簧)。

(4) 操纵机构:离合器踏板、分离拉杆、分离叉、分离套筒、分离轴承和分离杠杆等。

以本田飞度轿车为例,该车离合器的组成如图 21-1 所示。

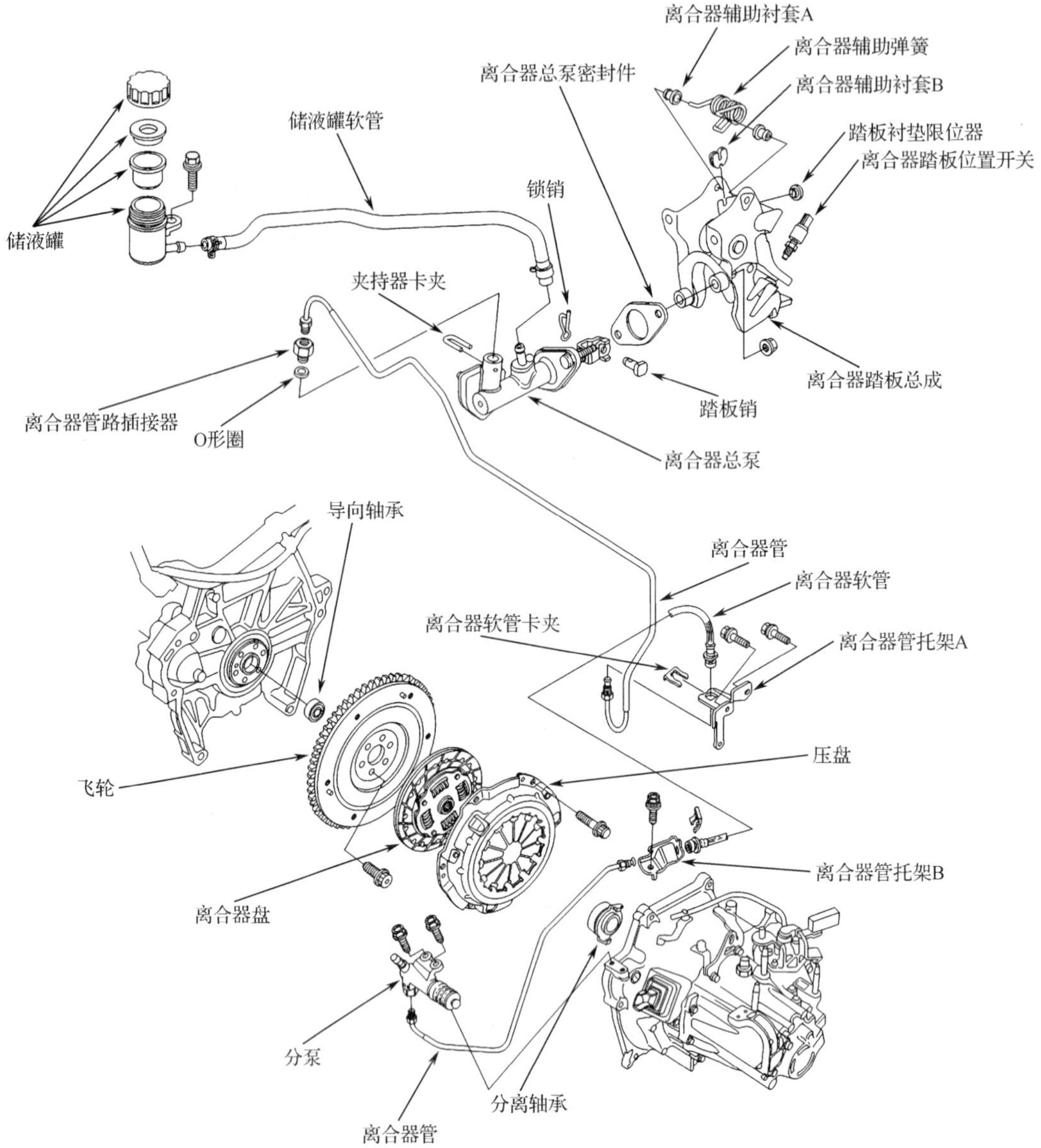

图 21-1 飞度轿车离合器的组成

实际操作

1. 离合器储液罐液面高度检查（以飞度轿车为例）

在车辆维修时，要仔细检查离合器储液罐液面高度，确认液面高度符合规范。如果液面过低，应及时添加。飞度轿车的离合器液压系统使用本田 DOT3 或 DOT4 制动液。检查时，查看离合器储液罐，确认储液罐内的制动液位于储液罐上的 MAX 和 MIN 标记之间，如图 21-2 所示。如果液面过低，应添加到储液罐上的 MAX 标记处。

2. 排放离合器液压系统空气（以飞度轿车为例）

离合器液压系统中如果混入空气，会导致气阻，影响离合器系统的正常工作，因此应执行空气排放操作，将混入的空气彻底排放干净。空气排放操作步骤如表21-1所示。

表21-1　空气排放操作步骤

步　　骤	操 作 方 法
1	确认离合器储液罐中的液面高度达到MAX标记处
2	如图21-3所示，把一根透明的软管连接到放气螺钉，软管的另一端放入容器中，拧开放气螺钉，放出系统内的空气
3	缓缓将离合器踏板彻底踩下，让另一位维修技师暂时将放气螺钉拧紧，然后松开离合器踏板
4	再次松开放气螺钉，并将离合器踏板彻底踩下
5	重复步骤3~4数次，直至软管内再也没有气泡出现
6	将放气螺钉拧紧，将足量的制动液添加到离合器储液罐的MAX标记处

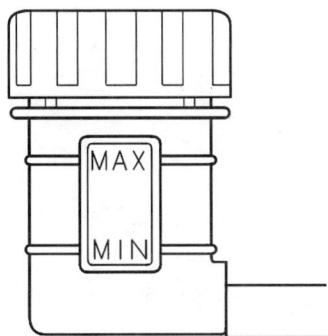

图21-2　检查离合器储液罐液面高度

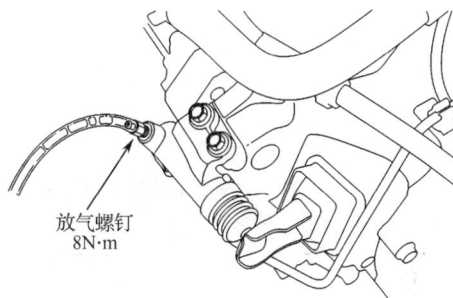

图21-3　放气螺钉识别

3. 离合器压盘检查（以飞度轿车为例，见表21-2）

表21-2　离合器压盘检查操作步骤

步　　骤	操 作 方 法
1	拆下变速器
2	如图21-4所示，用百分表检查膜片弹簧销钉的高度，如果高度超过维修极限，应更换压盘
3	如图21-5所示，安装齿圈固定器和离合器定位工具组件
4	为防止弯曲，以交叉方式，分几步拧松压盘安装螺栓，然后拆下压盘
5	如图21-6所示，检查膜片弹簧销钉夹在分离轴承接触区域是否磨损
6	如图21-7所示，检查压盘表面是否有磨损、开裂
7	如图21-7所示，检查压盘翘曲度，如果超过维修极限，应更换压盘

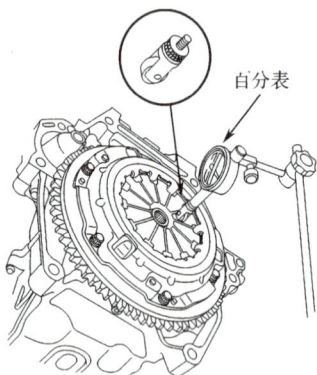

白分表

标准（新）：最大0.6mm
维修极限：1.0mm

图 21-4　用百分表检查膜片弹簧销钉的高度

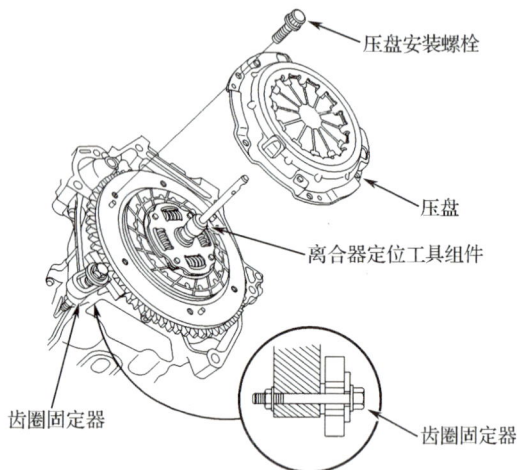

压盘安装螺栓

压盘

离合器定位工具组件

齿圈固定器

齿圈固定器

图 21-5　安装齿圈固定器和离合器定位工具组件

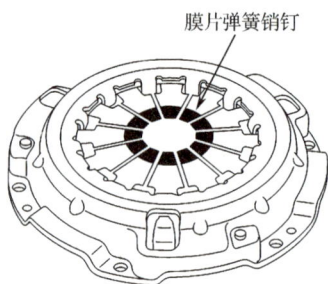

膜片弹簧销钉

图 21-6　膜片弹簧销钉

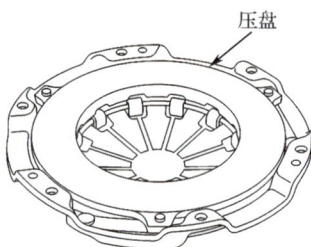

压盘

图 21-7　压盘识别

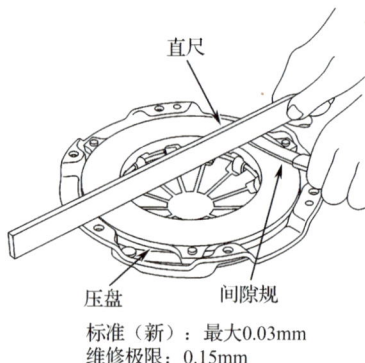

直尺

压盘

间隙规

标准（新）：最大0.03mm
维修极限：0.15mm

图 21-8　测量压盘翘曲度

4. 离合器盘（从动盘）检查（以飞度轿车为例，见表 21-3）

表 21-3　离合器盘（从动盘）检查

步　骤	操　作　方　法
1	如图 21-9 所示，拆下离合器盘和离合器定位工具组件
2	检查离合器盘衬片是否有打滑或沾有油液，如果发现离合器盘有烧蚀或沾有油液，应更换离合器盘
3	如图 21-10 所示，测量离合器盘厚度，如果测量的厚度低于维修极限，应更换离合器盘
4	如图 21-11 所示，测量离合器盘衬片到两侧铆钉的铆钉深度，如果测量值小于维修极限，应更换离合器盘

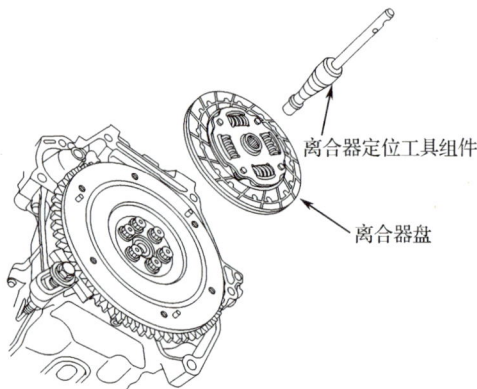

离合器定位工具组件

离合器盘

图 21-9　离合器盘和离合器定位工具组件

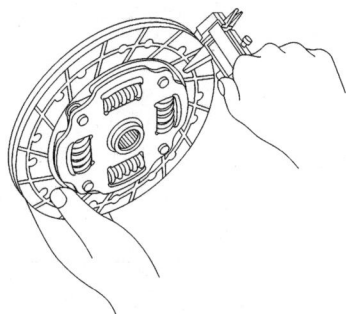

标准（新）：最大7.25~7.95mm
维修极限：5.0mm

图 21-10　测量离合器盘厚度

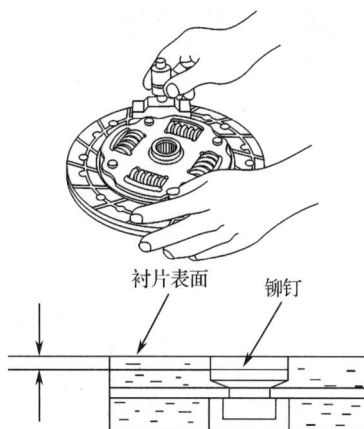

衬片表面　　铆钉

标准（新）：最大1.00~1.50mm
维修极限：0.2mm

图 21-11　检查离合器盘衬片和铆钉

5. 离合器踏板自由行程检查

离合器踏板自由行程是指当离合器踏板踩下时，有一定的自由行程，在这个距离内，离合器不发生作用，即分离轴承与离合器分离爪开始接触前的空隙，一般为 10~20mm，视具体车型不同而有所差别。具体规范值应查阅相应车型的维修手册。离合器踏板自由行程检查及调节方法如表 21-4 所示。

表 21-4　离合器踏板自由行程检查及调节方法

步　骤	操 作 方 法
1	用直尺抵在驾驶室地板上，先测量离合器踏板完全放松时的高度，再用手按压离合器踏板，等感到阻力增大时再测量离合器踏板高度，两次测量的高度差即为离合器踏板自由行程，如图 21-12 所示
2	离合器踏板自由行程可通过图 21-12 中的调节螺母来进行调整

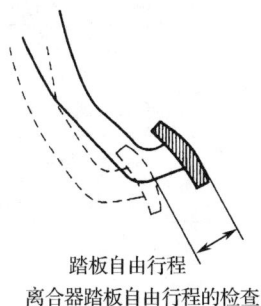

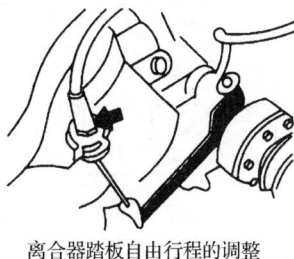

踏板自由行程
离合器踏板自由行程的检查　　　　离合器踏板自由行程的调整

图 21-12　离合器踏板自由行程检查与调整

6. 分离轴承检查（以飞度轿车为例，见表21-5）

表 21-5　分离轴承检查操作步骤

步　骤	操　作　方　法
1	拆下变速器
2	如图 21-13 所示，把分离拨叉防尘罩从离合器壳体上拆下
3	用钳子把分离拨叉固定弹簧从分离拨叉上拆下，拆下分离轴承
4	如图 21-14 所示，用手检查分离轴承，如果发现间隙过大或转动时有噪声，应更换分离轴承。注意：分离轴承上涂有润滑脂，因此切勿用溶剂清洗轴承

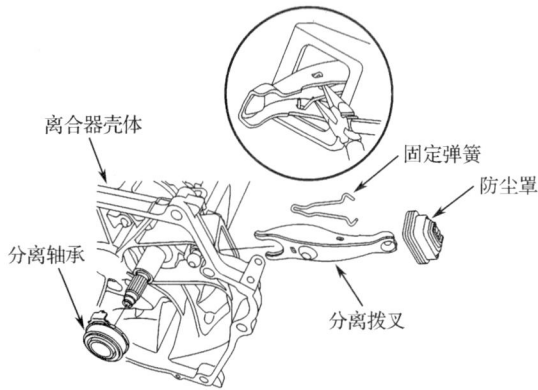

图 21-13　检查分离轴承　　　　　　　图 21-14　检查分离轴承

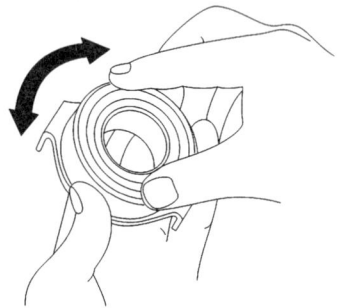

7. 离合器常见故障处理方法

以凯越轿车为例，该车离合器常见故障处理方法如表21-6所示。

表 21-6　凯越轿车离合器常见故障处理方法

故 障 现 象	检　查	处 理 方 法
离合器分离不彻底	驾驶方法是否正确	纠正错误的驾驶方法
	离合器踏板行程	调整离合器踏板行程
	油液是否不足或高压油管泄漏	修理泄漏并添加油液
	离合器盘是否翘曲或磨损	更换离合器盘
	输入轴花键是否磨损	修理或更换输入轴花键
	膜片弹簧是否过软	更换压盘
离合器打滑	同心分泵是否卡滞	更换同心分泵
	离合器油回油是否正常	进行排气操作
	离合器盘是否磨损或离合器油是否污染	更换离合器盘
	检查压盘是否翘曲	更换压盘

故 障 现 象	检　　查	处 理 方 法
离合器振动	飞轮是否污染或翘曲	修理或更换飞轮
	膜片弹簧是否过软	更换压盘
	离合器盘是否被油污染	更换离合器盘
	输入轴花键是否磨损	更换输入轴花键
	检查压盘或飞轮是否翘曲	更换压盘或飞轮
踏板过硬	离合器踏板是否润滑不良	添加润滑脂或修理
	油管是否堵塞	检查或更换堵塞的油管
	同心分泵是否卡滞	更换同心分泵
离合器踏板有噪声	离合器踏板衬套是否润滑不良	润滑离合器踏板衬套
	离合器踏板复位弹簧是否卡滞	拆卸并重新安装离合器踏板复位弹簧

第二十二天　手动变速器

任务目标

1. 了解汽车手动变速器的结构和组成。
2. 了解汽车手动变速器常见的维修项目。

知识准备

一、汽车变速器的功能和原理

汽车变速器一般安装在离合器后面,将离合器传递来的动力传给万向传动装置或驱动桥,如图22-1所示。

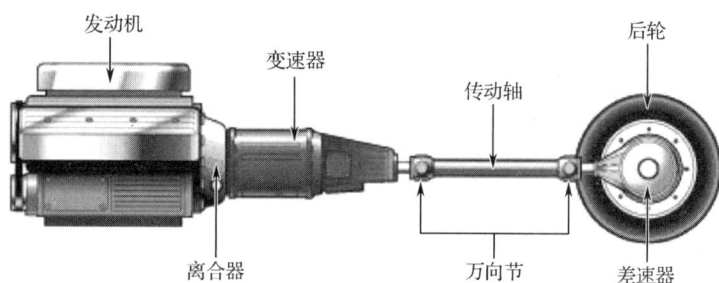

图 22-1　变速器安装位置识别

汽车变速器主要有三大功能:

(1)改变传动比,扩大驱动轮转矩和转速的变化范围,适应各种行驶条件。

(2)在汽车发动机旋转方向不变的情况下,利用变速器的倒挡功能实现车辆倒退行驶。

(3)利用空挡,在发动机不熄火的情况下,暂时中断发动机动力传递,使车辆可以起步和怠速运行。

汽车变速器的工作原理:

汽车变速器内安装有多个不同的齿轮,通过不同大小的齿轮组合在一起,就可以实现对转矩和转速的调整,用低转矩可以换来高转速,用低转速则可以换来高扭矩,如图22-2所示。

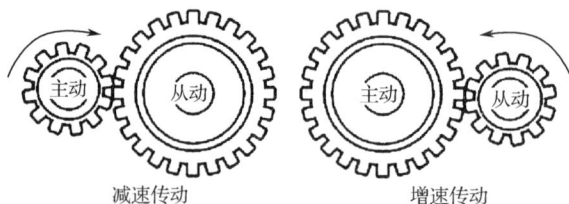

图 22-2　汽车变速器工作原理示意图

二、手动变速器基础知识

1．手动变速器的结构和组成

之所以被叫作手动变速器，就是因为变速时必须由驾驶员用手拨动变速器换挡杆，方可改变变速器的传动比，实现变速。手动变速器主要由壳体、传动组件（主动轴、从动轴、齿轮、同步器）、操纵组件（换挡拉杆、拨叉等）等组成，如图 22-3 和图 22-4 所示。

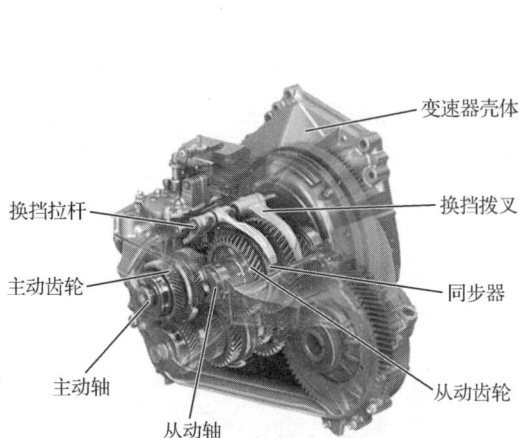

图 22-3　手动变速器的结构

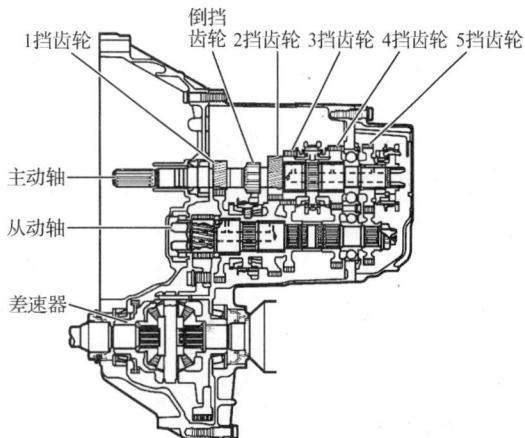

图 22-4　手动变速器的组成

2．手动变速器的特点

（1）手动变速器与自动变速器相比，动力传递效率比较高，在相同的发动机排量条件下，手动变速器车辆更省油。

（2）手动变速器构造简单，维护保养比自动变速器简便。

（3）制造成本低，生产工艺成熟。

（4）由于构造简单，出故障的概率低，因此可靠性较高。

（5）手动变速器换挡时要同时控制离合器、换挡杆和油门，对驾驶员操作熟练性要求较高。

三、车辆齿轮油基本知识

车辆齿轮油即车辆的手动变速器、分动器和驱动桥等齿轮传动机构所用的润滑油。

现代车辆齿轮油在齿轮设计时已被视为齿轮装置的重要结构材料，其黏度和承载能力成为设计的重要依据之一。因此齿轮油在使用中必须严格按规定要求选用，否则会降低齿轮装置的使用寿命，甚至造成早期损坏。

1．车辆齿轮传动机构的工作特点及对齿轮油的性能要求

车辆传动装置中的齿轮在工作过程中受力非常复杂，特别是双曲线齿轮，两齿轴线在空中交错，齿长方向仍是弧形，齿面载荷可高达 1.7GPa，冲击载荷可高达 2.8GPa，且齿面要以很高的速度滑移，产生强烈的摩擦，使得齿面局部温度骤升，很容易出现烧结、熔焊（胶合）等损伤。在如此苛刻的工况下，齿轮油必须满足如下性能要求。

（1）良好的极压性，即在摩擦面接触压力非常高、油膜容易破裂的润滑条件下，能够防

止烧结、熔焊等摩擦面损伤。极压性的改善必须依靠极压添加剂，它是一种分子中含有氯、硫、磷等元素的化合物。这些化合物在摩擦表面的温度达到足够高时，便与齿轮金属表面发生化学反应，生成氯化铁、硫化铁、磷酸铁薄膜，此固态膜的临界剪切强度低于基本金属，摩擦副滑动时的剪切运动就在固态膜中进行，从而防止金属表面出现胶合或擦伤。

（2）适当的黏度。车辆齿轮在正常运转条件下，齿面经常处于弹性流体动力润滑状态，此时，齿轮油的黏度对承载能力有重要影响。油的黏度高，弹性流体动力润滑油膜厚度厚，齿轮油的承载能力高，有利于齿面保护。但是黏度不是越高越好，因为齿轮工作时搅动齿轮油，液体内摩擦产生摩擦热，会使油温升高。油温升高，齿轮整体温度和齿面温度随之升高，油膜容易被破坏，所以齿轮油的黏度不可太大。因此要求齿轮油的黏度要适当，具体说应满足如下要求，在最低工作温度下的最大黏度须能保证汽车不经预热可以顺利起步；在一般运行工况下齿轮油内摩擦消耗不应使所传递的功率明显下降；在最高工作温度时的黏度须保证齿轮的可靠润滑。

（3）良好的黏温性能。即随着工作温度的变化，黏度变化要尽可能小，以保证在低温时具有足够的流动性，在齿轮转动时有足够量的油带到齿面及轴承，防止出现损伤；在高温时黏度不致降低太多，要能形成足够厚的润滑油膜。

车辆齿轮油除以上性能要求外，还应具有良好的热氧化安定性、抗泡性，对金属腐蚀性要小，储存安全性要好等。

2．车辆齿轮油的选用

齿轮油的正确选用包括：一要根据齿轮类型和工作条件确定油品质量档次；二要根据最低使用环境温度和齿轮传动装置的运行最高温度来确定黏度等级（牌号）。齿轮油黏度等级（牌号）所对应的使用环境温度如表 22-1 所示。

表 22-1 齿轮油黏度等级（牌号）所对应的使用环境温度

黏度等级	使用环境温度	黏度等级	使用环境温度
75W	−40～20℃	85W-90	−16～40℃
75W-90	−40～40℃	90	−10～40℃
80W-90	−30～40℃		

（1）质量档次的选择

汽车齿轮油质量档次的选择应依据主减速器齿轮类型及其工作条件，如果主减速器是双曲线齿轮且齿面负荷在 2000MPa 以上、滑移速度超过 10m/s、油温可高达 120～130℃以上的车辆必须选用含有大量极压剂的重负荷车辆齿轮油（GL-5），如北京切诺基、红旗和进口高级轿车用齿轮油；如果主减速器是双曲线齿轮，但负荷较小，不超过 2000MPa，齿面滑移速度在 1.5～8m/s 的车辆，如 EQ1090、桑塔纳、夏利等应选中负荷齿轮油（GL-4）；有些结构化较紧凑的越野车和进口载货汽车，如红岩 CQ-261、奔驰 20206、斯太尔等，主减速器虽为螺旋伞齿轮传动，但工作条件也比较苛刻，它们也必须使用中负荷齿轮油（GL-4），不可使用极压抗磨性很低的普通车辆齿轮油。若后桥主减速器是一般螺旋伞齿轮，工作条件苛刻程度一般的车辆，选用普通车辆齿轮油（GL -3）即可。

车辆的手动变速器、分动器的齿轮都是圆柱直齿轮或斜齿轮，负荷一般低于 2000MPa，转速较快，容易形成流体（轻负荷）或弹性流体（重负荷）润滑油膜，同时各挡齿轮交替工作，所以工作条件比主减速器温和，选用含非活性抗磨剂的或少量极压抗磨剂的普通车辆齿轮油即能满足润滑要求。但为简化用油品种，方便管理，多数汽车制造厂推荐驱动桥和手动变速器用同一种齿轮油。转向机构齿轮传动部分一般和手动变速器使用一种润滑油。

（2）等级的选择

参照美国 API（美国石油学会）提出的齿轮油性能分类，我国齿轮油分为普通车辆齿轮油（CLC）、中负荷车辆齿轮油（CLD）、重负荷车辆齿轮油（CLE）三级，质量分别与美国的 GL-3、GL-4、GL-5 级油相当。按其质量水平，美国石油学会将汽车齿轮油分五档（GL-1～GL-5）。GL-1～GL-3 的性能要求较低，用于一般负荷下的正、伞齿轮，以及变速器和转向器等齿轮的润滑。GL-4 用于高速低扭矩和低速高扭矩条件下，汽车双曲线齿轮传动轴和手动变速器的润滑。GL-5 的性能水平最高，用于运转条件苛刻的高冲击负荷的双曲线齿轮传动轴和手动变速器的润滑。中高档进口轿车一般均选用 GL5 级齿轮油。

按黏度分类：我国车辆齿轮油黏度分类采用美国汽车工程师学会（SAE）黏度分类法，分为 70W、75W、80W、85W、90 等黏度等级，其中"W"代表冬用，SAE70W、75W、80W、85W 为冬用油；无"W"字则为非冬用油，车辆齿轮油黏度等级的选择主要依据的是使用环境温度。我国南方地区可选用 90 号油，东北及西北寒区宜选用 80W-90 或 75W-90 号油，其余中部地区宜选用 85W-90 号油，如表 22-1 所示。

实际操作

1. 手动变速器油液检查（以马自达 AXELA 轿车为例，见表 22-2）

表 22-2 手动变速器油位检查操作步骤

步 骤	操 作 方 法
1	把车停放在平坦地面上
2	把发动机底部护板拆下
3	如图 22-5 所示，拆下手动变速器油位塞，确认油位处于油位塞孔的边缘高度
4	确认油位合乎规范后，更换油位塞上的密封圈
5	安装油位塞，将其紧固至 39～59N·m

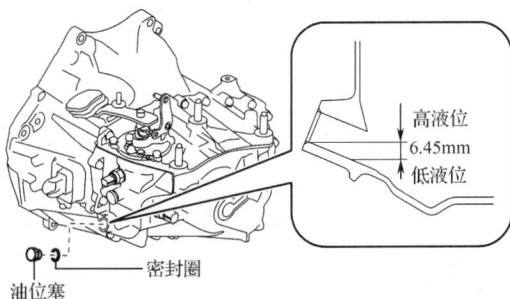

图 22-5 检查手动变速器油位

2. 手动变速器油液更换（以马自达 AXELA 轿车为例，见表 22-3）

表 22-3　手动变速器油液更换操作步骤

步　骤	操 作 方 法
1	把车停放在平坦地面上
2	把发动机底部护板拆下
3	如图 22-6 所示，拆下手动变速器放油塞，放出油液
4	更换放油塞上的密封圈
5	安装放油塞，将其紧固至 39～59N·m
6	从图 22-5 所示的油位塞处添加手动变速器油液
7	确认油位合乎规范后，更换油位塞上的密封圈
8	安装油位塞，将其紧固至 39～59N·m
9	安装发动机底部护板

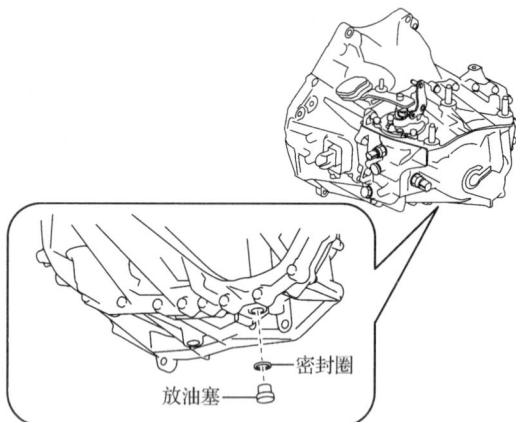

图 22-6　手动变速器放油塞位置识别

3. 倒挡拨叉间隙检查

手动变速器的倒挡拨叉与中间齿轮必须保持一定的间隙，手动变速器倒挡拨叉间隙可参照图 22-7 进行检测。将检测值与维修手册上的规范值进行比对。

4. 检查手动变速器各个轴承的止推间隙

对手动变速器执行检修时，应测量各轴齿轮的止推间隙是否符合规范要求，如不符合规范值，应予以更换，如图 22-8 所示。

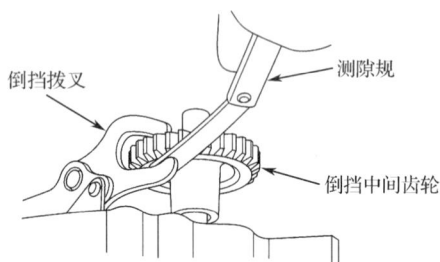

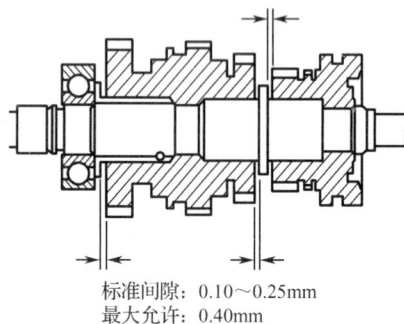

标准间隙：0.10～0.25mm
最大允许：0.40mm

图 22-7　手动变速器倒挡拨叉间隙检测　　图 22-8　检查手动变速器输出轴齿轮止推间隙（切诺基轿车）

5. 测量输出轴

如图 22-9 所示，使用游标卡尺测量输出轴凸缘厚度和输出轴内座圈外径，如果超过规范值，应予以更换。

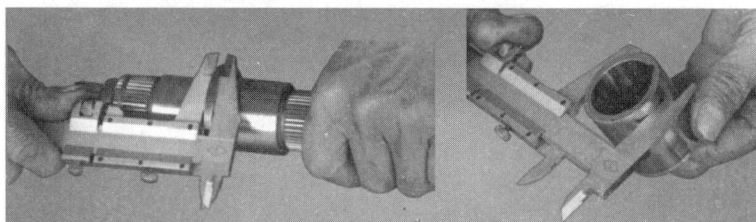

测量输出轴凸缘厚度   测量输出轴内座圈外径

图 22-9 测量输出轴凸缘厚度和内座圈外径

6. 测量变速器内各轴承轴颈外径

如图 22-10 所示，使用千分尺准确测量变速器内各轴承轴颈外径，将测量值与规范值比对，如果测量值超过规范值，应更换。

7. 测量轴承径向跳动

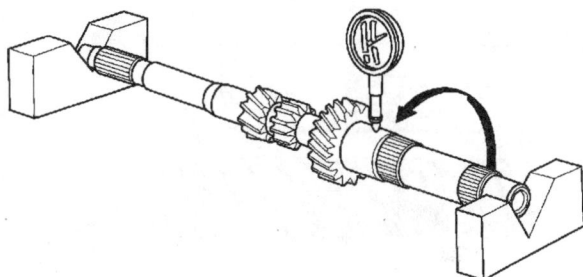

如图 22-11 所示，使用百分表测量变速器内轴承的径向跳动，如果超过规范值，应更换。

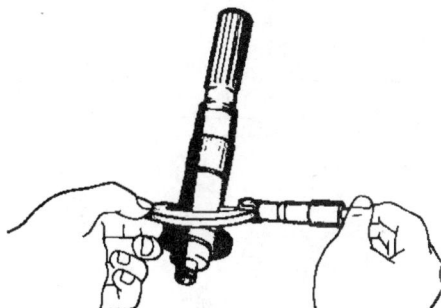

图 22-10 用千分尺测量轴颈外径   图 22-11 用百分表测量轴承径向跳动

8. 检查同步环

同步器的功能是使接合套与待啮合的齿圈迅速同步，缩短换挡时间，防止产生换挡冲击。现代汽车应用最为广泛的就是锁环式同步器，如图 22-12 所示。锁环有内锥面，与接合齿圈外锥面相配合，就可以使转速不同的两齿轮在接合之前迅速达到同步。

把手动变速器的同步环压在各自齿轮的锥面上，按压转动同步环时应感觉到有阻力。用测隙规按照图 22-13 所示，测量同步环环齿与齿轮轮齿之间的间隙，如果不符合规范值，应更换同步环。

9. 检查手动变速器壳体

变速器壳体不能有裂纹；变速器轴承孔如果磨损过大应更换壳体；检查变速器壳体接合面的翘起变形，不能超过维修极限值，否则应更换变速器壳体。

10. 检查拨叉

如图 22-14 所示，检查拨叉是否弯曲，如果弯曲，应进行矫正或更换。

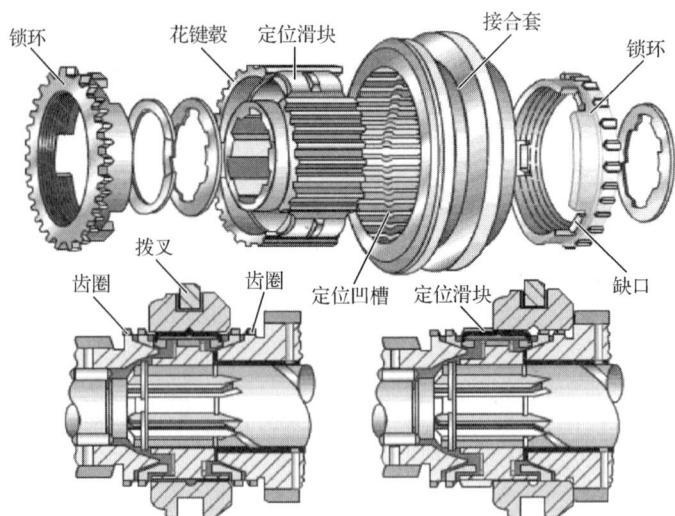

图 22-12 锁环式同步器

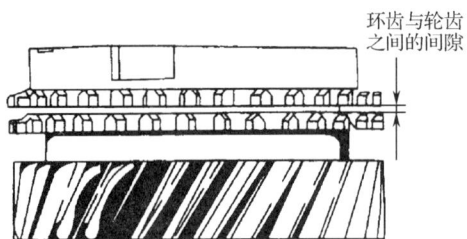

图 22-13 检查同步环

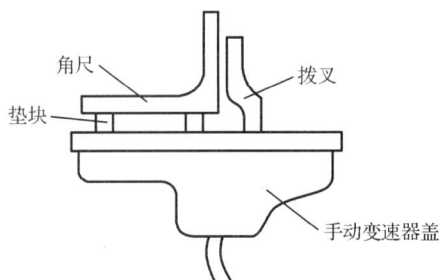

图 22-14 检查拨叉

第二十三天 自动变速器

任务目标

1. 了解自动变速器的结构和组成。
2. 了解自动变速器常见的维修项目。

知识准备

1．自动变速器的作用和原理

自动变速器的作用就是根据汽车行驶阻力的变化，在一定范围内自动改变变速器的传动比和转矩比。采用自动变速器的汽车，换高挡和低挡时，驾驶员不需要进行判断，而是由自动变速器的控制单元根据汽车的车速和驾驶员踩下加速踏板的幅度自动执行换挡操作。采用电子控制单元控制自动变速器进行换挡的就称为电控自动变速器，如图23-1所示；不采用电子控制单元，而是采用速控阀以液压方式检测车速，并通过检测节气门拉索的位移量来确定加速踏板的位移量，以机械方式实现换挡的，就称为全液压控制自动变速器，如图23-2所示。目前汽车上应用最广泛的是电控自动变速器。

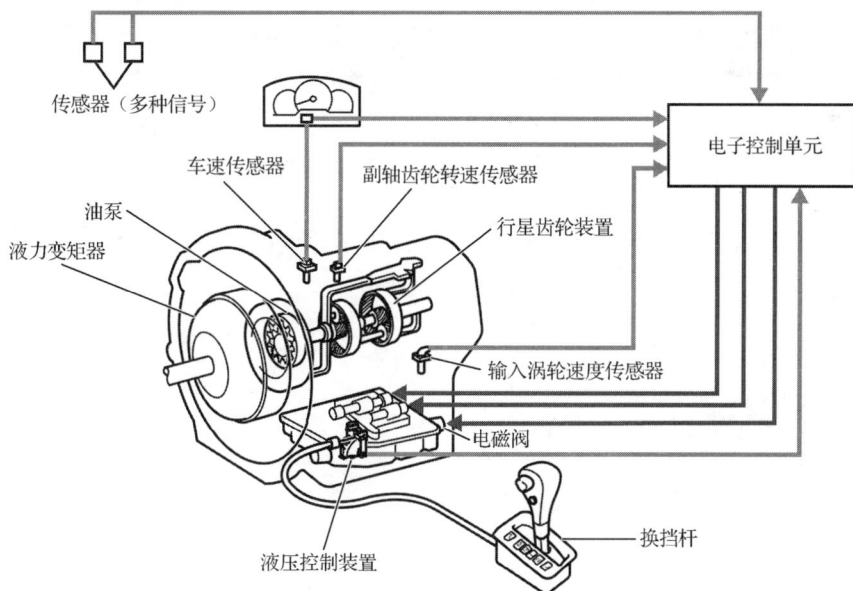

图 23-1　电控自动变速器

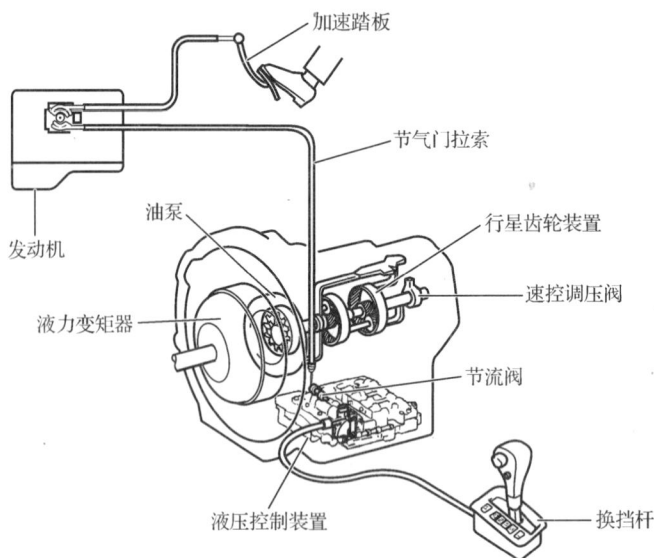

图 23-2 全液压控制自动变速器

2．自动变速器的特点

（1）自动变速器取消了离合器踏板，驾驶员换挡时无须频繁踩下和松开离合器踏板及用手扳动换挡杆，使驾驶员操作简单省力，可提高行车安全性。

（2）自动变速器采用自动变速器油液传递动力，使得车辆的起步加速更加平稳，有效避免了汽车因负荷突然增加而导致过载和发动机熄火现象，提高了车辆的通过性。

（3）自动变速器能吸收和衰减换挡过程中的振动和冲击，提高车辆乘坐的舒适性，同时也有利于延长发动机和传动系部件的使用寿命。

（4）自动变速器执行换挡时，能自动适应车速和行车阻力的变化，提高了汽车的动力性和平均车速。

（5）自动变速器属于动力换挡，发动机工况相对比较稳定，可使汽车经常处于最佳挡位行驶，提高了汽车的燃料经济性并减少了废气排放。

（6）与手动变速器相比，自动变速器结构复杂，制造成本高，维修复杂。

实际操作

一、自动变速器油液检查

1．自动变速器油液基础知识

自动变速器油液简称 ATF（Automatic Transmission Fluid），是专门用于自动变速器的油液。自动变速器专用油液既是液力变矩器的传动油，又是行星齿轮结构的润滑油和换挡装置的液压油。

自动变速器油液一般正常行驶情况每 12 万公里更换一次，恶劣行驶情况每 6 万公里更换一次。应尽量选用原厂的 ATF。不能错用、混用自动变速器油液。ATF 由于型号不同，摩擦系数也不同。某些汽车厂家是根据汽车变速器的技术指标设计出有针对性的油品，使用这样的油品可以保持变速器良好的机械性能，延长寿命。因此如果自动变速器油液错用、混用，会造成打滑或零件早期磨损。

ATF 在自动变速器中工作时必须要满足如下要求：

（1）适当的黏度。ATF 的使用温度为-40～170℃，范围很宽，又因自动变速器对其工作油的黏度极其敏感，所以黏度是 ATF 重要的特性之一。不同种类变速器所需要的 ATF 黏度也不相同，因此不能随意地更换汽车使用 ATF 的标准油，避免由于更换的 ATF 黏度与自动变速器标准油液黏度要求不适应，导致出现不良反应。当使用 ATF 的黏度偏大时，不仅影响变矩器的效率，而且可能造成低温起动困难；当使用 ATF 的黏度偏小时，会导致液压系统的泄漏增加。特别是变速器在高速工作时，变速器阀体膨胀量大，此时黏度小则可能引起换挡不正常。

（2）良好的热氧化安定性。ATF 的热氧化安定性是使用中的一个极为重要的指标。和机油一样，油品的氧化安定性直接决定着 ATF 的使用寿命和自动变速器的使用寿命。因为 ATF 的使用温度很高，如果热氧化安定性不好，就会导致形成油泥、清漆、积炭及沉淀物等，从而造成离合器片和制动片打滑、控制系统失灵等故障的发生。

（3）良好的抗起泡性。自动变速器中的 ATF 产生泡沫对于传动系统危害很大，这是由液力自动变速器油液的工作性质所决定的。目前普遍采用的液力变矩器和变速器是同一油路系统供油的，因此它既是变矩器传递功率的介质，又是变速器自动控制的介质和润滑冷却的介质。泡沫可导致变矩器传递功率下降，泡沫的可压缩性导致液压系统压力波动和油压下降，严重时可使供油中断。油中混入大量空气，实际是减少了润滑油量。这些气泡在压缩过程中，温度升高，又加速了油品老化，影响了油品使用寿命，且导致机件早期磨损。

（4）良好的抗磨性能。只有良好的抗磨性能才能保证行星齿轮中各齿轮传动、离合器片工作效能。

（5）与系统中橡胶密封材料的匹配性好。目前，自动变速器中使用的多是丁腈橡胶、丙烯橡胶及硅橡胶等，要求 ATF 使其不能有太明显的膨胀，也不能使之硬化变质。

（6）防腐（防锈）性能优良。在传动装置和冷却器中安装有铜接头、黄铜轴瓦、黄铜过滤器及止推垫圈等部件，这些部件中均含有大量的有色金属，因此 ATF 必须要保证不会引起铜腐蚀和其他金属生锈。

（7）储存安定性优良。ATF 在一定温度范围内和一定时间应该保证均相，没有分解，且 ATF 各成分不应该出现分层或析出等现象。

2．自动变速器油液液位检查（以英菲尼迪 QX56 轿车为例）

自动变速器油液液位必须符合规范。如果油液液位过低，会导致自动变速器离合器、制动器容易发生打滑；加速性能变差和润滑不良。如果油液液位过高，会导致自动变速器油液溢出；控制阀阀体排油孔堵塞；排油不畅，影响离合器、制动器分离。自动变速器油液液位检查操作步骤如表 23-1 所示。

表 23-1　自动变速器油液液位检查操作步骤

步　骤	操 作 方 法
1	把车辆停放在平坦地面上，拉起驻车制动器
2	起动发动机，将变速器挡位在各个挡位移动一遍，最后将变速器挡位设置到 P 挡
3	如图 23-3 所示，把故障诊断仪 CONSULT 连接到故障诊断连接器上，操作诊断仪，读取自动变速器油液温度
4	如图 23-4 所示，插入自动变速器油尺，测量变速器油液液位，根据故障诊断仪读取的油温数据，判别油温是处于 HOT（热）状态还是 COLD（冷）状态，根据图 23-5 所示判断液面高度是否在合理范围，如果低于合理液位，应予以添加

图 23-3　故障诊断连接器位置识别

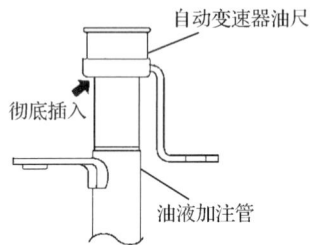

图 23-4　插入自动变速器油尺

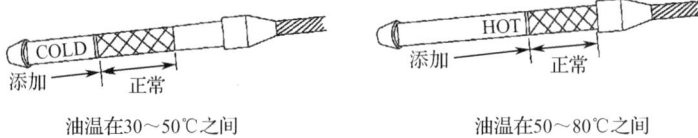

油温在30～50℃之间

油温在50～80℃之间

图 23-5　自动变速器油液液位识别

3．自动变速器油液更换（以讴歌 ZDX 轿车为例，见表 23-2）

表 23-2　自动变速器油液更换操作步骤

步　骤	操 作 方 法
1	把车辆停放在平坦地面上，变速器挡位设置到 N 挡或 P 挡，起动发动机运行，直至发动机冷却风扇开始运转
2	观察到冷却风扇运转后，关闭发动机
3	用举升机举升车辆
4	如图 23-6 所示，拆下发动机底部护板
5	拆下空气滤清器和进气管路
6	如图 23-7 所示，拆下自动变速器油液加注螺栓和密封圈
7	如图 23-8 所示，拆下自动变速器油液泄放螺栓，排干自动变速器油液
8	换装新的油液泄放螺栓密封圈，安装好泄放螺栓
9	在如图 23-7 所示的加注口位置，加注自动变速器油液
10	换装新的变速器油液加注螺栓密封圈，将加注螺栓安装好

续表

步　骤	操 作 方 法
11	检查自动变速器油液液位，确认液位高度符合规范值
12	安装空气滤清器和进气管路
13	如图23-9所示，将故障诊断仪连接到故障诊断连接器上，用故障诊断仪执行ATF LIFE（自动变速器油液寿命）保养提示归零操作

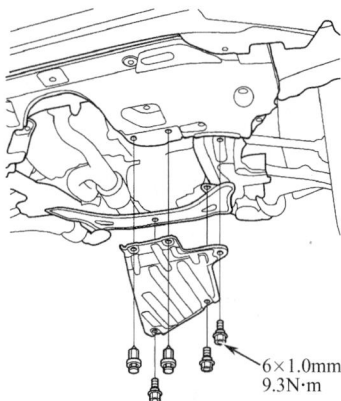

图 23-6　发动机底部护板

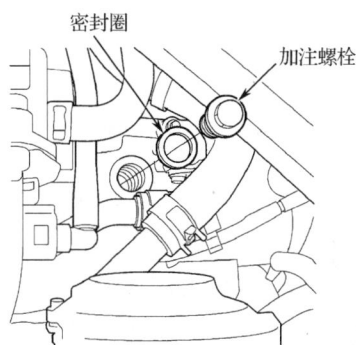

图 23-7　自动变速器加注螺栓和密封圈识别

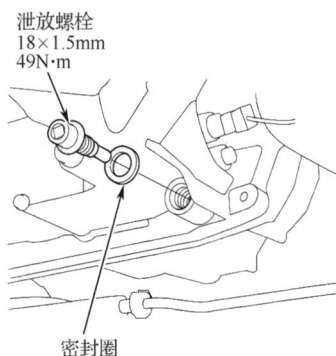

图 23-8　自动变速器油液泄放螺栓和密封圈识别

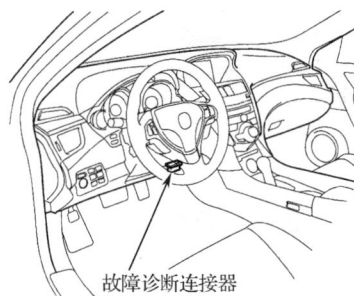

图 23-9　故障诊断连接器位置识别

4. 自动变速器油液滤清器检查和更换

如果接修车辆的自动变速器配备有自动变速器油液滤清器，维护时要仔细检查自动变速器油液滤清器是否有裂纹、破损，过滤器附近是否有油液泄漏现象，如果有，则要及时更换自动变速器油液滤清器。以本田飞度轿车为例，该车自动变速器油液滤清器更换操作步骤如表23-3所示。

表 23-3　飞度轿车自动变速器油液滤清器更换操作步骤

步　骤	操 作 方 法
1	拆下空气滤清器总成
2	如图23-10所示，把自动变速器油液冷却器软管从自动变速器油液滤清器上断开

续表

步　骤	操 作 方 法
3	拆下自动变速器油液滤清器支架
4	拆下自动变速器油液滤清器，将其更换
5	把新的自动变速器油液滤清器安装到滤清器安装托架上，用螺栓把滤清器和托架紧固到一起
6	把自动变速器油液冷却器软管用卡扣固定到自动变速器油液滤清器壳体 6～8mm 位置
7	安装空气滤清器总成

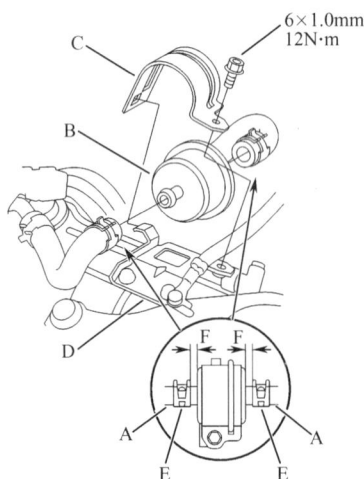

A-自动变速器油液滤清器软管；B-自动变速器油液滤清器；C-自动变速器油液滤清器支架；

D-自动变速器油液滤清器安装托架；E-卡扣；F-自动变速器油液滤清器壳体。

图 23-10　更换自动变速器油液滤清器

5. 自动变速器标牌识别

自动变速器一般均在变速器后部位置贴有标牌，在标牌上注明了自动变速器的序列号、型号和制造厂商等信息，这种信息在订购配件时都要准确提供给供货商，以免发生错配或错订，如图 23-11 所示。

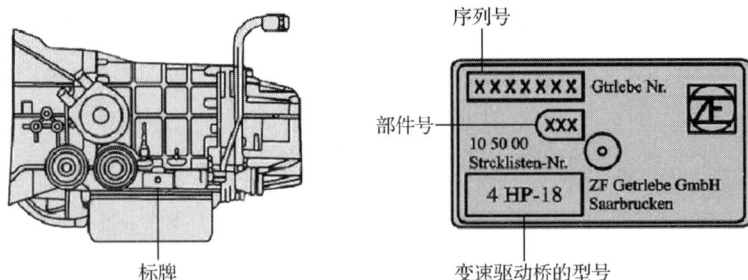

图 23-11　自动变速器标牌识别

6．自动变速器机械系统测试

（1）失速测试

该项测试的目的在于通过检测自动变速器处于 D 或 R 挡位时发动机最大转速来检查发动机与变速器的综合性能，包括发动机输出，液力变矩器导轮及单向离合器功能，齿轮变速系统和离合器、制动器是否打滑。测试时，用三角木抵住前后车轮，安装好发动机转速表，拉起手制动器，起动发动机，待自动变速器达到正常油温后，用力踩下制动踏板，将自动变速器换挡杆设置到 D 挡位，然后彻底踩下加速踏板，读出失速时的发动机转速，在 D 挡位完成测试后，再在 R 挡位执行同样的测试，最后根据测试结果进行分析，找出影响变速器性能的原因，如表 23-4 所示。

表 23-4　失速实验结果分析表

测 试 结 果	可能的故障原因
D 挡和 R 挡失速转速均高于规范值	自动变速器主油路油液压力过低，导致离合器、制动器打滑
D 挡和 R 挡失速转速均低于规范值	发动机动力不足；变矩器单向离合器打滑
D 挡失速转速高于规范值	前进挡相关离合器、制动器打滑
R 挡失速转速高于规范值	倒车挡相关离合器、制动器打滑

（2）时间滞后测试

发动机怠速运行时进行换挡，从开始换挡到感觉到振动时会有一个时间过程，这称为时间滞后，进行时间滞后测试的目的是检查自动变速器的离合器、制动器是否过度磨损并鉴别施加在各个离合器、制动器的工作液压是否适当。测试时，拉起手制动器，起动发动机，检查发动机怠速是否合乎规范，然后将换挡杆从 N 挡位拨到 D 挡位，用秒表计算从换挡到感觉到振动的时间（应低于 1.2s）；同样地将换挡杆从 N 挡位拨到 R 挡位，用秒表计算滞后时间（应低于 1.5s）；这两项测试均要在变速器油液达到正常温度进行三次，然后取平均值；每测一次的时间间隔要在 1min 以上，测试结束后可根据测试结果进行分析，找出故障原因，如表 23-5 所示。

表 23-5　时间滞后测试结果分析

测 试 结 果	可能的故障原因
时间滞后过长	离合器片制动鼓间隙过大或控制油压过低
时间滞后过短	离合器片制动鼓间隙调节不当或控制油压过高

（3）液压测试

该项测试是用来检查自动变速器液压控制装置中的各个阀是否受到适当的液压作用。测试时，首先使自动变速器油液达到正常的工作温度，然后在自动变速器相应的测试孔上连接油液压力测试表，如图 23-12 所示。用三角木抵住车辆的 4 个车轮，拉起手制动器，起动发动机，彻底踩下制动踏板，分别测量 D 挡位和 R 挡位时怠速与失速状态的油压，将测试结果与规范值进行对比，分析并找

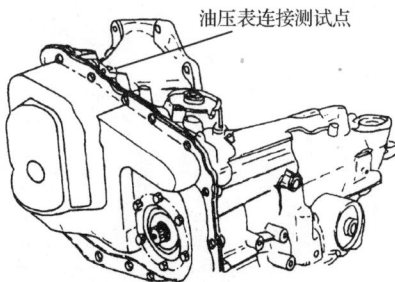

油压表连接测试点

图 23-12　测量自动变速器油液压力

出故障原因。液压测试结果分析如表 23-6 所示。

表 23-6　液压测试结果分析

测 试 结 果	可能的故障原因
主油路油压：D 挡和 R 挡油液压力均过高或过低	供油和油液压力调节系统故障
其他各挡位油路油压：D、R、2、1 挡油路压力过低	相应的挡位油路有泄漏

（4）路试

自动变速器道路试验的目的是为了测试各个离合器、制动器的工作情况，测试的结果是诊断这些部件是否过度磨损的重要依据。在完成自动变速器维修后，也需要执行路试，来检验维修效果。执行路试测试时，应检查自动变速器的所有挡位，检查是否打滑（发动机转速在非换挡时出现突然升速现象），换挡时是否有尖锐噪声。打滑表明自动变速器的离合器、制动器或单向离合器有问题。

7．自动变速器挡位测试

（1）P/N（驻车挡/空挡）挡位测试

检查 P 挡制动性能：把选挡杆挂入 P 挡，松开驻车制动器，如果 P 挡正常，应推不动车辆。

检查 N 挡状态：把选挡杆挂入 N 挡，松开驻车制动器，如果 N 挡正常，应可推动车辆。

（2）D/R 挡挂挡冲击检查

分别把自动变速器挂入 D 挡和 R 挡，确认换挡时没有发生冲击。

第二十四天　半　　轴

任务目标

1. 了解半轴的作用和结构。
2. 了解半轴常见的维修项目。

知识准备

　　半轴是将动力从差速器传到驱动车轮的钢质轴，每侧车轮分别由各自的半轴驱动。在后轮驱动车辆上，半轴和主减速器都被封闭在驱动桥的桥壳里，对其进行支撑和保护。每个半轴与差速器内一侧的半轴齿轮连接，半轴内端用花键与半轴齿轮滑动配合。半轴齿轮转动时，通过花键带动与之连接的半轴，使其以相同的转速转动。以本田飞度轿车为例，该车半轴的组成如图24-1所示。

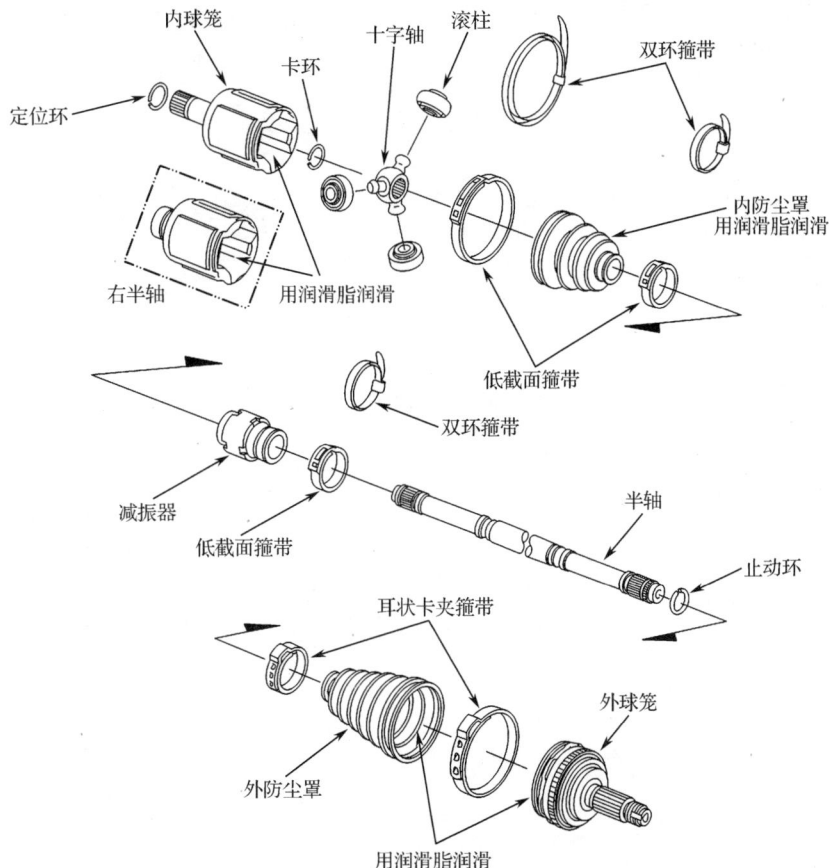

图 24-1　本田飞度轿车半轴的组成

实际操作

1. 半轴检查（以本田飞度轿车为例，见表 24-1）

表 24-1　半轴检查操作步骤

步　　骤	操　作　方　法
1	如图 24-2 所示，检查半轴内防尘罩和外防尘罩是否有裂纹、损坏；防尘罩内是否发生润滑脂泄漏、防尘罩箍带是否松动，如果发现有异常情况，应立即更换半轴防尘罩和防尘罩箍带
2	检查半轴是否有裂纹或损坏，如果发现有裂纹或损坏，应更换半轴
3	检查半轴的内球笼和外球笼是否有裂纹或损坏，如果发现有损坏，应更换内球笼和外球笼
4	握住内球笼，用手转动前轮，检查内球笼是否过于松旷，如果过于松旷，应更换内球笼

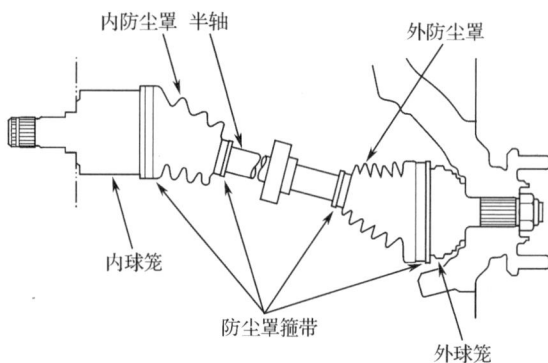

图 24-2　半轴检查

2. 半轴拆卸操作（以本田飞度轿车为例，见表 24-2）

表 24-2　半轴拆卸操作步骤

步　　骤	操　作　方　法
1	用举升机举升车辆
2	拆下汽车前轮
3	如图 24-3 所示，拆下芯轴螺母上的锁紧凸舌，拆下螺母
4	排放变速器油液，换装新的密封垫圈，然后将变速器放油螺栓重新安装好
5	如图 24-4 所示，把锁销从下臂球节上拆下，拆下槽顶螺母，然后用球节拆卸工具从转向节上分离球节
6	如图 24-5 所示，向外拉出转向节，用塑料锤从前轮毂上分离外球笼
7	如图 24-6 所示，用撬棒把左侧半轴的内球笼从差速器上撬下，把左半轴拆下
8	如图 24-7 所示，用冲子和锤子把右侧半轴的内球笼从差速器上撬下，把右半轴拆下
9	如图 24-8 所示，从左侧半轴内球笼上拆下定位环
10	如图 24-9 所示，从中间轴上拆下定位环

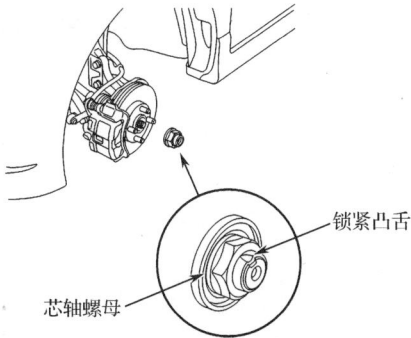

图 24-3　拆下螺母

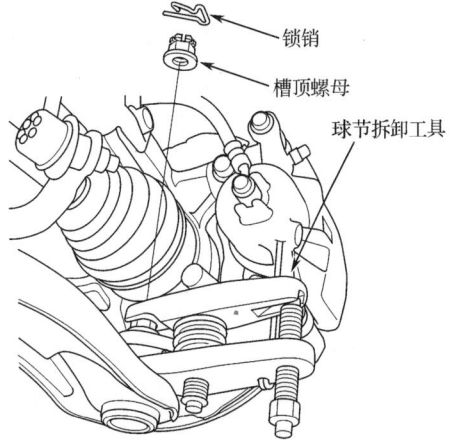

图 24-4　分离球节

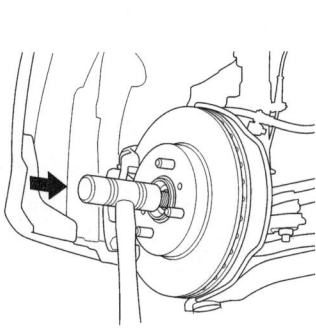

图 24-5　用塑料锤分离外球笼

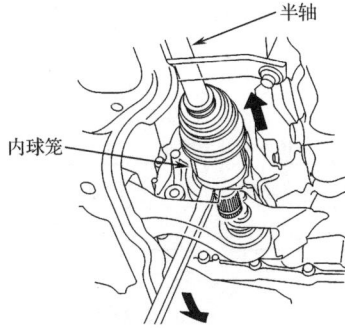

图 24-6　拆卸左侧半轴

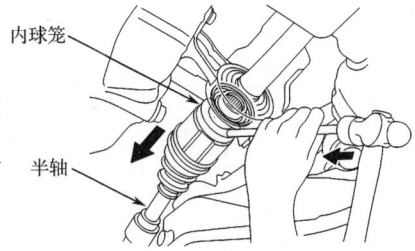

图 24-7　拆卸右侧半轴

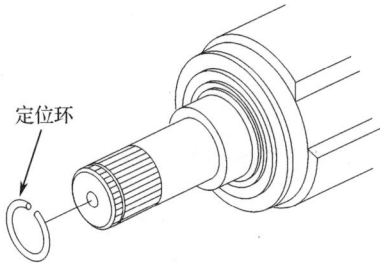

图 24-8　从左侧半轴内球笼上拆下定位环

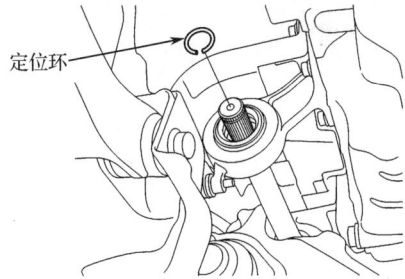

图 24-9　从中间轴上拆下定位环

3．半轴部件拆解（以飞度轿车为例，见表24-3）

表 24-3　半轴部件拆解操作步骤

内 球 笼 侧	
步　骤	操 作 方 法
1	如图 24-10 所示，拆下防尘罩箍带
2	如图 24-11 所示，在滚柱和内球笼上做好标记，以便准确识别内球笼滚柱至凹槽的位置，拆下内球笼，放置在干净的毛巾上

内 球 笼 侧	
步　骤	操 作 方 法
3	如图 24-12 所示，在滚柱（B）和十字轴（C）上做好标记（A），以便准确识别十字轴上滚柱的位置，便于重新安装时参考，然后拆下滚柱
4	如图 24-12 所示，拆下卡环（D）
5	如图 24-12 所示，在十字轴和半轴（F）上做好标记（E），以便准确识别半轴上十字轴的位置，便于重新安装时参考
6	拆下十字轴
7	如图 24-13 所示，用乙烯树脂胶带缠绕半轴上的花键，以防损坏防尘罩
8	拆下内防尘罩
9	把胶带拆下
外 球 笼 侧	
步　骤	操 作 方 法
1	如图 24-14 所示，用螺丝刀翘起 3 个凸舌，拆下防尘罩箍带
2	如图 24-15 所示，将外防尘罩部分滑向内球笼侧
3	清除润滑脂，露出半轴和外球笼内座圈
4	如图 24-16 所示，在半轴和外球笼边缘相同的高度位置做上标记
5	用干净的毛巾包住半轴后将半轴牢固地夹入台钳中
6	如图 24-17 所示，用惯性锤组件和 22×1.5mm 的螺纹接头拆下外球笼
7	从台钳上取下半轴
8	如图 24-18 所示，拆下半轴的定位环
9	如图 24-19 所示，用胶带包住半轴花键，防止损坏外防尘罩
10	拆下外防尘罩，然后拆下胶带

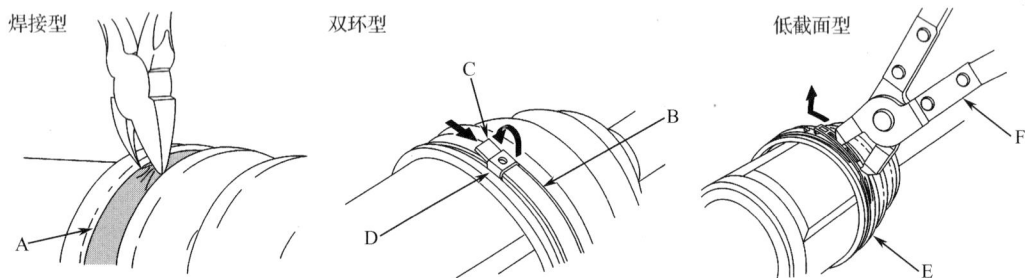

如果防尘罩箍带是焊接型（A）的，剪断防尘罩箍带。

如果防尘罩箍带是双环型（B）的，拉起箍带的端部（C），并将其推进卡扣（D）中。

如果防尘罩箍带是低截面型（E）的，用通用防尘罩箍带钳（F）夹住防尘罩箍带。

图 24-10　拆下防尘罩箍带

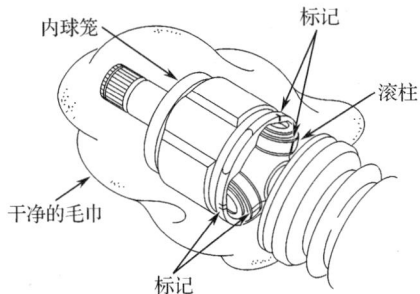

图 24-11　做好标记

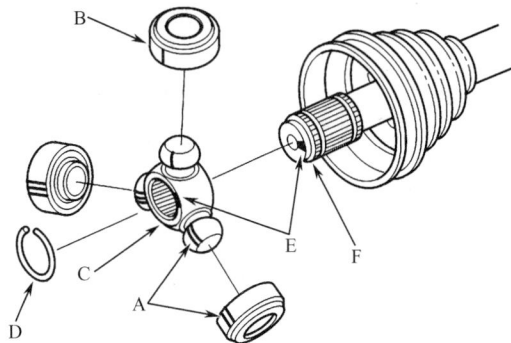

图 24-12　在十字轴和半轴上做好标记

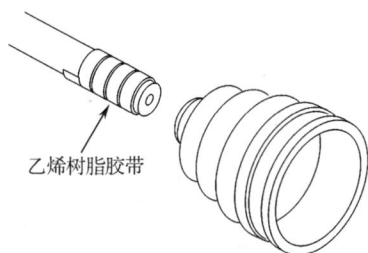

图 24-13　用胶带缠绕花键

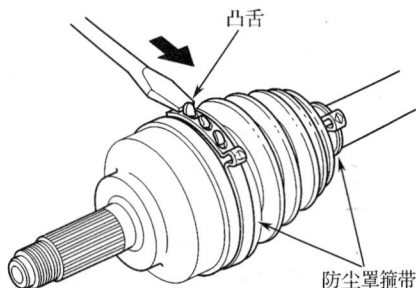

图 24-14　拆卸防尘罩

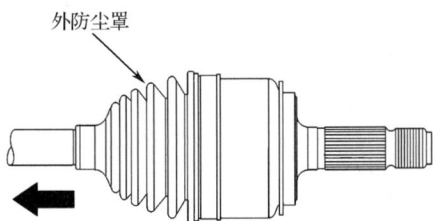

图 24-15　把外防尘罩滑向内球笼侧

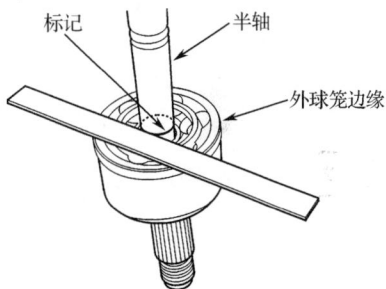

图 24-16　做上标记

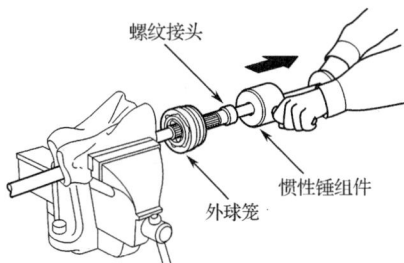

图 24-17　拆下外球笼

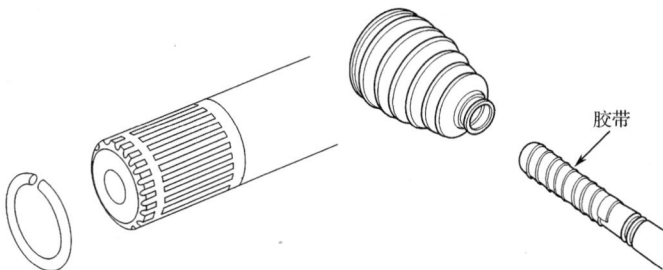

图 24-18　拆下定位环

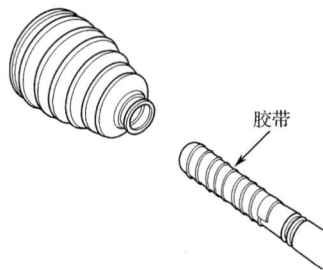

图 24-19　用胶带包住花键

第二十五天 差 速 器

任务目标

1. 了解差速器的作用和结构。
2. 了解差速器常见的维修项目。

知识准备

1. 差速器的作用

差速器的作用就是在左侧和右侧车轮之间产生转速差，当车辆转弯时，使外侧车轮比内侧车轮转动得速度快，从而保证车辆能顺利转弯，如图 25-1 所示。

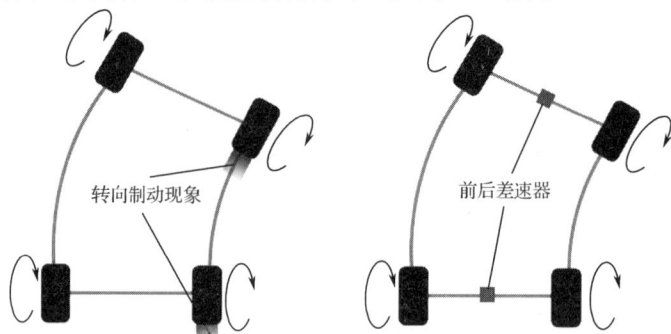

转向制动现象

前后差速器

在汽车转弯时，内侧轮和外侧轮存在转速差（外侧轮转速比内侧轮高），如驱动轮没有差速器，会导致内侧轮发生"制动"的现象。

如在传动轴上安装差速器，驱动轮内外侧的转速差可以由差速器来均衡，从而避免了转弯"制动"的现象。

图 25-1 差速器作用示意图

2. 差速器的分类

按照差速器部件构造的不同，大致分为三种，即锥齿轮式差速器、行星齿轮式差速器和斜齿圆柱齿轮式差速器，如图 25-2 所示。

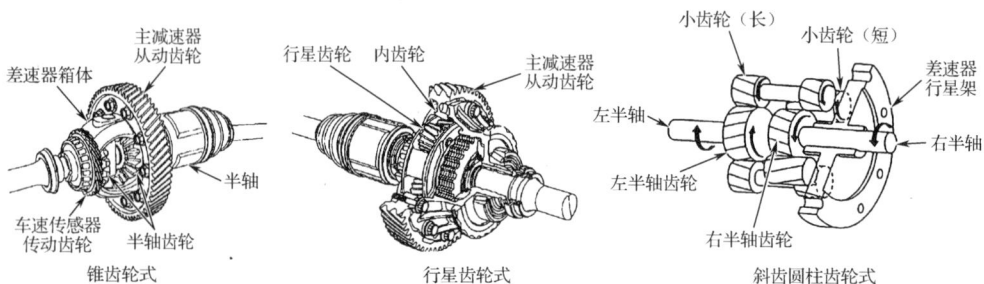

差速器箱体　　主减速器从动齿轮　　行星齿轮　　内齿轮　　主减速器从动齿轮　　小齿轮（长）　小齿轮（短）　差速器行星架　左半轴　右半轴　半轴　左半轴齿轮　右半轴　右半轴齿轮　车速传感器传动齿轮　半轴齿轮

锥齿轮式　　　　　　行星齿轮式　　　　　斜齿圆柱齿轮式

图 25-2 差速器的分类及组成

![实际操作]

一、差速器液位检查（以英菲尼迪 QX56 轿车为例）

1．前差速器油液液位检查

如图 25-3 所示，拆下前差速器油液加注塞，用手指伸入加注塞内检查油液高度，正常情况下油液高度应与加注塞孔底部齐平。

2．前差速器油液更换（见表 25-1）

表 25-1　前差速器油液更换操作步骤

步　骤	操 作 方 法
1	当需要更换前差速器油液时，先参照图 25-3 所示，拧开前差速器油液泄放塞，将油液彻底放出
2	给泄放塞换装上新的密封垫片，把泄放塞重新紧固好
3	如图 25-4 所示，将 0.75L 前差速器油液通过加注塞加注到前差速器中，直至液位达到与加注塞孔齐平的位置
4	给加注塞换装上新的密封垫片，把加注塞重新紧固好

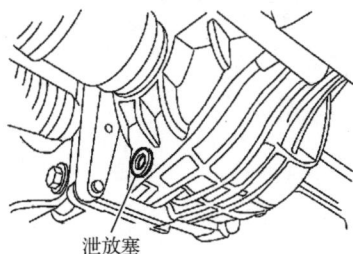

图 25-3　前差速器油液泄放塞

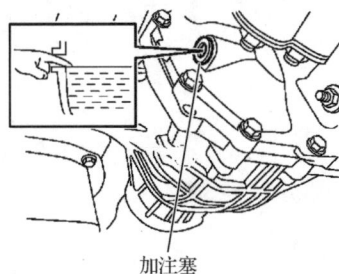

图 25-4　前差速器加注塞识别

3．后桥差速器油液液位检查

如图 25-5 所示，拆下后桥差速器油液加注塞，用手指伸入加注塞内检查油液高度，正常情况下油液高度应与加注塞孔底部齐平。

4．后桥差速器油液更换（见表 25-2）

表 25-2　后桥差速器油液更换操作步骤

步　骤	操 作 方 法
1	当需要更换后桥差速器油液时，先参照图 25-5 所示，拧开后桥差速器油液泄放塞，将油液彻底放出
2	给泄放塞换装上新的密封垫片，把泄放塞重新紧固好
3	如图 25-6 所示，将 1.75L 后桥差速器油液通过加注塞加注到后桥差速器中，直至液位达到与加注塞孔齐平的位置
4	给加注塞换装上新的密封垫片，把加注塞重新紧固好

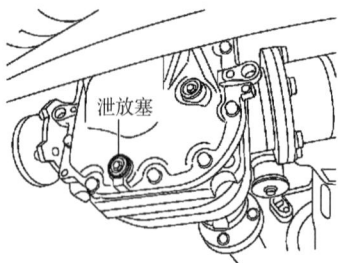

图 25-5　后桥差速器油液泄放塞识别

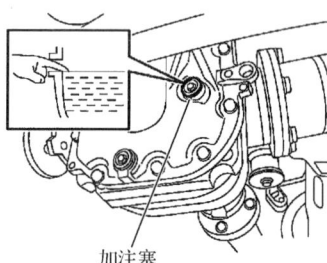

图 25-6　后桥差速器油液加注塞识别

二、差速器部件检查与更换（以本田飞度轿车为例）

1. 飞度轿车差速器部件识别（见图 25-7）

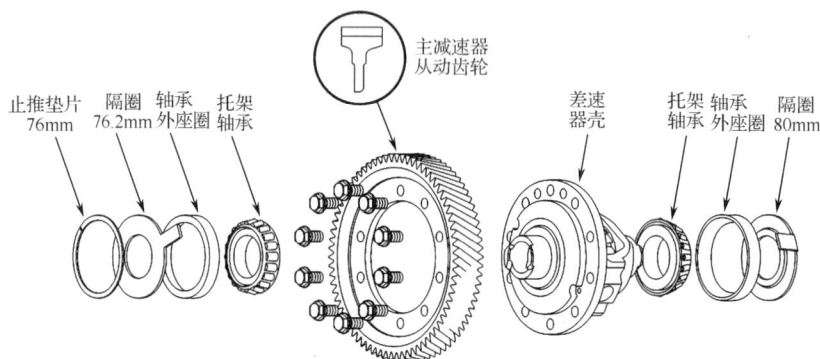

图 25-7　飞度轿车差速器部件

2. 检查小齿轮齿隙

（1）如图 25-8 所示，把半轴和中间轴安装到差速器总成上，将车桥放在 V 形块上。

（2）齿隙的规范值为 0.05～0.15mm，如果测量值超出规范值，应更换差速器托架。

3. 差速器托架和主减速器从动齿轮更换

（1）如图 25-9 所示，把主减速器从动齿轮从差速器托架上拆下。注意：主减速器从动齿轮是左旋螺纹的。

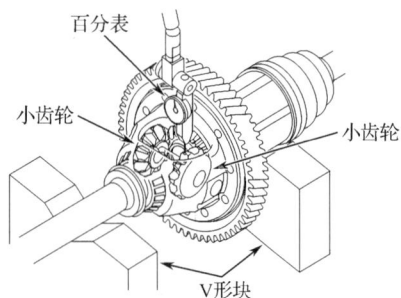

图 25-8　测量小齿轮齿隙

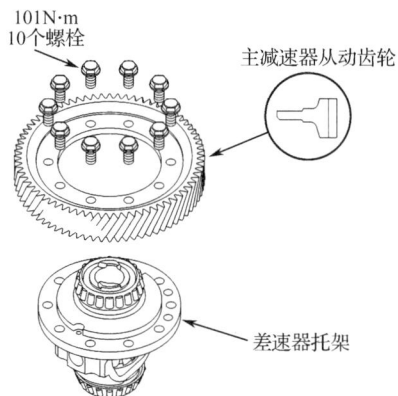

图 25-9　差速器托架与主减速器从动齿轮

（2）把新的主减速器从动齿轮安装到新的差速器托架上。

（3）将 10 个螺栓紧固至 101N·m。

4．差速器托架轴承更换

（1）如图 25-10 所示，用轴承分离器固定住托架轴承。

（2）把护圈放在差速器托架上，固定轴承拔具，然后拆下托架轴承。

（3）如图 25-11 所示，用工具将新的轴承压入，使轴承和差速器托架之间没有间隙。

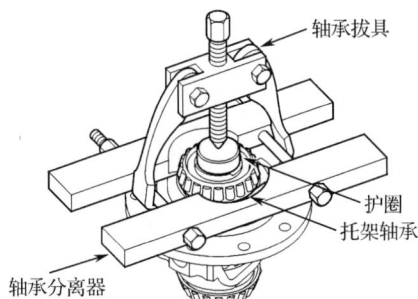

图 25-10　更换差速器托架轴承　　　　图 25-11　压入差速器轴承

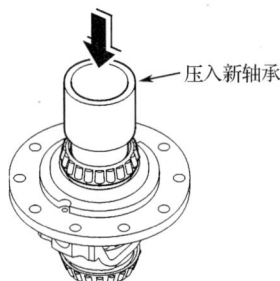

5．差速器托架轴承外座圈更换

（1）如图 25-12 所示，用加热枪加热变速器壳体至 100℃，将外座圈、76.2mm 的隔圈和 76mm 的止推垫片从变速器壳体上拆下。

（2）换装新的外座圈，如图 25-13 所示，将止推垫片、隔圈和外座圈安装到变速器壳体中。

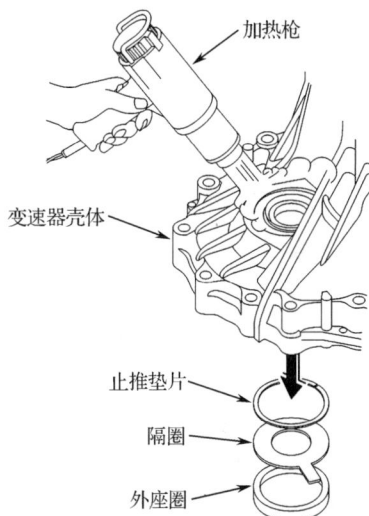

图 25-12　加热变速器壳体　　　　图 25-13　换装新的外座圈

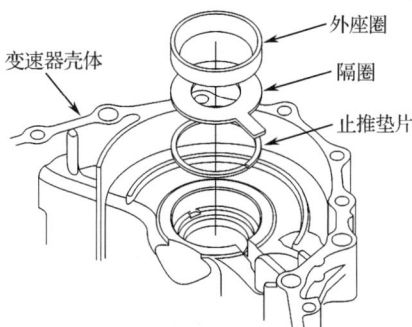

（3）如图 25-14 所示，使用拆装工具把外座圈敲入壳体，使外座圈、隔圈、止推垫片和变速器壳体之间没有间隙。

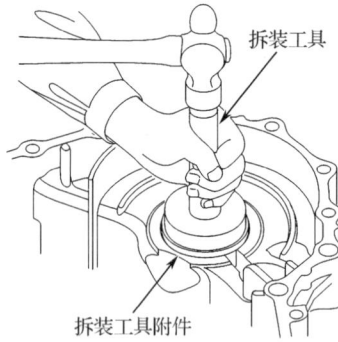

图 25-14　把外座圈敲入壳体

第二十六天　悬架系统

任务目标

1. 了解汽车悬架系统的作用和结构。
2. 了解汽车悬架系统常见的维修项目。

知识准备

1. 汽车悬架的作用

汽车悬架弹性地连接车轮与车身，缓和行驶中车辆受到由于路面不平引起的冲击力，保证乘坐的舒适性；悬架系统可以迅速衰减弹性系统引发的振动，传递垂直、纵向、侧向反力及其力矩；悬架系统还起到导向作用，使车轮沿一定的轨迹相对车身运动。

2. 汽车悬架系统的分类

汽车悬架系统一般分为独立悬架和非独立悬架，这两种悬架的特点如图 26-1 和图 26-2 所示。轿车一般多采用独立悬架来保证乘坐的舒适性；货车或大客车多采用非独立悬架。

独立悬架
两侧的车轮独立地通过悬架与车身连接。

特点
左右轮可独立动作。
复杂，成本高。
簧下质量轻，车轮对地的挤压力大；抓地力好。
乘坐舒适，操纵性好。
设计自由度大，底盘低。

非独立悬架
两侧的车轮由一根整体式车桥（或车身）连接。当一侧车轮因道路不平而发生跳动时，必然引起另一侧车轮在汽车横向平面内发生摆动。

特点
车辆的左右轮与单轴连接，车轮的负荷由单轴支承。
简单，强度高，成本低。
左右轮动作相互干涉。
乘坐舒适性差。

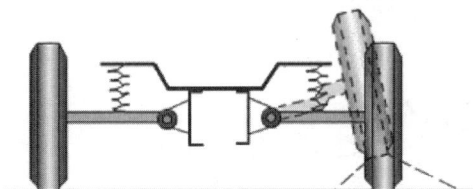

图 26-1　独立悬架的特点

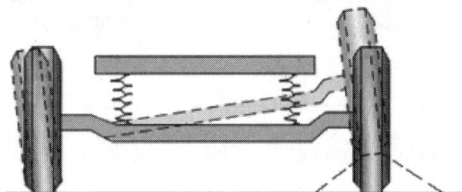

图 26-2　非独立悬架的特点

汽车的独立悬架系统大致又分为三种类型：双叉臂式悬架、麦佛逊式悬架和多连杆式悬架，如图 26-3～图 26-5 所示。

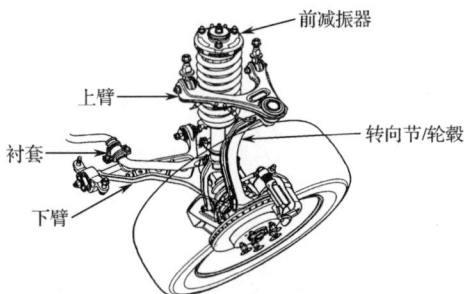

前减振器

上臂

转向节/轮毂

衬套

下臂

图 26-3　双叉臂式悬架的结构

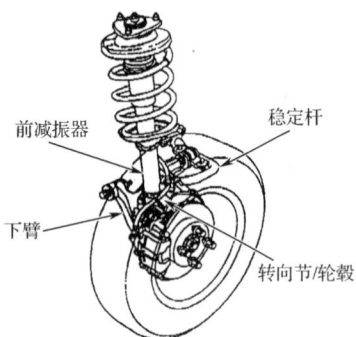

图 26-4　麦佛逊式悬架的结构

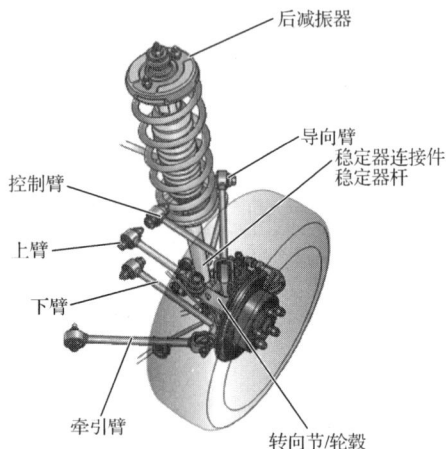

图 26-5　多连杆式悬架的结构

实际操作

一、检查球节轴端间隙

以日产轩逸轿车为例，检查球节轴端间隙操作步骤如表 26-1 所示。

表 26-1　检查球节轴端间隙操作步骤

步　骤	操　作　方　法
1	支撑起车辆，使车轮离开地面
2	把前轮转到朝向正前方的位置
3	如图 26-6 所示，沿箭头方向扳动横向连杆的轮轴侧，确定没有轴端间隙，即轴端间隙应为零

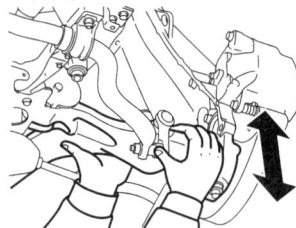

图 26-6　检查球节轴端间隙

二、前悬架螺旋弹簧和支柱拆装（以日产轩逸轿车为例）

1. 前悬架螺旋弹簧和支柱部件识别（见图 26-7）

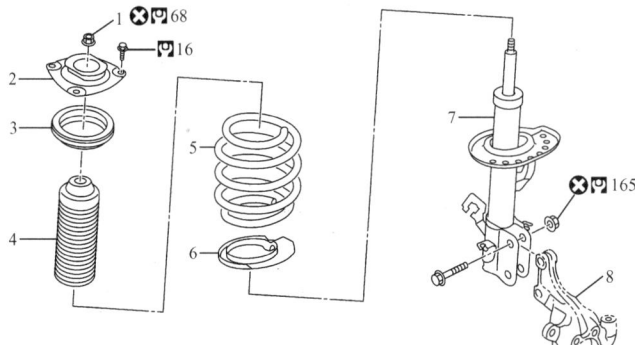

1-活塞杆锁紧螺母；2-安装隔垫；3-安装轴承；4-回弹缓冲器；5-螺旋弹簧；6-下橡胶座；7-支柱；8-转向节-❌-每次分解后务必更换；🔧-N·m。

图 26-7　前悬架螺旋弹簧和支柱部件识别

2．前悬架螺旋弹簧和支柱拆装（见表 26-2）

表 26-2　前悬架螺旋弹簧和支柱拆装操作步骤

步　骤	操 作 方 法
1	拆下轮胎
2	拆下前轮轮速传感器
3	从支柱总成上拆下稳定连杆
4	如图 26-8 所示，从转向节上拆下支柱装配螺栓和螺母
5	如图 26-9 所示，拆下前围上盖板的索环，从索环孔上拆下安装隔垫的装配螺栓
6	拆下支柱总成，执行如下检查： ● 检查支柱是否变形、确认支柱没有裂痕和其他损坏 ● 检查活塞杆是否损坏、磨损不均匀或扭曲 ● 检查是否有油液泄漏
7	按照与拆卸相反的步骤执行安装

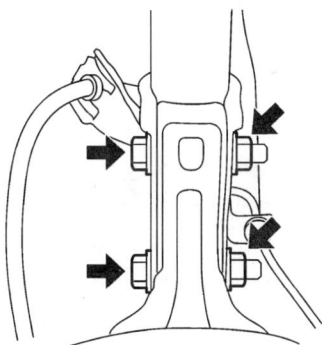

图 26-8　支柱装配螺栓和螺母

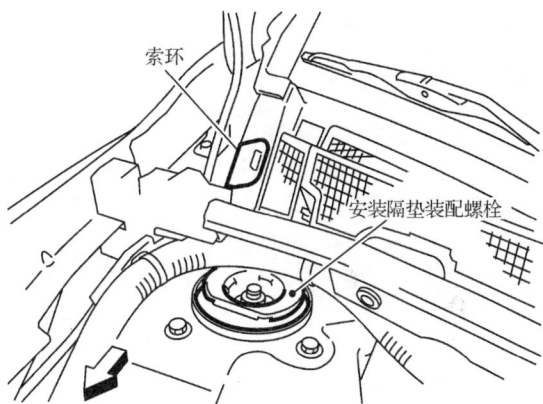

图 26-9　索环和装配螺栓识别

三、活塞杆废弃操作

如果在部件检修过程中发现减振器活塞杆有损坏，必须换用新的活塞杆，将旧活塞杆废弃。

（1）将活塞杆完全伸出，把支柱总成放在地上。

（2）佩戴好防护眼镜和手套，如图 26-10 所示，在图中黑色箭头所指位置钻一个直径 2～3mm 的小孔，以便逐步释放活塞杆中的气体。

（3）把钻孔向下，移动活塞杆数次，将内部的机油排出。

四、横向连杆拆卸与检查

（1）拆下轮胎。

（2）从转向节上拆下横向连杆。

（3）如图 26-11 所示，从悬架横梁上拆下横向连杆。

（4）进行如下检查，必要时更换部件。

● 检查横向连杆和衬套是否变形；是否有裂纹或损坏。

● 检查球节防尘罩有无裂纹或其他损坏，查看防尘罩是否有油液泄漏。

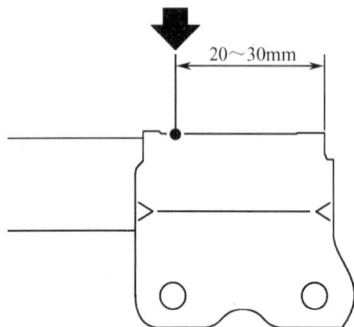

图 26-10 钻孔位置

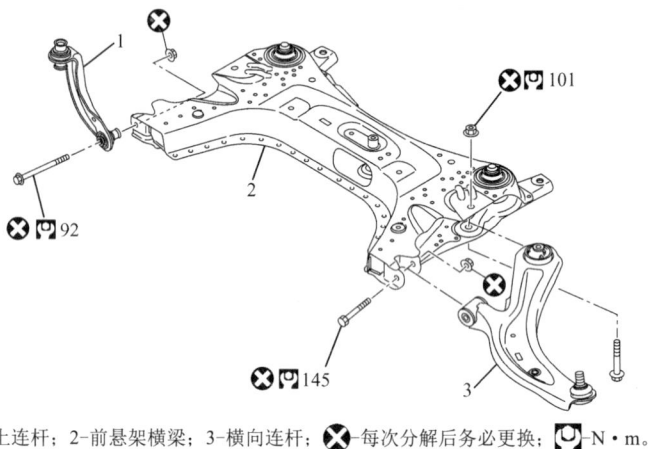

1-上连杆；2-前悬架横梁；3-横向连杆；✖-每次分解后务必更换；🔧-N·m。

图 26-11 横向连杆部件识别

五、悬架系统常见故障诊断

悬架系统常见故障诊断如表 26-3 所示。

表 26-3 悬架系统常见故障诊断

故 障	检 查	操 作 方 法
车辆跑偏	轮胎是否匹配或摩擦是否均匀	更换轮胎
	弹簧是否折断或下垂	更换弹簧
	子午线轮胎是否存在横向力	检查车轮定位，调换车轮，必要时更换轮胎
	前轮定位是否在规范值内	对前轮进行定位
	转向器是否偏心	重装小齿轮总成，必要时更换小齿轮总成
	前制动器是否拖滞	调整前制动器
轮胎异常或严重磨损	前轮和后轮定位是否合乎规范	对前后车轮进行定位
	前后车轮前束是否过大	调整前后车轮的前束
	弹簧是否折断或下垂	更换弹簧
	轮胎是否不平衡	平衡轮胎
	支柱减振器是否磨损	更换支柱减振器
	轮胎是否不转	转动车轮，必要时更换车轮
	车辆是否超载	保持恰当的负载重量
	轮胎气压是否过低	将轮胎气压充到合适的压力

续表

故　障	检　查	操 作 方 法
轮胎划伤	前后车轮前束是否不正确	调整前后车轮的前束
	悬架臂是否扭曲	更换悬架臂
车轮不匹配	轮胎或车轮是否不平衡	平衡车轮或轮胎
	支柱减振器的动作是否不正确	更换支柱减振器
摆振、摇振或颤动	轮胎或车轮是否不平衡	平衡车轮或轮胎
	轮毂跳动是否过大	测量轮毂法兰的跳动，必要时更换轮毂
	制动鼓或制动盘是否严重失衡	调整制动器，必要时更换制动盘或制动鼓
	转向横拉杆端头是否磨损	更换外转向横拉杆
	车轮装饰盖是否失衡	平衡车轮
	下球节是否磨损	更换下球节
	车轮跳动是否过大	测量车轮跳动，必要时更换车轮
	承载条件下轮胎和车轮总成的径向跳动是否过大	配装轮胎和车轮总成
转向困难	转向装置预紧力调整	执行齿条预紧力调整
	动力转向系统压力是否正常	必要时更换密封件和软管
	转向器是否卡滞	润滑转向装置，必要时修理或更换转向器
	转向器座是否过松	紧固转向器装配架螺母
转向系统间隙过大	车轮轴承是否磨损或过松	紧固驱动桥螺母，必要时更换车轮轴承
	转向器座是否过松	紧固转向器装配架螺母
	转向柱与转向器之间的连接是否过松或磨损	紧固中间轴夹紧螺栓，必要时更换中间轴
	转向装置预紧力调整	调整齿条预紧力
回位性差	球节和转向横拉杆端头是否润滑不足	更换球节和外转向横拉杆
	球节是否卡滞	更换球节
	转向柱是否卡滞	润滑转向柱，必要时更换转向柱
	前轮定位是否准确	定位前轮
	转向装置预紧力是否正常	调整齿条预紧力
	阀门是否卡滞	润滑小齿轮阀总成，必要时更换小齿轮阀总成
	转向器中间轴是否卡滞	更换中间轴
前悬架系统有异常噪声	球节和转向横拉杆端头是否润滑不足	更换球节和外转向横拉杆
	悬架部件是否损坏	更换损坏的悬架部件
	控制臂衬套或转向横拉杆端头是否磨损	更换控制臂衬套或转向横拉杆
	稳定轴连杆是否过松	紧固稳定轴连杆
	车轮螺栓是否过松	紧固车轮螺栓
	悬架螺栓或螺母是否过松	紧固悬架螺栓或螺母

续表

故　障	检　查	操 作 方 法
前悬架系统有异常噪声	支柱减振器或支柱座是否磨损	更换支柱减振器，紧固支柱座螺栓
	支柱弹簧是否错位	将支柱弹簧调整到合适位置
摆动或方向性差	轮胎是否不匹配或不均匀	更换轮胎
	球节和转向横拉杆端头是否润滑不足	更换球节和外转向横拉杆
	支柱减振器是否磨损	更换支柱减振器
	稳定轴连杆是否过松	紧固稳定轴连杆
	弹簧是否折断或下垂	更换弹簧
	转向装置预紧力是否正常	调整齿条预紧力
	前轮和后轮定位是否准确	对前后车轮进行车轮定位
制动跑偏	车轮轴承是否磨损或过松	更换车轮轴承
	弹簧是否折断或下垂	更换弹簧
	车轮制动分泵或制动钳是否漏油	更换车轮制动分泵或制动钳
	制动盘是否漏油	更换制动盘
	主销内倾是否合乎规范	检查车架进行必要的修理
翘头高度过低或不均匀	弹簧是否折断或下垂	更换弹簧
	车辆是否超载	保持合适的负载重量
	弹簧是否过软	更换弹簧
乘坐过软	支柱减振器是否磨损	更换支柱减振器
	弹簧是否折断或下垂	更换弹簧
乘坐过硬	支柱减振器是否正常	更换支柱减振器
	弹簧是否正常	更换弹簧
转弯时车身倾斜或侧摆	稳定轴连杆是否过松	紧固稳定轴连杆
	支柱减振器或支柱座是否磨损	更换支柱减振器，紧固支柱总成装配螺栓
	车辆是否超载	保持合适的负载重量
	弹簧是否折断或下垂	更换弹簧
悬架下沉	支柱减振器是否磨损	更换支柱减振器
	车辆是否超载	保持合适的负载重量
	弹簧是否折断或下垂	更换弹簧
方向盘反冲	动力转向系统中是否有空气	排出动力转向系统中的空气
	转向器座是否松动	紧固转向器座装配螺母
	转向柱与转向器之间的连接是否过松或磨损	紧固中间轴夹紧螺栓，必要时更换中间轴
	转向横拉杆端头是否过松	紧固转向横拉杆端头，必要时更换外转向横拉杆
	车轮轴承是否过松或磨损	紧固驱动桥螺母，必要时更换车轮轴承

续表

故　障	检　查	操　作　方　法
方向盘颤动或不稳	动力转向系统压力是否正常	必要时更换密封件和软管
	转向器阀是否过松或响应迟缓	清洗小齿轮阀总成，必要时更换小齿轮阀总成
	动力转向泵蛇形皮带是否过松	调整蛇形皮带的张紧度
轮胎卷边	前轮和后轮定位是否正确	对前后车轮进行定位
	支柱减振器是否磨损	更换支柱减振器
	车轮轴承是否磨损或过松	紧固驱动桥螺母，必要时更换车轮轴承
	轮胎或车轮跳动是否过大	配装轮胎，必要时更换轮胎或车轮
	球节是否磨损	更换球节
	转向装置预紧力是否正常	调整转向装置预紧力
支柱过软	检查轮胎压力	按照轮胎标签上的轮胎压力规范值调整轮胎压力
	检查汽车正常行驶条件下的负载情况	询问驾驶员并确认驾驶员清楚正常的负载条件
	检查支柱减振器及压缩和回弹效果	必要时更换支柱减振器
支柱有噪声	检查支柱座是否松动或损坏	紧固支柱减振器螺母，必要时更换支柱减振器
	检查支柱减振器及压缩和回弹效果	必要时更换支柱减振器
油液泄漏	检查支柱完全伸展时密封罩是否完好	必要时更换支柱减振器
	检查支柱减振器油液是否过多	必要时更换支柱减振器

第二十七天　轮　　胎

任务目标

1. 了解轮胎的功能。
2. 了解轮胎的构造和种类。
3. 了解轮胎的标识。
4. 了解轮胎的保养。
5. 了解轮胎常见的维修项目。

知识准备

1. 轮胎的功能

（1）负荷功能：支撑车体、乘员以及货物的重量。

（2）提高乘坐舒适性：吸收从路面传来的冲击力，缓冲振动，提高乘坐舒适性。

（3）牵引和制动功能：把发动机或制动器的力量传到路面，使车辆行驶或制动。

（4）操纵稳定功能：向预想方向转弯或保持直行。

2. 轮胎的构造

轮胎的构造如图 27-1 所示。

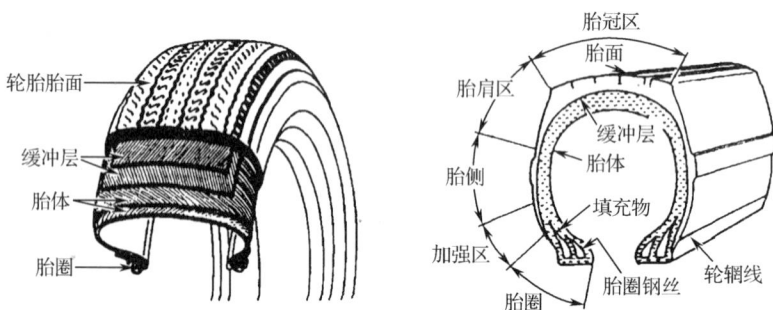

图 27-1　轮胎的构造

（1）胎体

胎体是轮胎的骨架或框架。它包含充满的轮胎气压。胎体的结构取决于轮胎各层的类型和布置。胎体可以分为两类，大多数客车现在使用的是子午线轮胎，商用车辆上使用的是坚固耐用的斜交轮胎。

（2）胎面

胎面是轮胎上直接与路面接触的部分。它必须具备极高的抗磨损性和抗撕裂性。胎面由橡胶制成。不同的胎面花纹可以在轮胎与地面之间提供最佳的接触。

（3）缓冲层和带束层

在斜交轮胎中，胎面与胎体的强度是不同的。在轮胎的使用过程中，胎面与胎体之间的连接区域很容易被削弱。为了防止这种情况发生，在连接区域使用帘线层进行加强。帘线层也称为缓冲层。缓冲层也可以防止橡胶和胎体剥落。它吸收车辆行驶过程中由胎面处传递过来的冲击。缓冲层通过使胎体不直接承受冲击，而使胎体不会受到来自外部的损坏。子午线轮胎中有一个带束层，其作用与斜交轮胎中的缓冲层一样。带束层呈直角连接到胎体上（相同方向）。

（4）胎圈

胎圈由纺织到层中的钢丝组成。胎圈将轮胎牢靠地固定到轮辋上。

3．轮胎的规格及技术参数说明（见图 27-2）

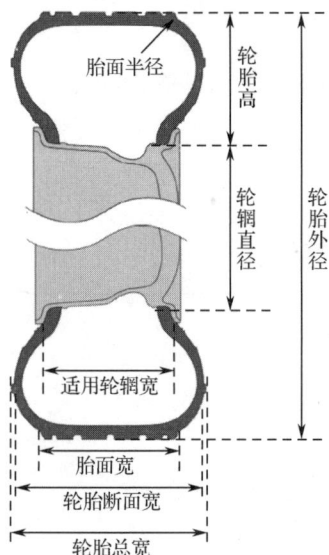

图 27-2　轮胎的规格及技术参数说明

4．轮胎编码识读

轮胎的规格、性能和构造均可通过查看轮胎侧壁上的国际标准化组织轮胎编码加以识别，如图 27-3 所示。

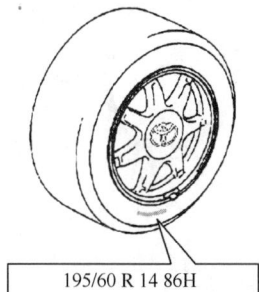

最大允许速度代码和对应速度	代码	S	T	U	H	V	W	Z
	速度/（km/h）	180	190	200	210	240	270	270以上

负载能力代码及对应负载	代码	78	82	86	90	94	98	102
	负载/kg	425	475	530	600	670	750	850

图 27-3　轮胎编码识别

5．子午线轮胎和斜交轮胎

轮胎根据胎体帘线层排列的不同，有子午线构造和斜交状构造，现代轿车所用的轮胎几乎均为子午线轮胎。子午线轮胎和斜交轮胎的结构如图 27-4 所示。

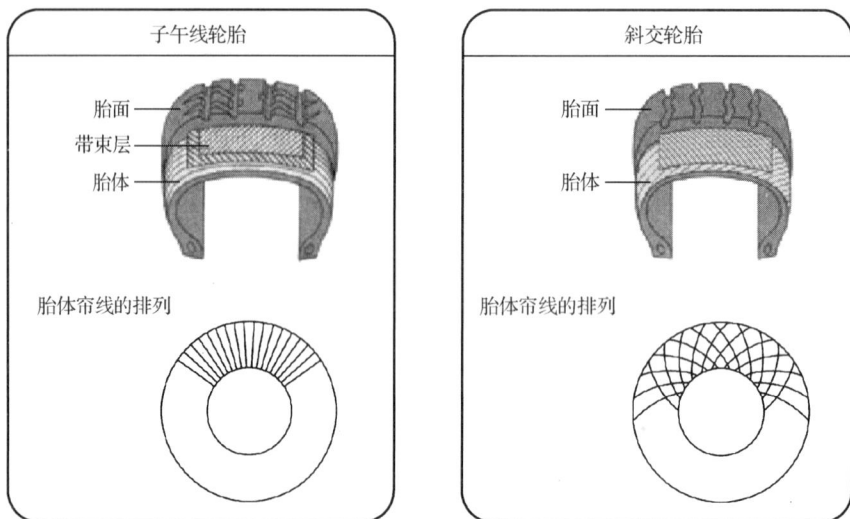

图 27-4　子午线轮胎和斜交轮胎的结构

实际操作

1．检查轮胎压力

汽车的轮胎压力必须保持在规范范围内，轮胎气压合乎规范，轮胎能与地面均匀接触，抓地性好，如图 27-5 所示。如果轮胎压力过低或过高，均会导致轮胎产生不规则磨损，影响行车安全，如图 27-6 所示。轮胎压力的规范值可查阅维修手册或查看粘贴在驾驶员侧 B 柱上轮胎压力规范标签，如图 27-7 所示。

轮胎与地面结合均匀紧密

图 27-5　适当的轮胎气压

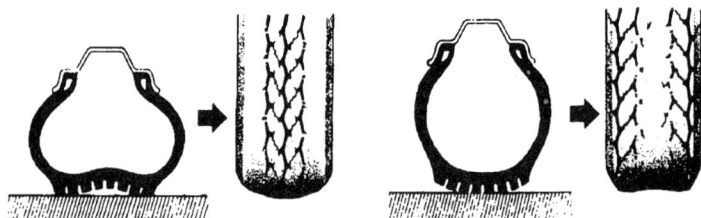

气压不足导致胎肩磨损　　气压过高导致胎面中间磨损

图 27-6　轮胎压力过低或过高所导致的轮胎磨损

2．轮胎换位

为了使轮胎磨损均匀，在车辆使用过程中要按照使用手册中规定的里程对汽车的轮胎进行换位操作，起到使轮胎磨损均匀、延长轮胎使用寿命的作用。发动机前置、前轮驱动的车型轮胎换位方法如图 27-8 所示；发动机前置、后轮驱动的车型轮胎换位方法如图 27-9 所示；有方向性要求的轮胎换位方法如图 27-10 所示。

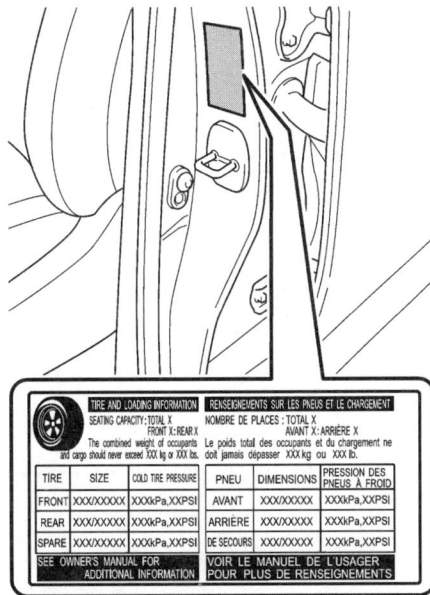

图 27-7　轮胎压力规范值标签粘贴位置（丰田酷路泽轿车）

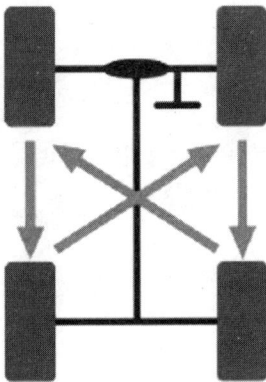

图 27-8　发动机前置、前轮驱动的
车型轮胎换位方法

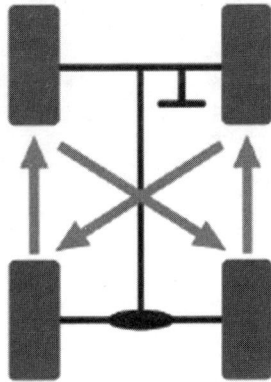

图 27-9　发动机前置、后轮驱
动的车型轮胎换位方法

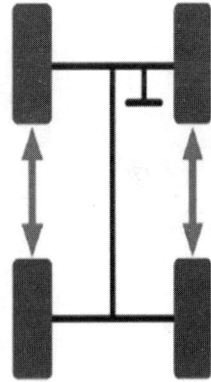

图 27-10　有方向性要求的
轮胎换位方法

3. 轮胎磨损指示标记

轮胎胎面磨损后，转弯时就容易发生打滑，尤其是在湿滑路面行驶时，因此为了保证行车安全，一般禁止使用胎面花纹深度不足 1.6mm 的轮胎。轮胎上一般都带有磨损指示标记，标记的位置在胎壁上用"△"标记或字母"TWI"（Tire Wear Indicator）标出，如图 27-11 所示。当胎面磨损到轮胎花纹深度不足 1.6mm 时，轮胎上的磨损指示标记就会露出；当检查轮

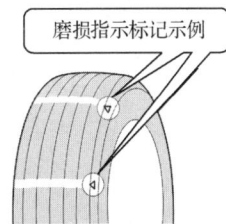

图 27-11　轮胎磨损指示标记

胎时发现胎面磨损，露出磨损指示标记后，应及时更换新的轮胎。

4. 轮胎压力监测系统重新设定

轮胎压力监测系统是利用安装在每一个轮胎里的压力传感器来直接测量轮胎的气压的，利用无线发生器将压力信息从轮胎内部发送到中央接收器模块上的系统，然后对各轮胎气压数据进行显示。该系统的组成（以本田飞度轿车为例）如图 27-12 所示。当轮胎气压太低或漏气时，系统会自动报警。当更换轮胎的压力传感器或执行车轮换位后，需要对轮胎压力监测系统执行重新设置操作，使轮胎压力监测系统重新识别并记忆各个轮胎的压力传感器信号。对于飞度轿车来说，当更换轮胎的压力传感器或执行车轮换位后，只需将车辆以 24km/h 以上的速度行驶 40s 以上，即可使轮胎压力监测系统重新识别并记忆各个轮胎的压力传感器信号，从而完成轮胎压力监测系统重新设置。

5. 轮胎转动方向标记识别

有些轿车配备的高速轮胎在设计上只能沿车辆前进的方向转动，这种轮胎在胎壁上一般标有箭头，如图 27-13 所示，因此在安装或维护这种轮胎时，要特别注意，一定要使箭头方向朝向车辆前进方向。

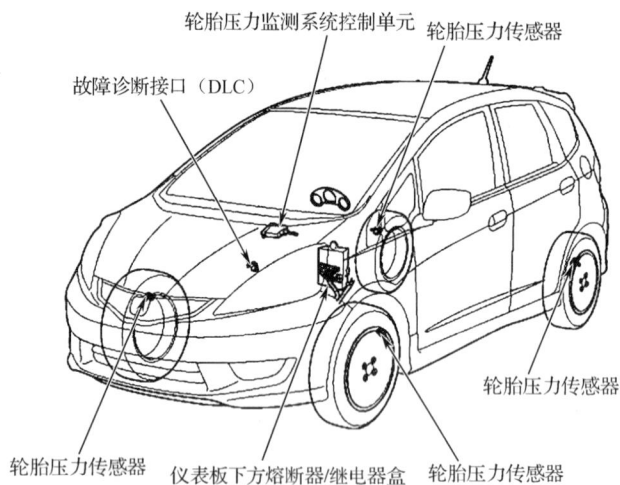

图 27-12　本田飞度轿车轮胎压力监测系统的组成

图 27-13　轮胎转动方向箭头识别

第二十八天 车 轮

任务目标

1. 了解车轮的作用和结构。
2. 了解车轮常见的维修项目。

知识准备

1．车轮的作用

- 支承整车质量。
- 缓和和衰减由路面传来的冲击力。
- 产生驱动力和制动力。
- 提供汽车转向行驶时需要的侧向力，保持车轮正确的直线行驶方向。

2．车轮的组成

车轮由轮毂、轮辋和轮辐等组成，如图 28-1 所示。

3．四轮定位

由于车辆的四轮、转向机构、前后车轴之间的安装应具有一定的相对位置，这个相对位置是由厂家制定的标准值。调整恢复这个位置的安装，就是车轮定位。

车轮定位的检测项目包括外倾角、后倾角、前束、转向轴线内倾、包容角、摩擦弧径和离地间隙。

实际操作

1．车轮螺母紧固（以捷豹 XK 轿车为例）

紧固车轮螺母时，必须按照规定的紧固顺序和力矩来操作，如图 28-2 所示。

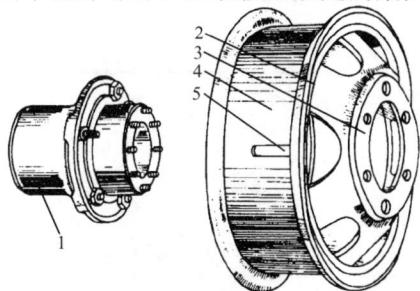

1-轮毂；2-挡圈；3-轮辐；4-轮辋；5-气门嘴出口。

图 28-1 车轮的组成

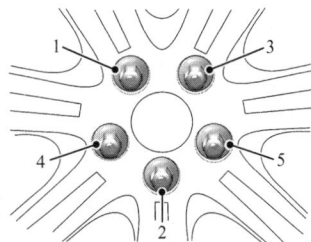

紧固力矩：125N·m

图 28-2 车轮螺母紧固顺序和紧固力矩

2．车轮轴承轴向间隙检查

对车轮进行检查时，要检测车轮轴承轴向间隙，如果超出规范值，应更换轮毂轴承单元。以本田雅阁轿车为例，该车车轮轴承轴向间隙检查操作步骤如表28-1所示。

表28-1　车轮轴承轴向间隙检查操作步骤

步　骤	操 作 方 法
1	举升车辆，将安全架放置在恰当位置，把车辆支撑住
2	拆下车轮
3	如图28-3所示，安装平垫圈和车轮螺母，将螺母紧固至规定的力矩，使制动盘紧靠轮毂
4	如图28-3所示，把百分表紧靠轮毂法兰放置，内外移动制动盘，测量轴承轴向间隙
5	轴向间隙的规范值为0～0.05mm，如果超出规范值，应更换轮毂轴承单元

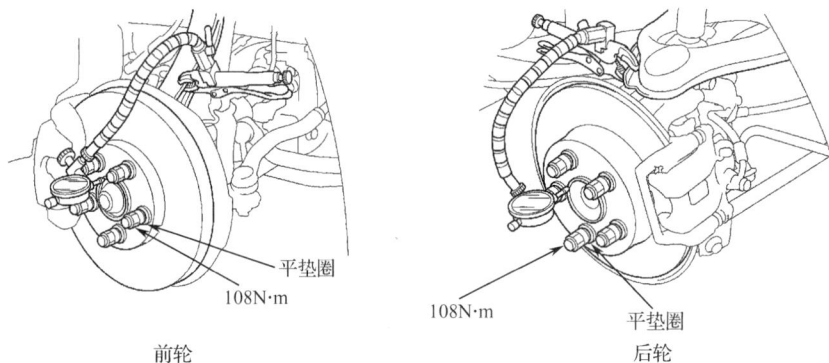

图28-3　测量车轮轴承轴向间隙

3．车轮的动平衡

利用车辆动平衡机对车轮进行动平衡。

4．车轮跳动检查（以本田雅阁轿车为例）

（1）车轮轴向跳动检查（见表28-2）

表28-2　车轮轴向跳动检查

步　骤	操 作 方 法
1	举升并支撑车辆
2	检查车轮是否弯曲或变形
3	按照图28-4放置好百分表，转动车轮，测量车轮轴向跳动，如果测量值超过维修极限值，应更换车轮

（2）车轮径向跳动检查（见表 28-3）

表 28-3　车轮径向跳动检查

步　骤	操 作 方 法
1	举升并支撑车辆
2	检查车轮是否弯曲或变形
3	按照图 28-5 放置好百分表，转动车轮，测量车轮径向跳动，如果测量值超过维修极限值，应更换车轮

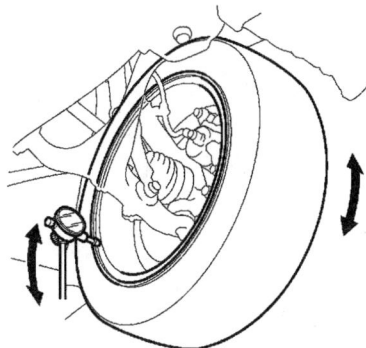

图 28-4　测量车轮轴向跳动

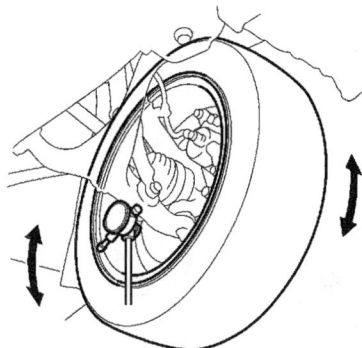

图 28-5　测量车轮径向跳动

5. 车轮螺栓更换（见表 28-4）

表 28-4　车轮螺栓更换

步　骤	操 作 方 法
1	拆下车轮轮毂
2	如图 28-6 所示，用液压机从轮毂上分离车轮螺栓，用液压机附件支撑轮毂
3	当轮毂孔上的花键与车轮螺栓对准时，把新的车轮螺栓插入轮毂
4	安装车轮轮毂

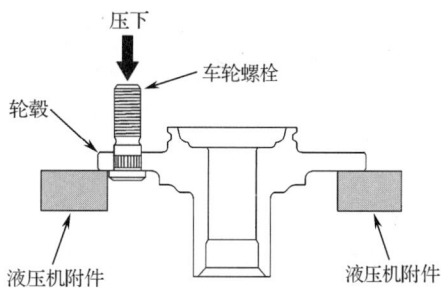

图 28-6　用液压机分离车轮螺栓

6. 车轮轴承更换（见表 28-5）

表 28-5　车轮轴承更换

步　骤	操 作 方 法
1	如图 28-7 所示，使用轮毂拆装工具和液压机，从转向节上分离轮毂。用液压机附件固定转向节，操作时要注意不要损坏挡泥板
2	如图 28-8 所示，使用轮毂拆装工具、轴承分离器和液压机，将车轮轴承内座圈从轮毂上压出
3	如图 28-9 所示，把挡泥板和卡环从转向节上拆下
4	如图 28-10 所示，使用轴承拆装器和液压机，把车轮轴承从转向节上压出
5	用溶剂彻底清洗转向节和轮毂，然后按照与拆卸相反的步骤组装车轮轴承

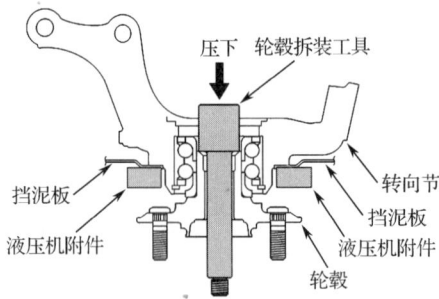

图 28-7　从转向节上分离轮毂

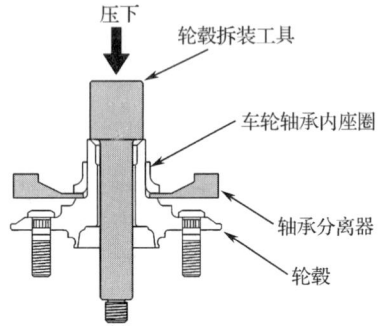

图 28-8　把车轮轴承内座圈从轮毂上压出

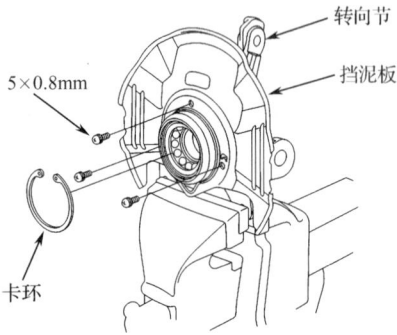

图 28-9　拆下挡泥板和卡环

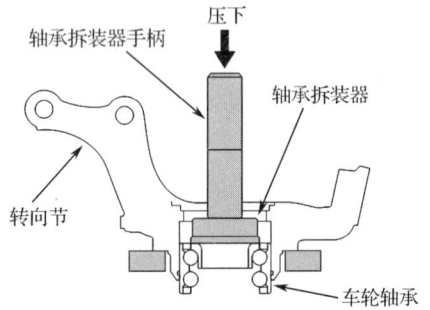

图 28-10　把车轮轴承从转向节上压出